Italiano

Coleção Sem Esforço

por Anne-Marie OLIVIERI

Versão portuguesa de FF PARAISO

Ilustrações de J.-L. GOUSSÉ

ASSiMiL®
O método intuitivo

B.P. 25
94431 Chennevières sur Marne cedex
FRANCIA

ISBN 978-2-7005-0421-7

Índice

Agradeço a toda a equipa editorial de Assimil pelo apoio indispensável à concretização deste trabalho e a José Luís de Luna pela confiança e amizade em mim depositadas.

Introdução

Caro Leitor, queremos agradecer-lhe por ter acabado de comprar este método de **Italiano** e esperamos que fique plenamente satisfeito com a sua escolha. Sejam quais forem as suas motivações – descobrir os museus, os restaurantes, as cidades e as praias de Itália, visitá-la em trabalho ou simplesmente poder conversar com amigos italianos – este livro foi feito para si. Esforçámo-nos por responder às suas necessidades concebendo um método de utilização muito simples, baseado em diálogos que reproduzem situações frequentes na vida quotidiana e profissional, dirigido tanto a principiantes como a quem tem algumas noções de italiano. Na generalidade dos casos adoptamos um estilo de linguagem coloquial, mas também incluímos alguns exemplos de linguagem cuidada, mais adaptada às exigências do mundo laboral. No fim do livro encontrará um apêndice gramatical que contém as noções básicas da língua italiana embora, num método de iniciação como este, necessariamente resumidas. E, para que através destas páginas você tenha realmente a impressão do que é viver em Itália, de vez em quando, à margem dos diálogos, inserimos pequenas anotações que descrevem os costumes, as expressões idiomáticas e algumas curiosidades sobre os Italianos e a sua cultura tão especial.

Como usar o seu guia Assimil de Italiano?

O nosso método é muito simples uma vez que se baseia, tal como o seu nome indica, numa assimilação natural e progressiva da língua.

1 A primeira volta

Chamamos a esta primeira volta, a "fase passiva". Aconselhamo-lo a começar por escutar **a gravação do diálogo** visto que, numa situação de aprendizagem natural – ou seja, se você pudesse estar efectivamente em Itália –, ser-lhe-ia possível absorver os sons, o ritmo e a musicalidade da língua italiana. A escuta das gravações permitir-lhe-á descobrir precisamente essa musicalidade.
Quando iniciar a sua lição diária, comece por escutar o diálogo sem ler o texto. Recapitule as vezes que quiser. A seguir, tente repetir cada frase (sem ler), mesmo que ainda não tenha compreendido o seu sentido.
Aconselhamo-lo depois a escutar e a ler várias vezes os diálogos com a ajuda das gravações e da pronunciação fonética, que foi simplificada, "à portuguesa". Simultaneamente, vá tentando adivinhar o significado das palavras e o sentido das frases.

De seguida, verifique **a tradução**. E, por fim, repita várias vezes cada frase, até ter a certeza que a memorizou perfeitamente.
Não se preocupe muito com as **notas** pois elas existem apenas para lhe explicar, sucintamente, os pontos essenciais do vocabulário e da gramática que vai aprendendo.
Os **exercícios** que encontra no fim de cada lição constituem a última etapa da sua aprendizagem diária. São essenciais para reforçar e consolidar os conhecimentos que adquiriu.
Ao fim de cada sete lições existe uma **lição de revisão** que lhe permite fazer o ponto da situação relembrando os conhecimentos adquiridos e desenvolvendo as informações que constam das notas. Além disso, poderá ainda consultar, no fim do livro, o **apêndice gramatical** onde se retomam todas estas noções de uma forma mais sistemática, assim como o **léxico duplo** e a lista dos principais **verbos irregulares**.
E, para que o seu estudo seja sobretudo um momento de descontracção e de prazer em vez de uma obrigação, elaborámos este método de maneira a que o tempo necessário para cada lição não ultrapasse uma meia hora por dia. No entanto, é absolutamente necessário que este ritmo seja cumprido, regular e quotidianamente, sem o qual o seu trabalho de aprendizagem se arrisca a ser pouco eficaz. É este o segredo para que progrida **sem esforço**. Sem dar por isso, vai ver que em cinco meses poderá estar a ler e a falar uma nova língua!

2 A segunda volta

O meio do livro marca o início de uma segunda fase, dita "fase activa". Nesta fase, ou seja, a partir da lição 50, deverá voltar à primeira lição, para rever o diálogo, as notas e os exercícios; a seguir, ocultando o texto em italiano, deverá traduzir o texto a partir do português. Assim, na lição 51 voltará à segunda lição, e assim sucessivamente. Verá que esta revisão diária não lhe vai parecer difícil – **é** a melhor maneira de consolidar o seu vocabulário e tudo o que aprendeu até então. Além disso, terá uma bela surpresa ao constatar os progressos feitos desde o início!

A ortografia e a pronúncia italianas

Tanto a ortografia como a pronúncia italianas são bastante simples porque a cada som corresponde apenas uma escrita. O segredo está efectivamente no ouvido, e daí a importância dos conselhos sobre pronunciação que abordamos de seguida…

1 A musicalidade do italiano

O italiano é considerado uma língua “cantada”. Existem duas explicações para essa musicalidade: o acento tónico e a acentuação da frase. Quais são as suas principais características?

2 O acento tónico

O acento tónico indica a vogal que deve ser alongada em relação às outras, conferindo-lhe assim uma sonoridade e uma expressividade especiais. Na maior parte das palavras, a penúltima sílaba contém a vogal acentuada, como em **parlare**, *falar*, ou **italiano**, *italiano*. Noutras palavras, a vogal acentuada é a da antepenúltima sílaba, como em **facile**, *fácil*, ou **simpatico**, *simpático*. Existe ainda um terceiro grupo de palavras em que a vogal acentuada é a última, como em **caffè**, *café*, ou **città**, *cidade* e, apenas neste caso, o acento tónico é materializado pela utilização de um acento gráfico – um acento grave sobre a vogal acentuada. Existem ainda algumas palavras – essencialmente formas verbais – cuja acentuação se dá sobre a quarta ou quinta sílaba anterior à última, como em **parlagliene**, *fala-lhe nisso*, **comunicaglielo**, *comunica-lho*.

Para facilitar a sua leitura, a vogal tónica será acentuada a negro, em todos os diálogos constantes deste método.

3 A acentuação da frase

Este é o segundo elemento primordial que contribui para a especificidade da língua italiana. Embora a entoação de uma frase seja fruto da situação e do objectivo do discurso, uma importante característica do italiano é o seu carácter fluido – em termos musicais diríamos *legato* – uma vez que as palavras parecem estar ligadas entre si, criando ou definindo segmentos de frase que são, simultaneamente, unidades de sentido. Para que possa identificar e reproduzir correctamente estes segmentos significantes, torna-se indispensável que escute atentamente as gravações dos diálogos. Nas vinte lições iniciais, para o ajudar a reproduzir o mais fielmente possível esta acentuação das frases, as palavras que deve pronunciar ligadas estarão unidas por um traço de união ‿. De um modo geral, evite fazer pausas a seguir aos artigos, às preposições e aos verbos auxiliares, e pronuncie as várias palavras como se fossem uma única:

Ecco il caffè di Francesco *[ekkô‿il‿kaffé‿di‿frantcheskô]*, *Aqui está o café do Francisco*; **Paolo è andato a Roma** *[paulô‿é‿andatô‿á‿Roma]*, *O Paulo foi a Roma.*

O alfabeto

O alfabeto italiano é composto por 5 vogais e 16 consoantes, num total de 21 letras:

A *[a]* **B** *[bi]* **C** *[tchi]* **D** *[di]* **E** *[é]* **F** *[éffé]* **G** *[dji]*
H *[akka]* **I** *[i]* **L** *[éllé]* **M** *[émmé]* **N** *[énné]* **O** *[o]* **P** *[pi]*
Q *[ku]* **R** *[érré]* **S** *[éssé]* **T** *[ti]* **U** *[u]* **V** *[vi]* **Z** *[dzéta]*

Actualmente, as inúmeras palavras de origem estrangeira que passaram a fazer parte do léxico italiano obrigaram a acrescentar mais cinco letras ao alfabeto original:

J *[i lunga]* **K** *[kappa]* **W** *[doppia vu]* **X** *[iks]* **Y** *[ipsilon]*

Todas as consoantes são do género feminino.

1 As vogais

Em relação às cinco vogais, **a e i o u**, é importante lembrar-se que, por vezes, a sua pronunciação é diferente do português.

• Quando as vogais são tónicas, em português como em italiano, a sua leitura é franca e aberta:
a aberto **madre** *[madrê]*, *mãe*
e aberto **bene** *[bênê]*, *bem*
o aberto **forte** *[fortê]*, *forte*

• Contudo, existem palavras nas duas línguas em que as vogais tónicas são pronunciadas com um timbre médio:
e médio **mela** *[mêla]*, *maçã*
o médio **dove** *[dôvê]*, *onde*

• Como já pôde constatar nos exemplos apresentados acima, a maior diferença reside nas vogais chamadas átonas, que têm tendência a "emudecer" em português, especialmente no fim das palavras, o que

não acontece em italiano. Assim, ao contrário do português, o **e** e o **o** nunca são totalmente fechados (o **o** é lido como "u" apenas quando faz parte de um ditongo):
fiore *[fiórê]*, *flor*
bagno *[bánhô]*, *banho*.

Na nossa pronunciação figurada, indicaremos as vogais abertas com um acento agudo e as vogais médias com um acento circunflexo.

2 As consoantes

Em italiano, as consoantes **c**, **g**, **s** e **z** nem sempre têm o mesmo som.

• **c** e **g** têm um som palatal antes das vogais **e** e **i** ;
transcrevemos *[tch]*:
piacere *[piatchérê]*, *prazer*
cielo *[tchiélô]*, *céu*

transcrevemos *[dj]*:
gelato *[djêlátô]*, *gelado*
giocare *[djôkárê]*, *jogar*

mas mantêm um som gutural antes das vogais **a**, **o** e **u**:
capo *[kapô]*, *chefe*
cosa *[koza]*, *coisa*
curioso *[kuriozô]*, *curioso*
gatto *[gattô]*, *gato*
goccia *[gottcha]*, *gota*
guardare *[guardarê]*, *olhar*

• a consoante **s** é lida como *[ss]*
se ocorrer no início da palavra: **sale** *[salê]*, *sal*
antes de **c**, **p**, **t**, **f**, **q**: **sportivo** *[sportivô]*, *desportivo*
a seguir a uma consoante: **rapsódia** *[rapssodia]*, *rapsódia*

mas adquire o som equivalente ao nosso *[z]*
entre vogais: **rosa** *[roza]*, *rosa*
e antes de **b**, **d**, **g**, **l**, **m**, **n**, **r**, **v**: **sbaglio** *[zbálhô]*, *engano*

e em palavras como **gusto** *[gusstô]*, *gosto* ou **presto** *[présstô]*, *depressa*, também assinalaremos como *[ss]* para que não leia com o som "ch", à portuguesa!

• o **z** entre duas vogais é lido como *[dz]*: **ozono** *[odzonô]*, *ozono*; mas no início das palavras e no grupo **-enza**/**-anza** é lido como *ts*: **zucchero** *[tsukkêro]*, *açúcar*; **senza** *[sentsa]*, *sem*.

• a consoante **q** é sempre seguida da vogal **u** mas, ao contrário do português, a vogal é lida mesmo quando antecede um **e** ou um **i**; nesses casos, transcrevemos *[kü]*:
questo *[küésstô]*, *isto*; **qui** *[küi]*, *aqui*; quando a sua leitura é idêntica ao português, não alteramos a nossa transcrição: **quale** *[kualê]*, *qual*.

3 Grupos de letras

Ao intercalar a vogal **i** entre as consoantes **c** e **g** e as vogais **a**, **o** e **u**, o italiano obtém o mesmo som palatal *[tch* ou *dj]* que vimos acima:

• **cia cio ciu**:
ciao *[tchau]*, *adeus / olá*
cioccolato *[tchokkolatô]*, *chocolate*
ciuffo *[tchuffô]*, *tufo*

• **gia gio giu**:
mangiare *[mandjarê]*, *comer*
giovane *[djóvanê]*, *jovem*
giudice *[djuditchê]*, *juiz*

Pelo contrário, ao intercalar a consoante **h** entre as consoantes **c** e **g** e as vogais **e**, **i**, obtemos o som gutural correspondente a *[kê/ki]* e *[guê/gui]*:

• **che chi**:
anche *[ankê]*, *também*
chilo *[kilô]*, *quilo*

• **ghe ghi**:
ghepardo *[guêpardô]*, *leopardo*
funghi *[fungui]*, *cogumelos*.

O grupo **sc** tem um som gutural ou palatal conforme as vogais a que está associado:

• **sca sco scu** que transcrevemos *[ska/sko/sku]*:
scuro *[skuro]*, *escuro*

• **sce sci** que transcrevemos *[chê/chi]*:
pesce *[pechê]*, *peixe*
fascino *[fachino]*, *encanto*

O grupo **gli** corresponde ao nosso *[lh]*:

• **gli glio glia gliu**
migliore *[milhórê]*, *melhor*
paglia *[palha]*, *palha*
figliuolo *[filhuólô]*, *filhinho*
figlio *[filhô]*, *filho*

No entanto, no início das palavras, **gli** é lido como em português: **glicerina** *[glitcherina]*; **glicine** *[glitchinê]*.

A consoante **g** seguida de **n** tem ainda a particularidade de formar o som equivalente ao **nosso** *[nh]*:
montagna *[montanha]*, *montanha*
ingegnere *[indjenhêre]*, *engenheiro*
sogno *[sonhô]*, *sonho*.

4 As consoantes dobradas

Todas as consoantes do alfabeto italiano podem ser dobradas (com excepção da letra **h**), o que reforça a intensidade do som que lhe é atribuído na palavra. Por isso, essas consoantes devem ser pronunciadas destacadamente. Na nossa transcrição manteremos a grafia italiana para que não se esqueça de o fazer. Além disso, a presença de uma consoante dobrada indica, frequentemente, significados diferentes para palavras idênticas:

casa *[kaza]*, *casa*	≠	**cassa** *[kassa]*, *caixa*
sono *[sono]*, *sou*	≠	**sonno** *[sonnô]*, *sono*
pena *[pena]*, *pena*	≠	**penna** *[penna]*, *caneta*

Se chegou até aqui um pouco confuso, não se preocupe. Verá que em breve começará a captar a sonoridade ímpar da língua italiana graças às gravações que deve ouvir atentamente. Não se esqueça de pronunciar as frases com musicalidade e… Bom trabalho!

Antes de iniciar a sua primeira lição, deverá ler atentamente a Introdução onde encontrará as explicações preliminares que lhe serão necessárias para uma aprendizagem plenamente eficaz.

1 Prima lezione *[prima létsiónê]*

Benvenuto in Italia!

1 – Salve ①!
2 – Finalmente sei ② qui!
3 – Sono contento di essere a Roma!
4 – Ti presento Carla Rossi.
5 – Molto piacere ③, Signora!
6 – E questo è Mario.
7 – Ciao ①!

Pronunciação
bénvênutô in‿itália **1** *salvê* **2** *finalméntê séi‿kui* **3** *sonô‿kontentô di‿ésserê‿a‿roma* **4** *ti‿prêzéntô*

Notas

① **salve e ciao** são duas expressões muito comuns, usadas pelos italianos para se cumprimentarem a qualquer hora do dia. **Salve** é uma palavra bastante informal que pode ser empregue tanto por jovens como por adultos. À quanto a **ciao**, embora tenha sido adoptada por numerosas línguas estrangeiras, em Itália, deve usar-se apenas entre jovens ou quando os adultos se dirigem a crianças.

***

Esercizio 1 – Traducete
Exercício 1 – Traduza

❶ Benvenuto a Roma! ❷ Sono molto contento! ❸ Ciao, Carla! ❹ Molto piacere!

Primeira lição 1

Bem vindo a Itália

1 – Olá!
2 – Finalmente chegaste *(estás aqui)*!
3 – Estou contente por *(de)* estar em Roma!
4 – Apresento-te [a] Carla Rossi.
5 – Muito prazer, [minha] senhora!
6 – E este é [o] Mario.
7 – Olá!

*k**a**rla‿r**ó**ssi* **5** *m**o**ltô‿pi**á**tch**ê**rê sinh**ó**ra* **6** *ê‿ku**ê**sstô‿é‿m**á**riô*
7 *tch**á**u*

② Como pode constatar nesta frase e nas seguintes, o italiano geralmente não usa os sujeitos dos verbos, que ficam subentendidos. Tal como em português, os pronomes são explicitados apenas quando há ambiguidade ou quando se pretende enfatizar uma determinada acção.

③ A expressão **molto piacere** é um pouco mais formal do que usar simplesmente **piacere**, ou **salve**, uma saudação também muito comum.

***

Correcção do exercício 1

❶ Bem-vindo a Roma! ❷ Estou muito contente! ❸ Olá, Carla! ❹ Muito prazer!

2 **Esercizio 2 – Completate con le parole che mancano**
Exercício 2 – Complete com as palavras que faltam
(Os pontos correspondem a letras ou a outros caracteres.)

❶ Olá, Mário!
. . . . . Mario!

❷ Finalmente estás em Itália!
Finalmente . . .   . . Italia!

❸ Estou contente por estar aqui!
. . . . contento . . essere . . . !

❹ Este é [o] Mário Rossi!
. . . . Mario Rossi!

2 Seconda lezione *[sékonda létsiónê]*

Colazione al bar

1 – Buongiorno ①!
2 – Un cappuccino, per favore.
3 – Subito, Signore.

Pronunciação
kôlátsionê‿al‿bar **1** *buon‿djórnô* **2** *un‿kaputtchinô*

Nota

① **Buongiorno** é a expressão mais comum para cumprimentar alguém ou iniciar uma conversa. No entanto, a sua utilização ▸

Correcção do exercício 2

❶ Salve – ❷ – sei in – ❸ Sono – di – qui ❹ Questo è –

Segunda lição 2

Pequeno-almoço no café

1 – Bom dia!
2 – Um cappuccino, por favor.
3 – É para já *(imediatamente)*, senhor.

*pér‿fávôrê **3** subitô sinhôrê*

indicia um tratamento mais formal, enquanto **salve** e **ciao** são usados entre pessoas que se tratam por **tu**.

4 E Lei ②, che c**o**sa desi**d**era?
5 – Un caff**è** ristr**e**tto e un corn**e**tto, gr**a**zie ③.
6 – Per me **u**na bri**o**che, per fav**o**re. □

4 ê‿lei kê‿kôsa‿dêzidera ***5*** *un‿kaffé‿risstrêttô ê‿un‿kôrnêttô grátsiê* ***6*** *pér‿mê‿una‿brióche pér‿favórê*

Notas

② Para o tratamento cerimonioso, o italiano usa **Lei**, *o senhor, a senhora*, e o verbo deve ser conjugado na terceira pessoa do singular. Tal como "você" em português, **Lei** é usado tanto para o feminino como para o masculino. E tome nota que é escrito com maiúscula! Tal como em português, **voi**, *vós*, caiu ▸

***

Esercizio 1 – Traducete
Exercício 1 – Traduza

❶ Buongiorno, Signore! ❷ Un caffè ristretto, per favore! ❸ Per me una brioche e un cappuccino, grazie. ❹ E per lei, Signora?

Esercizio 2 – Completate con le parole che mancano
Exercício 2 – Complete com as palavras que faltam

(Os pontos correspondem a letras e outros caracteres.)

❶ O que é que o senhor deseja *(Que coisa deseja, senhor)* ?
. . .   . desidera, ... ?

❷ Para mim uma bica curta, por favor!
. . .   . . un caffè . . . . , per . . . . . . !

❸ Imediatamente, [minha] senhora!
Subito, ... !

❹ Um croissant, obrigada!
Un . . . . , ... !

4 E a senhora? Que *(coisa)* deseja? **2**
5 – Uma bica *(café)* curta e um croissant, por favor *(obrigada)*.
6 – Para mim um brioche, por favor.

em desuso excepto em certas regiões do sul de Itália, embora continue a empregar-se a 2ª pessoa do plural.

③ **Grazie**, *obrigado/-a* é outra palavra invariável, usada para o masculino e para o feminino.

***

Correcção do exercício 1

❶ Bom dia, senhor! ❷ Uma bica curta, por favor. ❸ Para mim um brioche e um *cappuccino*, obrigado. ❹ E para si, [minha] senhora?

Correcção do exercício 2

❶ Che cosa – Signore ❷ Per me – ristretto – favore ❸ – Signora ❹ – cornetto – grazie

3 *Antes de começarem o seu dia de trabalho, os Romanos geralmente preferem não comer nada em casa e tomar o pequeno-almoço na rua. Para um estrangeiro é como assistir a um espectáculo e pode ser uma experiência muito agradável: são consumidas grandes quantidades de deliciosas pastelarias que desaparecem em poucos minutos, engolidas a toda a pressa ao balcão, acompanhadas de um* **cappuccino** *bem quente.*

3 Terza lezione *[tértsa létsiônê]*

In albergo

1 – Avete ① una camera libera per questa notte?
2 – Doppia o singola?
3 – Una matrimoniale con bagno, per cortesia ②.
4 – Abbiamo due camere libere.
5 Tutte le camere hanno l'aria condizionata,
6 e non sono ③ per niente rumorose! □

Pronunciação
in‿albérgô **1** *avêtê‿una‿kamêra‿libêra pêr‿kuéssta nóttê* **2** *dóppia ô‿singôla* **3** *una‿matrimôniale*

Notas

① **avete** (literalmente "tendes"), é a 2ª pessoa do plural do presente do indicativo do verbo auxiliar **avere**, *ter* e *haver*.

② A expressão **per cortesia** tem o mesmo sentido de **per favore** e pode ser usada indiferentemente e nos mesmos contextos. ▸

Mais tarde, ao longo do dia, poderá ser convidado a beber um café. Provavelmente tratar-se-á, mais uma vez, de um consumo ao balcão, num desses locais de convivência rápida. Nas ocasiões de lazer ou para conversas mais prolongadas, os Romanos frequentam os **caffè**, cafés/salões de chá, *que geralmente preservam um ambiente tradicional.* 3

Terceira lição 3

No hotel

1 – Tem um quarto *(livre)* para esta noite?
2 – Duplo ou simples?
3 – Um [quarto] de casal com banho, por favor *(cortesia)*.
4 – Temos dois quartos livres disponíveis.
5 Todos os quartos têm ar condicionado,
6 e não são *(por)* nada barulhentos!

kon‿bánhô pêr‿kortêzia **4** *abbiamô duê‿kámêrê‿libêrê* **5** *tuttê‿lê‿kámêrê‿ánnô‿laria conditsiônata* **6** *ê‿non‿sônô‿pér‿niéntê rumôrôzê*

③ **sono**, *são*, é a 3ª pessoa do plural do presente do indicativo do verbo auxiliar **essere**, *ser* e *estar.*

Esercizio 1 – Traducete

❶ Avete una camera libera? ❷ Le camere non sono rumorose. ❸ Per questa notte abbiamo una matrimoniale. ❹ Le camere non hanno l'aria condizionata.

Esercizio 2 – Completate con le parole che mancano

❶ O quarto simples não está livre.
La . . . . . . singola . . . . libera.

❷ Tem um quarto duplo, por favor?
. . . . . una camera doppia, ... ?

❸ Os quartos livres têm ar condicionado.
Le camere libere . . . . . l'aria . . . .

❹ Temos um duplo para esta noite.
. . . . una doppia per . . . .

4 Quarta lezione *[kuarta létsiônê]*

Treno o macchina?

1 – Siete ① stanchi per il viaggio?
2 – No, non ② siamo ③ stanchi per niente!

Pronuncia
trénô ô‿makkina **1** *siêtê‿stanki pêr‿il‿viáddjô* **2** *nô non‿siamô‿stanki pêr‿niéntê*

Notas

① **siete** (literalmente "(vós) sois / estais") é a 2ª pessoa do plural do presente do indicativo do verbo **essere**, *ser*, que, como vimos, equivale também ao verbo *estar*. É usada em italiano ▸

Correcção do exercício 1

4

❶ Tem um quarto livre? ❷ Os quartos não são barulhentos. ❸ Para esta noite temos um de casal. ❹ Os quartos não têm ar condicionado.

Correcção do exercício 2

❶ – camera – non è – ❷ Avete – per cortesia ❸ – hanno – condizionata ❹ Abbiamo – questa notte

Quarta lição 4

Comboio ou carro?

1 – Estão cansados da viagem?
2 – Não, não estamos nada cansados *(por nada)*!

▸ quando nos dirigimos a vários interlocutores, mas em português moderno corresponde a *(vocês) estão.*

② Repare na diferença entre **no**, resposta negativa, e **non**, que torna o verbo negativo.

③ **siamo**, *somos / estamos*, é a 1ª pessoa do plural do verbo **essere**.

4

3 – Il tr**e**no è arriv**a**to ④ in or**a**rio,
4 e abbi**a**mo attravers**a**to **u**na regi**o**ne bell**i**ssima ⑤.
5 **A**nche l'autostr**a**da attrav**e**rsa paes**a**ggi m**o**lto b**e**lli ⑥,
6 ma c'è ⑦ sp**e**sso tr**o**ppo tr**a**ffico! □

***3** il‿tr**é**nô é‿arriv**a**tô in‿ôr**a**riô* ***4** ê‿abbi**a**mô‿attravêrs**a**tô **u**na‿rêdj**ô**nê‿béll**i**ssima* ***5** **a**nkê‿lautôsstr**á**da attrav**ê**rsa*

Notas

④ **siamo arrivati**, *chegámos*, é o pretérito perfeito composto, formado com o verbo auxiliar **essere** e seguido do particípio passado do verbo activo. Repare que este concorda em género e em número com o sujeito. Neste caso, **arrivati**, *chegados*, plural de **arrivato**, *chegado*.

⑤ **bellissimo** é o superlativo absoluto de **bello** que, tal como em português, poderia também ser formado com a ajuda do advérbio **molto**. Assim, **bellissima**, *belíssima*, pode ser substituido por **molto bella**, *muito bela*, tal como **stanchissimo**, *cansadíssimo* por **molto stanco**, *muito cansado* (frase 1).

⑥ Já deve ter reparado que as palavras terminadas em **-o** correspondem a substantivos ou a adjectivos masculinos, cujo plural se faz com **-i**: **bello**, **belli**, *belo*, *belos*. Quanto às palavras femininas, geralmente terminadas em **-a**, formam o seu plural em **-e**: **autostrada**, **autostrade**, *auto-estrada*, *auto-estradas*. ▸

***

Esercizio 1 – Traducete

❶ Siete stanchi? ❷ Siamo molto stanchi. ❸ L'autostrada attraversa una regione bellissima. ❹ Non c'è troppo traffico. ❺ Il treno non è arrivato.

3 – O comboio chegou à hora *(em horário)*, 4
4 e atravessámos uma região lindíssima *(belíssima)*.
5 A auto-estrada também atravessa paisagens lindas *(muito belas)*,
6 mas há muitas vezes demasiado trânsito!

paêzáddji ‿ môltô ‿ bélli ***6*** *ma ‿ tché ‿ spêssô trôppô ‿ tráffikô*

▸ ⑦ Memorize a fórmula **c'è**, que é usada no singular com o sentido de *há* ou *está*. Na realidade, trata-se de uma contracção, como pode ver se comparar com o plural: **ci sono**, *há* (plural), *existem* ou *estão*.

***

Correcção do exercício 1

❶ Estão cansados? ❷ Estamos muito cansados. ❸ A auto-estrada atravessa uma região lindíssima. ❹ Não há muito trânsito. ❺ O comboio não chegou.

Esercizio 2 – Completate con le parole che mancano

❶ Não estamos cansados.
. . .   . stanchi.

❷ Há demasiado trânsito.
. . . troppo . . . .

❸ É uma região lindíssima.
. una regione . . . .

---

5 Quinta lezione *[kuinta létsiônê]*

A piedi in città

1 – Ne ho abbast**a**nza ① di aspett**a**re qu**e**sto **a**utobus!
2 – **E**ccolo che arr**i**va!

Pronunciação
a‿piédi in‿tchittá ***1*** *nê‿ô‿abbasstantsa di‿ásspêttarê*

Nota

① Hoje vamos aprender algumas palavras e expressões que lhe permitirão manifestar o seu descontentamento (por exemplo, se for apanhado num engarrafamento)! Memorize todas estas expressões, escute a gravação e tente repetir cada frase com ▸

❹ Atravessámos paisagens muito belas.
. . . . attraversato paesaggi . . . .

❺ Estão *(estais)* cansados.
. . . . . stanchi.

Correcção do exercício 2
❶ Non siamo – ❷ C'è – traffico ❸ È – bellissima ❹ Abbiamo – molto belli ❺ Siete –

Quinta lição 5

[Andar] a pé na cidade

1 – Estou farto de estar à espera deste autocarro!
2 – Ei-lo *(que chega)*!

kuésstô‿autôbuss **2** *ékkôlô kê‿arriva*

a pronúncia e a entoação certas. Lembre-se que para dar uma boa entoação a uma exclamação, seja ela de exasperação, de admiração ou de fúria, deve deixar-se levar pelas próprias palavras. Experimente, e vai ver que é muito divertido!

3 – È incre**di**bile, ha qu**i**ndici min**u**ti di rit**a**rdo!
4 Ed ② è pien**i**ssimo!
5 – B**a**sta, non ne p**o**sso pi**ù**!
6 **I**o ③ v**a**do a pi**e**di!
7 – Ma sì, h**a**i ragi**o**ne, andi**a**mo! □

***3** é‿inkrêdibilê a‿kui'nditchi‿minuti di‿ritárdô **4** êd‿é‿piênissimô **5** bássta nôn‿nê‿póssô‿piu **6** íô vádô‿a‿piédi **7** ma‿sí ái‿radjónê andiamô*

Notas

② Como não seria muito fácil pronunciar dois "e" seguidos, interpõe-se um "d".

***

Esercizio 1 – Traducete

❶ Non ne posso più! ❷ Questo autobus ha quindici minuti di ritardo. ❸ Andiamo a piedi! ❹ Eccolo! ❺ Ma sì, hai ragione!

Esercizio 2 – Completate con le parole che mancano

❶ Estou farto de esperar.
. . . . di aspettare.

❷ Tens razão, vamos a pé.
. . . ragione, andiamo . . . .

❸ O autocarro está cheiíssimo!
L'autobus . . . . !

❹ Chega!
. . . . . !

❺ [A] Carla tem quinze minutos de atraso.
Carla . . quindici minuti . . . .

3 – É incrível, tem quinze minutos de atraso!
4 E está cheiíssimo!
5 – Chega *(Basta)*, não posso mais!
6 Eu vou a pé!
7 – Pois *(Mas)* sim, tens razão, vamos embora!

Particularidades da pronúncia italiana
Para **non ne posso più!**, *não posso mais!*, pronuncie como se fosse uma só palavra *[non‿nê‿p**o**sso‿pi**ú**]*.

③ Repare na presença do pronome pessoal **io**, que é usado para reforçar a afirmação.

***

Correcção do exercício 1

❶ Não posso mais! ❷ Este autocarro tem quinze minutos de atraso. ❸ Vamos a pé! ❹ Ei-lo! ❺ Pois sim, tens razão!

Correcção do exercício 2

❶ Ne ho abbastanza – ❷ Hai – a piedi ❸ – è pienissimo ❹ Basta ❺ – ha – di ritardo

6 Sesta lezione *[séssta létsiônê]*

Che meraviglia!

1 – I palazzi e le strade di Roma sono meravigliosi!
2 – È vero ①, ci sono ② dei monumenti eccezionali!
3 Tutta la ③ città ha un fascino immenso!
4 – Penso che dobbiamo assolutamente ritornare!
5 – Allora dobbiamo buttare una moneta nella Fontana di Trevi! □

Pronunciação
kê mêravilha **1** *i‿palattsi ê lê‿stradê‿di‿rôma sônô‿mêravilhôzi* **2** *ê‿vêrô tchi‿sônô dêi‿monumênti*

Notas

① **È vero!** (literalmente "é verdadeiro") é uma expressão muito comum, que deve memorizar, pois corresponde ao nosso *É verdade!*

② Como vimos na lição 4 (nota 7), o plural de **c'è** corresponde a **ci sono**. Assim diremos, por exemplo, **c'è una camera libera**, *há um quarto livre*, mas **ci sono due camere libere**, *há dois quartos livres.*

***

Esercizio 1 – Traducete
❶ Le strade di Roma sono meravigliose. ❷ Dobbiamo buttare una moneta nella Fontana di Trevi. ❸ Roma ha un fascino immenso. ❹ Ci sono dei monumenti eccezionali. ❺ I palazzi sono bellissimi.

Que maravilha!

1 – Os palácios e as ruas de Roma são maravilhosos!
2 – É verdade, há monumentos excepcionais!
3 Toda a cidade tem um fascínio imenso!
4 – Penso que devemos imperativamente *(absolutamente)* regressar!
5 – Então temos de *(devemos)* atirar uma moeda na Fonte de Trevi!

êttchêtsiônali ***3*** *tutta‿la‿tchitta a‿un‿fachinô imménsô* ***4*** *pénsô kê‿dôbbiamô assolutamêntê ritornarê* ***5*** *allóra dôbbiamô‿buttarê una‿mônêta nêlla‿fontana‿di‿trévi*

③ Os artigos definidos em italiano são um pouco mais complicados do que em português! Mas não se preocupe, iremos aprendê-los a pouco e pouco e acabará por conseguir memorizá-los sem esforço. Por agora, retenha apenas estas quatro formas: **la città**, *a cidade*, **le strade**, *as ruas*, **il monumento**, *o monumento*, **i palazzi**, *os palácios*.

***

Correcção do exercício 1

❶ As ruas de Roma são maravilhosas. ❷ Temos de atirar uma moeda na Fonte de Trevi. ❸ Roma tem um fascínio imenso. ❹ Há monumentos excepcionais. ❺ Os palácios são lindíssimos.

Esercizio 2 – Completate con le parole che mancano

❶ Que maravilha, esta cidade!
. . . . , questa città!

❷ Os palácios são lindíssimos.
. palazzi sono . . . .

❸ As ruas são lindíssimas.
. . strade . . . . bellissime.

❹ Em Roma há muitos monumentos.
A Roma . . . . . . molti monumenti.

❺ Toda a cidade é excepcional.
Tutta . . città . eccezionale.

A Fonte de Trevi é um dos locais mais visitados do turismo italiano pois manda a tradição que, ao atirar uma moeda nesta fonte, o visitante garanta um futuro regresso a Roma.... Talvez não seja sequer

7 Settima lezione *[sétima létsiônê]*

Revisione – Revisão

E assim chegamos ao fim da nossa primeira semana de trabalho! Esperemos que este primeiro contacto com o italiano lhe tenha agradado e que esteja agora ainda mais motivado para prosseguir a sua viagem através da língua e da cultura italianas.
Assim como todas as futuras lições múltiplas de sete, esta lição, será bastante diferente das outras. Aqui não lhe apresentamos noções novas, mas aproveitamos para rever e pôr em ordem tudo o que aprendeu ao longo das seis lições precedentes. Encontrará duas rubricas novas: uma, intitulada "um pouco de gramática", e a outra, "palavras úteis". Na primeira, organizamos as notas

Correcção do exercício 2

❶ Che meraviglia – ❷ I – bellissimi ❸ Le – sono – ❹ – ci sono – ❺ – la – è –

um dos seus monumentos mais belos apesar de ser, certamente, um dos mais famosos graças à célebre cena do banho nocturno de Anita Ekberg e Marcello Mastroianni, no filme La dolce vita *de Fellini.*

Sétima lição 7

gramaticais abordadas nas lições de uma forma mais sistemática; na segunda, retomamos as palavras e as expressões indispensáveis no seu dia-a-dia, para que saiba como cumprimentar, agradecer, pedir, barafustar, etc. Além disso, estas duas rubricas permitir-lhe-ão descobrir, facilmente, uma regra ou expressão que possa querer rever. No fim da lição, incorporando as palavras e as expressões mais importantes das seis lições precedentes, fornecemos-lhe um resumo, em forma de diálogo, que o ajudará a completar a revisão da matéria estudada.

7 Um pouco de gramática

1 Os verbos

Presente do indicativo do verbo **essere**, *ser* (*estar*)

io sono	*eu sou*
tu sei	*tu és*
lui/lei è	*ele/ela é*
noi siamo	*nós somos*
voi siete	*vós sois*
loro sono	*eles/elas são*

Presente do indicativo do verbo **avere**, *ter* (*haver*)

io ho	*eu tenho*
tu hai	*tu tens*
lui/lei ha	*ele/ela tem*
noi abbiamo	*nós temos*
voi avete	*vós tendes*
loro hanno	*eles/elas têm*

2 A frase negativa

Nada de mais simples: tal como em português, basta colocar **non** antes da forma verbal: **la camera non è libera**, *o quarto não está livre.*

3 A frase interrogativa

Novamente à semelhança do português, para que uma frase seja interrogativa, basta terminá-la com um ponto de interrogação.

4 O tratamento cerimonioso

Em italiano é usado o pronome **Lei**, *o senhor*, *a senhora*, *você* e o verbo é obviamente conjugado na 3ª pessoa do singular: **Lei è stanca, Signora?**, *A senhora está cansada?*

5 *C'è, ci sono*

Memorize as expressões **c'è**, **ci sono**, *há*: **c'è una camera libera**, *há um quarto livre*, **ci sono due camere libere**, *há dois quartos livres.*

6 As palavras úteis

Para cumprimentar:	**Salve, Ciao!**
Para fazer apresentações:	**Ti presento...**
Para pedir qualquer coisa:	**Per favore. / Per cortesia.**
Para barafustar:	**Basta! / Ne ho abbastanza! / Non ne posso più!**
Para exprimir o seu entusiasmo:	**Che meraviglia!**

8 Dialogo di revisione - Diálogo de revisão (Traduza)

1 – Benvenuto a Roma!
2 – Salve!
3 – Ti presento Carla Rossi.
4 – Molto piacere!
5 – Che cosa desideri?
6 – Un caffè ristretto, per favore.
7 – Il treno è arrivato in orario?
8 – Sì, e abbiamo una camera con aria condizionata!
9 – L'autobus è pienissimo, andiamo a piedi!
10 – A Roma ci sono dei monumenti eccezionali!

8 Ottava lezione *[ottava lêtsiônê]*

Dove possiamo mangiare ①?

1 – È quasi mezzogiorno,
2 io comincio ad avere fame!

Pronunciação
dôvê ‿pôssiamô ‿mandjarê **1** *é ‿kuazi ‿méddzódjôrnô*
2 *iô ‿kômintchô ad ‿avérê ‿famê*

Nota

① A partir de agora vamos começar a estudar as conjugações dos verbos. As formas verbais são bastante numerosas e a sua memorização vai exigir um certo esforço. No entanto, de acordo com o nosso método, elas serão introduzidas gradualmente e sempre integradas nos diálogos, o que facilitará a sua ▸

Tradução

1 – Bem-vindo a Roma!
2 – Olá!
3 – Apresento-te a Carla Rossi.
4 – Muito prazer!
5 – O que é que queres?
6 – Uma bica curta, por favor.
7 – O comboio chegou a horas?
8 – Sim, e temos uma cabina com ar condicionado!
9 – O autocarro está cheiíssimo, vamos a pé!
10 – Em Roma há monumentos fantásticos!

Parabéns! A sua primeira semana de italiano ainda agora está a acabar, mas você já memorizou certamente uma série de palavras e expressões! Continue a estudar com assiduidade, uma lição por dia. Persevere!

Oitava lição 8

Onde é que podemos comer?

1 – É quase meio-dia,
2 eu [já] começo a ter fome!

▸ progressiva assimilação. Assim, começamos com o verbo **mangiare**, *comer*, que pertence ao primeiro dos três grupos de verbos regulares cujo infinitivo termina em **-are**.

8

3 – **A**nche ② **i**o!
4 – Cerchi**a**mo un ristor**a**nte s**u**lla gu**i**da!
5 Qui vic**i**no c'è un bu**o**n ristor**a**nte di p**e**sce,
6 ma possi**a**mo **a**nche mangi**a**re una p**i**zza.
7 C'è **u**na pizzer**i**a qui all'**a**ngolo, in v**i**a Ross**i**ni, 5 ③.

3 *ankê‿iô* ***4*** *tchérkiamô un‿ristôrantê sulla‿güida* ***5*** *kui‿vitchinô tché‿un‿buon ristôrantê di‿péchê* ***6*** *ma‿*

Notas

② Tome nota que **anche**, *também*, se coloca sempre antes da palavra à qual se refere: **anche noi**, *nós também*; **anche Carla**, *a Carla também*.

***

Esercizio 1 – Traducete

❶ C'è un ristorante qui vicino. ❷ C'è anche una pizzeria. ❸ È mezzogiorno, ho fame. ❹ Cerchiamo un ristorante di pesce. ❺ Dove possiamo mangiare una pizza?

Esercizio 2 – Completate con le parole che mancano

❶ Temos fome, é quase meio-dia!
. . . . , è quasi . . . . !

❷ Estou a ficar cansado!
. . . . ad essere . . . . . . !

❸ Estamos à procura de um bom restaurante.
. . . . un buon . . . .

3 – Eu também *(também eu)*!
4 – Vamos procurar *(Procuremos)* um restaurante no guia!
5 Aqui perto há um bom restaurante de peixe,
6 mas também podíamos *(podemos)* comer uma piza.
7 Há uma pizaria aqui à esquina, na rua Rossini, [número] 5.

possiamô ‿ankê ‿mandjarê una ‿pittsa ***7*** *tché ‿una ‿pittséria kuí ‿all ‿angolô in ‿via Rossini tchinkuê*

③ Ao indicar uma morada em italiano, a preposição **in**, *em*, antecede sempre o nome da rua, e o número da porta aparece por último.

***

Correcção do exercício 1

❶ Há um restaurante aqui perto. ❷ Também há uma pizaria. ❸ É meio-dia, tenho fome. ❹ Estamos à procura de um restaurante de peixe. ❺ Onde é que podemos comer uma piza?

❹ Há uma pizaria na rua Rossini, nº5.
C'è . . . pizzeria . .   . . . Rossini.

❺ Eu também tenho fome!
. . . . ho fame!

Correcção do exercício 2

❶ Abbiamo fame – mezzogiorno ❷ Comincio – stanco ❸ Cerchiamo – ristorante ❹ – una – in via – ❺ Anche io –

9 Nona lezione *[nóna lêtsiônê]*

Al ristorante

1 – Buonasera!
2 – Ho prenotato un tavolo per quattro.
3 – A che ora? ①
4 – Per le ② nove.
5 – E a che nome?
6 – Casiraghi!
7 – Prego, Dottor Casiraghi ③! Prego, Signora!
8 Accomodatevi ④ in giardino!
9 I vostri amici vi aspettano al tavolo in fondo! □

Pronunciação
al‿ristôrantê **1** *buóna‿séra* **2** *ô‿prénôtatô‿un‿tavôlô pér‿kuattrô* **3** *a‿kê‿ora* **4** *pér‿lê‿novê* **5** *ê‿a‿kê‿nómê*

Notas

① **A che ora?**, *A que horas?* Repare que em italiano a palavra **ora**, *hora*, é empregue no singular (o plural seria **ore**).

② Em resposta à pergunta, as horas são expressas no plural e antecedidas do artigo **le**, mas não é necessário repetir a palavra **ore**. Voltaremos a este tema. ▸

***

Esercizio 1 – Traducete

❶ Prego, Dottore! ❷ Accomodatevi in giardino! ❸ Ho prenotato per le nove. ❹ Buonasera, Signora! ❺ I vostri amici vi aspettano!

Nona lição 9

No restaurante

1 – Boa noite!
2 – Reservei uma mesa para quatro [pessoas].
3 – [Para] *(A)* que horas?
4 – Para as nove.
5 – E em que nome?
6 – Casiraghi!
7 – Faça favor, Dr. Casiraghi! Por favor, minha senhora!
8 Sentem-se *(Acomodem-se)* no jardim!
9 Os vossos amigos estão à *(vossa)* espera na mesa do fundo!

***6** kaziragui **7** prégô‿dóttór kaziragui! prégô‿sinhóra **8** akkomôdatêvi in‿djardinô **9** i‿vósstri‿amitchi vi‿asspéttanô al‿tavôlô in‿fondô*

③ Em Itália é considerado falta de educação dirigir-se a uma pessoa sem usar o seu título académico. Quando não se conhece a respectiva profissão, é preferível tratar a pessoa por **Dottore**. Tome nota que, quando o título **dottore** é seguido do apelido, o **e** cai: **Dottor Rossi**.

④ **Accomodatevi** pode ter diversos sentidos, incluindo *acomodem-se*, *instalem-se*, *entrem*, *avancem*, etc. Trata-se de uma fórmula muito usada para pôr as pessoas à vontade.

***

Correcção do exercício 1

❶ Faça favor, senhor doutor! ❷ Sentem-se no jardim! ❸ Reservei para as nove. ❹ Boa noite, minha senhora! ❺ Os vossos amigos estão à vossa espera!

Esercizio 2 – Completatate con le parole che mancano

❶ Reservei uma mesa no jardim.
Ho prenotato . . tavolo . . . .

❷ Para que horas reservaste [a mesa]?
. . . . hai prenotato?

❸ Estão à vossa espera na mesa do fundo.
Vi . . . . al tavolo . . . .

❹ Façam favor de se sentar!
. . . . . , accomodatevi!

❺ Boa noite, Dr. Casiraghi!
. . . . Casiraghi!

10 Decima lezione *[détchima lêtsiônê]*

Vivere ① in campagna?

1 – All**o**ra v**o**i abit**a**te a N**a**poli?
2 – Sì, ma viaggi**a**mo sp**e**sso per il lav**o**ro di m**i**o mar**i**to ②.
3 – E tu, P**a**olo, v**i**vi a Fir**e**nze?

Pronunciação
*viverê in‿kampanha **1** allóra voi‿abitátê‿a‿nápoli **2** si ma‿viaddjamô‿spéssô pér‿il‿lavôrô di‿mio‿maritô **3** ê‿tu paolo vivi‿a‿firentsê*

Notas

① A terminação do infinitivo em **-ere** indica-nos que **vivere** é um verbo regular, que pertence à segunda conjugação. ▸

Correcção do exercício 2

❶ – un – in giardino ❷ A che ora – ❸ – aspettano – in fondo
❹ Prego – ❺ Buonasera Dottor –

Décima lição 10

Viver no campo?

1 – Então moram *(vós morais)* em Nápoles?
2 – Sim, mas viajamos muito por [causa] do trabalho do meu marido.
3 – E tu, Paulo, vives em Florença?

▸ ② Compare **i vostri amici**, na lição 9, com **mio marito**. No singular, os adjectivos possessivos, quando designam pessoas de família, não necessitam de artigo: **mio padre**, *(o) meu pai*, **i miei fratelli**, *os meus irmãos*.

4 – No, **vi**vo in ③ cam**pa**gna.
5 C'è pi**ù** tranquillit**à**,
6 c'è un'④ **a**ria migli**o**re,
7 e m**i**a m**o**glie tr**o**va che i bamb**i**ni s**o**no pi**ù** l**i**beri. □

***4** nô vivô ‿in ‿kampanha **5** tché ‿piu ‿trankuillita **6** tché ‿un ‿aria milhórê **7** ê ‿mia ‿mólhê trova ‿kê ‿i ‿bambini sonô ‿piu ‿libêri*

Notas

③ Compare **a Firenze** com **in campagna**. A preposição **a** é empregue em relação a cidades, vilas e aldeias, e a outros locais específicos. A preposição **in** é usada quando se trata de continentes, regiões, países e também, como vimos, para indicar ▸

***

Esercizio 1 – Traducete

❶ Viaggiamo spesso. ❷ Dove abitate? ❸ No, non vivo in città, vivo in campagna. ❹ E tu, dove vivi? ❺ In campagna i bambini sono più liberi!

Esercizio 2 – Completate con le parole che mancano

❶ Moram em Florença?
. . . . Firenze?

❷ Não viajamos muito.
Non . . . .

❸ No campo há um ar melhor.
. . campagna c'è . . . . migliore.

❹ Vivo em Nápoles.
. . . . . Napoli.

❺ Vives no campo?
. . . . in . . . . ?

4 – Não, vivo no campo.
5 Há mais tranquilidade,
6 há um ar melhor,
7 e a minha mulher acha que as crianças são mais livres.

▸ o nome de uma rua. **Vivo in Italia, a Roma, in via Rossini**, *Vivo em Itália, em Roma, na rua Rossini.*

④ O artigo indefinido **una**, sempre que antecede uma palavra começada por vogal, perde a terminação que é substituída por um apóstrofo.

***

Correcção do exercício 1

❶ Viajamos com frequência. ❷ Onde é que moram? ❸ Não, não vivo na cidade, vivo no campo. ❹ E tu, onde é que moras? ❺ No campo as crianças são mais livres!

Correcção do exercício 2

❶ Abitate a – ❷ – viaggiamo spesso ❸ In – un'aria – ❹ Vivo a – ❺ Vivi – campagna

11 Undicesima lezione *[unditchézima lêtsiônê]*

Come ti chiami? ①

1 – Come vi chiam**a**te?
2 – **I**o mi chi**a**mo Fil**i**ppo e m**i**a sor**e**lla si chi**a**ma Lu**i**sa.
3 – E qu**a**nti ① **a**nni h**a**i?
4 – Ho di**e**ci **a**nni e s**o**no fort**i**ssimo al c**a**lcio.
5 È lo ② sport che prefer**i**sco!
6 – F**i**no a ③ qu**a**ndo rest**a**te a Fir**e**nze?
7 – Resti**a**mo f**i**no a ③ dom**e**nica pr**o**ssima. □

Pronunciação
*kom**ê** ‿ti ‿kiami* **1** *kom**ê** ‿vi ‿kiam**a**tê* **2** ***i**o ‿mi ‿kiam**ô** ‿filippô ê ‿mia ‿sor**é**lla si ‿ki**a**ma ‿lu**í**ssa* **3** *ê ‿ku**a**nti ‿**a**nni ‿**a**i*

Notas

① Evidentemente que estas perguntas muito directas são usadas quando existe familiaridade entre os interlocutores. Repare que, tal como em português, o pronome indefinido **quanto (i, a, e)**, *quanto (os, a, as)* concorda em género e número com a palavra a que se refere. ▸

***

Esercizio 1 – Traducete

❶ Quanti anni ha Luisa? ❷ E tu, come ti chiami? ❸ Filippo ha nove anni. ❹ Restiamo fino a domenica prossima. ❺ Il calcio è lo sport che preferisco!

Décima primeira lição 11

Como é que te chamas?

1 – Como é que *(vós vos chamais)* vocês se chamam?
2 – Eu chamo-me Filippo e a minha irmã chama-se Luisa.
3 – E quantos anos tens?
4 – Tenho dez anos e sou muito bom a jogar à bola *(no futebol)*.
5 É o *(desporto que prefiro)* meu desporto favorito!
6 – Até quando *(ficais)* ficam em Florença?
7 – Ficamos até ao próximo domingo *(domingo próximo)*.

***4** ô‿diétchi‿anni ê‿sonô‿fortissimô‿al‿kaltchô **5** é‿lô‿sport kê‿préfêriskô **6** finô‿a‿kuandô résstatê‿a‿firentsê **7** résstiamô fino‿a‿dôménika‿próssima*

② **lo** é uma segunda forma do artigo definido masculino singular. Deve ser usado antes de todas as palavras começadas por **s** quando este é seguido de uma consoante, que é o chamado **s** "impuro"; e também antes de **gn**, **ps**, **x** e **z**. **Lo specchio**, *o espelho*; **lo psicologo**, *o psicologo*; **lo zero**, *o zero*.

③ Memorize **fino a**, *até*.

***

Correcção do exercício 1

❶ Quantos anos tem a Luisa? ❷ E tu, como te chamas? ❸ O Filippo tem nove anos. ❹ Ficamos até ao próximo domingo. ❺ O futebol é o meu desporto favorito.

12 **Esercizio 2 – Completate con le parole che mancano**

❶ A minha irmã chama-se Luisa.
Mia . . . . si . . . . . . Luisa.

❷ Quantos anos tens?
. . . . hai?

❸ O Filippo é muito bom a jogar futebol.
Filippo è . . . . al . . . . . . !

❹ Vocês chamam-se Luisa e Filippo?
Vi . . . . Luisa e Filippo?

❺ Até quando ficam por cá?
. . . .   . quando . . . . qui?

---

12 Dodicesima lezione *[doditchézima lêtsiônê]*

Un menù italiano

1 – **E**cco i men**ù** ①!
2 C**o**me pi**a**tti del gi**o**rno abbi**a**mo
3 gli ② gn**o**cchi **a**lla rom**a**na e l'**o**ssob**u**co.

Pronunciação
un ‿ menu italianô **1** *ékkô ‿ i ‿ menu* **2** *komê ‿ piatti ‿ dél ‿ djórnô*

Notas

① **il menù, i menù**, *o/os menu(s)*!; **la città, le città**, *a(s) cidade(s)*, etc. Todas as palavras que têm o acento tónico na última sílaba são invariáveis.

Correcção do exercício 2

❶ – sorella – chiama – ❷ Quanti anni – ❸ – fortissimo – calcio
❹ – chiamate – ❺ Fino a – restate –

Décima segunda lição 12

Um menu italiano

1 – Aqui estão *(Eis)* os menus!
2 Como pratos do dia temos
3 os *gnocchi* à Romana e o ossobuco.

*abbiamô **3** lhi‿nhókki‿álla‿rômana ê‿l'ossôbukô*

② **gli**, *os* é o plural de **lo**, *o*. Repare ainda que, antes de uma palavra começada por uma vogal, o artigo **lo** perde a sua terminação, substituída por uma apóstrofe: **l'uomo**, *o homem*.

4 E naturalmente i cl**a**ssici:
5 il ris**o**tto, gli spagh**e**tti **a**lle v**o**ngole…
6 Ma se vol**e**te assaggi**a**re un po' di t**u**tto,
7 possi**a**mo f**a**re dei ③ pi**a**tti m**i**sti.
8 – Ben**i**ssimo, per me un m**i**sto di pr**i**mi ④ e ni**e**nte sec**o**ndo ④. □

*4 ê‿naturalm**e**ntê i‿kl**á**ssitchi 5 il‿riz**ô**ttô lhi‿spagu**é**tti‿**á**llê‿v**o**ngôlê 6 má‿sê‿vôl**ê**tê‿ássáddj**á**rê un‿pó‿di‿t**u**ttô 7 pôssi**á**mô f**á**rê dei‿pi**á**tti‿m**i**sti 8 bén**í**ssimô pér‿mê un‿m**i**stô‿di pr**i**mi ê‿ni**e**ntê‿sêk**o**ndô*

Notas

③ **dei piatti**, *(uns) pratos*; em italiano, os artigos indefinidos **uno/una** não têm a forma do plural. Recorre-se ao uso de **dei**, **degli**, **delle** ou **alcuni**, **alcune**: **un cane**, *um cão*; **dei cani**, **alcuni cani**, *uns cães*, *alguns cães*.

④ Chama-se **primi** (literalmente "primeiros") a todos os pratos de massa e às sopas, uma vez que se comem antes dos **secondi** (literalmente "segundos"). Existem ainda os célebres **antipasti**, *acepipes*.

***

Esercizio 1 – Traducete

❶ Ecco il menù, Signora! ❷ Che cosa desidera, Dottor Casiraghi? ❸ Volete assaggiare un po' di tutto? ❹ Per Luisa un misto di secondi! ❺ Per me niente primo!

4 *(E naturalmente)* Mais os [pratos] clássicos, evidentemente:
5 o *risotto*, o esparguete com amêijoas…
6 Mas se quiserem provar um pouco de *(tudo)* cada coisa,
7 podemos fazer *(uns)* pratos mistos.
8 – Muito bem, para mim um misto de entradas *(primeiros)* e nada como prato principal *(segundo)*.

***

Correcção do exercício 1

❶ Aqui está o menu, minha senhora! ❷ O que deseja, Dr. Casiraghi? ❸ Querem provar um pouco de tudo? ❹ Para a Luisa, um misto de pratos principais! ❺ Para mim, nada de entrada!

Esercizio 2 – Completate con le parole che mancano

❶ Temos os gnocchi e o risotto!
Abbiamo . . . gnocchi e . . risotto!

❷ Aqui estão os menus!
Ecco . . . . . !

❸ Para o Filippo, o esparguete com amêijoas!
Per Filippo . . . . alle vongole!

❹ Muito bem, para si, minha senhora, um misto de entradas!
. . . . , per . . . Signora, ... di primi!

13 Tredicesima lezione *[tréditch**é**zima lêtsi**ô**nê]*

Serata in terrazza

1 – Per fin**i**re ① la ser**a**ta, che ne pens**a**te di **u**no ② spett**a**colo?
2 – Perch**é** no? Ma qualc**o**sa di divert**e**nte!

Pronunciação
*sêr**a**ta in‿têrr**a**ttsa* **1** *pér‿fin**i**rê‿lá‿sêr**a**ta kê‿nê‿pens**a**tê*

Notas

① **finire**, *acabar*. A terminação **-ire** do infinitivo indica-nos que este verbo pertence ao terceiro e último grupo de conjugações dos verbos regulares.

⑤ Para mim, o prato do dia, por favor!
Per me . . . . , per favore!

Correcção do exercício 2
❶ – gli – il – ❷ – i menù ❸ – gli spaghetti – ❹ Benissimo – Lei – un misto – ❺ – il piatto del giorno –

Décima terceira lição 13

[Um] serão no terraço

1 – Para acabar o serão, o que é que dizem a *(pensam de)* um espectáculo?
2 – Porque não? Mas, alguma coisa de divertido!

*di ‿ **u**no spétt**a**kolô* ***2*** *pérk**ê** nô? má ‿ kualk**o**za ‿ di ‿ divért**e**ntê*

② **uno** é o artigo indefinido correspondente ao artigo definido **lo**, ou seja, é empregue nos mesmos casos: antes das palavras começadas por **x**, **z**, **ps**, **gn** ou por um **s** seguido de consoante. **Uno spirito**, *um espírito*; **uno pseudónimo**, *um pseudónimo*.

3 – La **no**tte è così **be**lla,
4 perch**é** non resti**a**mo all' ③ ap**e**rto?
5 – All**o**ra ven**i**te t**u**tti a ③ c**a**sa m**i**a,
6 a pr**e**ndere un digest**i**vo in terr**a**zza,
7 e a guard**a**re le st**e**lle!

*3 lá‿nôttê é‿kozi‿bella **4** pérkê non‿restiamô all‿apértô **5** allóra‿vênitê‿tutti‿a‿kaza‿mia **6** a‿prendêrê un‿didjéstivô in‿terráttsa **7** ê‿a‿guardarê‿lê‿stéllê*

Nota

③ **venite a casa mia**, *venham a minha casa*. A conjunção **a**, tal como em português, forma contracções com os artigos definidos, tanto no singular como no plural: **all'aperto (a + lo)**, *ao ar livre*. Reveja alguns exemplos em lições anteriores: **al tavolo (a + il)** (lição 9); **alle vongole (a + le)** (lição 12).

***

Esercizio 1 – Traducete

❶ Che ne pensate di un digestivo? ❷ Restiamo all'aperto! ❸ Perché no? ❹ È uno spettacolo molto divertente! ❺ Venite tutti a casa mia!

3 – A noite está tão bonita *(bela)*,
4 porque é que não continuamos ao ar livre *(aberto)*?
5 – Então venham todos a minha casa
6 *(para)* tomar um digestivo no terraço
7 e *(para)* contemplar as estrelas!

***

Correcção do exercício 1

❶ O que dizem a um digestivo? ❷ Continuemos ao ar livre! ❸ Porque não? ❹ É um espectáculo muito divertido. ❺ Venham todos a minha casa.

Esercizio 2 – Completate con le parole che mancano

❶ Um digestivo, para acabar a noite?
Un . . . . per . . . . . . la serata?

❷ Querem ir para o terraço?
. . . . . . andare . . terrazza?

❸ A noite está tão bonita, continuemos ao ar livre!
La . . . . . e . . . . bella, ... all'aperto!

❹ Venham tomar um digestivo e contemplar as estrelas!
Venite a . . . . un digestivo e a . . . . le stelle!

❺ Porque não, mas em minha casa!
. . . . , ma . . . . !

14 Quattordicesima lezione
*[kuattorditch**é**zima lêtsi**ô**nê]*

Revisione – Revisão

1 Os verbos

Em italiano, tal como em português, existem três conjugações caracterizadas pela vogal das suas terminações. Assim, todos os verbos cujo infinitivo termina em **-are**, como **aspettare**, *esperar*, pertencem à primeira conjugação; aqueles cujo infinitivo termina em **-ere**, como **vivere**, *viver*, pertencem à segunda; e aqueles cujo infinitivo termina em **-ire**, como **finire**, *acabar*; pertencem à terceira conjugação.
Eis o presente do indicativo dos verbos regulares que pertencem à primeira conjugação:

Correcção do exercício 2

❶ – digestivo – finire – ❷ Volete – in – ❸ – notte – così – restiamo – ❹ – prendere – guardare – ❺ Perché no – a casa mia

Os prédios de habitação, principalmente no Sul de Itália, possuem frequentemente terraços em lugar de telhados que, decorados com plantas, caramanchões floridos e cadeiras de repouso, se tornam autênticos refúgios contra o calor. Os apartamentos que se situam no último piso e permitem o acesso directo a estas coberturas chamam-se **attico**, *e são obviamente muito disputados!*

Décima quarta lição 14

io aspett-o	*eu espero*
tu aspett-i	*tu esperas*
lui/lei aspett-a	*ele/ela espera*
noi aspett-iamo	*nós esperamos*
voi aspett-ate	*vós esperais*
loro aspett-ano	*eles/elas esperam*

2 Os artigos

2.1 Os artigos definidos

Feminino, singular: **la**, **l'** (*a*)
Feminino, plural: **le** (*as*)
Masculino, singular: **il**, **lo**, **l'** (*o*)
Masculino, plural: **i**, **gli** (*os*)

2.2 Os artigos indefinidos

Feminino: **una**, **un’** (*uma*)
Masculino: **un**, **uno** (*um*)

Recordemos as suas regras de utilização, que não são complicadas:

• Os artigos **la** e **una** usam-se antes das palavras femininas que começam por uma consoante: **la fame**, *a fome*; **una pizza**, *uma piza*. Quando a palavra começa por uma vogal, o artigo perde a sua terminação **-a**, que é substituída por um apóstrofo: **l’autostrada**, *a auto-estrada*; **un’ora**, *uma hora*.

• Os artigos **il** e **un** são usados no singular, antes das palavras masculinas começadas por uma consoante: **il ristorante**, *o restaurante*; **un treno**, *um comboio*.

• Os artigos **lo** e **uno** antecedem as palavras masculinas que começam por um **s** seguido de uma consoante, ou por **z**, **gn**, **x**, e **ps**: **lo sport**, *o desporto*; **uno spettacolo**, *um espectáculo*.

• Os artigos **l’** e **un** (sem apóstrofo!) são empregues antes das palavras singulares começadas por uma vogal: **l’orario**, *o horário*.

• No feminino, o plural de **la** e **l’** é sempre **le**: **le autostrade**, *as auto-estradas*; **le terrazze**, *as varandas*.

• Já no masculino, o plural de **il** é **i**: **i ristoranti**, *os restaurantes*; mas o plural de **lo** e de **l’** é **gli**: **gli spettacoli**, *os espectáculos* e **gli orari**, *os horários*.

• Os artigos indefinidos em italiano não possuem a forma do plural. Em sua substituição, são usadas as formas **dei**, **degli**, **delle**, *uns*, *umas*, ou recorre-se aos pronomes indefinidos, **alcuni**, **alcune**, *alguns*, *algumas*.

3 Frases úteis

Para indicar uma morada: **Abito in via Rossini, 5.**
Para pedir uma informação horária: **A che ora hai prenotato?**
Para perguntar o nome de alguém: **Come si chiamano i vostri amici?**
Para perguntar a idade: **Quanti anni hai?**
Para perguntar uma data: **Fino a quando restate a Firenze?**
Para propor uma saída: **Che ne pensate di uno spettacolo?**

Dialogo di revisione

1 – È mezzogiorno, mangiamo una pizza?
2 C'è una pizzeria in via Rossini!
3 – Avete un tavolo per quattro?
4 – Prego, accomodatevi in giardino!
5 – Allora vivete in campagna?
6 – Sì, ma viaggiamo spesso.
7 Restiamo a Firenze fino a domenica prossima.
8 – Per me gli spaghetti alle vongole, per favore!
9 – Per me un misto di primi!
10 – E per finire, venite a casa mia per un digestivo?

Tradução

1 – É meio-dia, comemos uma piza?
2 Há uma pizaria na rua Rossini.
3 – Têm uma mesa para quatro [pessoas]?
4 – Façam favor, sentem-se no jardim.
5 – Então, vivem no campo?
6 – Sim, mas viajamos com frequência.
7 Ficamos em Florença até ao próximo domingo.
8 – Para mim, o esparguete com amêijoas, por favor!
9 – Para mim, uma mistura de entradas!
10 – E para terminar, querem vir a minha casa tomar um digestivo?

Chegou ao fim da sua segunda semana de trabalho; esperamos que tenha sido tão boa como a primeira. E agora, para terminar, reveja a síntese das matérias dadas.

15 Quindicesima lezione
[küinditchézima lêtsiônê]

In metropolitana

1 – Sc**u**sa P**a**olo,
2 sai ① a qu**a**le ferm**a**ta d**e**vo ② sc**e**ndere per l'agenz**i**a di vi**a**ggi?
3 – A Pi**a**zza di Sp**a**gna. Ma sc**e**ndo **a**nche **i**o con te.
4 – E p**o**i è vic**i**no?
5 – Sì, p**o**i pr**e**ndi la pr**i**ma a d**e**stra; al sem**a**foro, inv**e**ce, pr**e**ndi a sin**i**stra,
6 e la tr**o**vi d**o**po duec**e**nto m**e**tri.
7 – Mi s**e**mbra diff**i**cile!
8 – Ma no! Se ti fa ③ piac**e**re per**ò** ④, ti accomp**a**gno! □

Pronunciação
in‿mêtrôpôlitana **1** *skuza‿paolô* **2** *sai‿a‿kualê‿fêrmata devô‿chendêrê per ladjentsia‿di viaddji* **3** *a piattsa‿di‿spanha. ma‿chendô‿ankê‿iô‿kon‿tê* **4** *ê‿*

Notas

① A partir desta lição, começaremos a assinalar os verbos irregulares, indicando-lhe o infinitivo de cada novo verbo, o que, de acordo com o nosso método de assimilação progressiva da língua, lhe permitirá ir memorizando as diferentes formas à medida que aparecerem nos textos. Além disso, poderá ir consultando o apêndice gramatical no fim do livro onde encontrará as conjugações dos principais verbos irregulares.

O infinitivo de **sai**, *sabes*, é **sapere**, *saber*. ▸

Décima quinta lição 15

No metropolitano

1 – Desculpa, Paolo,
2 sabes *(em que)* qual é a paragem [onde] tenho de sair *(descer)* para [ir] à agência de viagens?
3 – Na Praça de Espanha. Mas eu também saio *(desço)* contigo.
4 – E depois é perto?
5 – Sim, *(depois)* viras na *(tomas a)* primeira à direita; no[s] semáforo[s], em vez [da direita], viras à *(tomas a)* esquerda,
6 e vais encontrá-la a *(encontra-la depois de)* duzentos metros.
7 – Parece-me complicado *(difícil)*!
8 – Não é nada *(Mas não)*! Mas, se quiseres *(se te der prazer, no entanto)*, acompanho-te!

*p**o**i ‿ é ‿ vitchi**n**ô* **5** *si p**o**i pr**e**ndi ‿ la ‿ pr**i**ma ‿ a ‿ d**é**sstra; al ‿ sêm**a**fôrô invê**t**chê ‿ pr**e**ndi ‿ a ‿ sin**i**stra* **6** *ê ‿ la ‿ tr**ó**vi d**o**pô ‿ duêtch**e**ntô ‿ m**é**tri* **7** *mi ‿ s**e**mbra ‿ diffi**t**chilê* **8** *ma ‿ nô! sê ‿ ti ‿ fa ‿ piatch**ê**rê pêr**ô** ti ‿ akkomp**a**nhô*

② **devo**, *devo*, tem o infinitivo em **dovere**, *dever*.

③ O infinitivo de **fa**, *faz*, é **fare**, *fazer*.

④ **ma** e **però** têm exactamente o mesmo significado, embora **però** permita uma maior liberdade, uma vez que pode ser utilizado tanto no princípio como no fim da frase. Por exemplo: **Però se ti fa piacere, ti accompagno**, ou **Se ti fa piacere, ti accompagno, però**, *Mas se quiseres acompanho-te*. Tal como em português **ma**, *mas*, só pode ser usado no início da frase.

Esercizio 1 – Traducete

❶ Se vi fa piacere, vi accompagno. ❷ A quale fermata devo scendere per Piazza di Spagna? ❸ Al semaforo, devo prendere la prima a destra. ❹ Sì, però mi sembra difficile! ❺ Ma no, l'agenzia di viaggi è qui vicino!

Esercizio 2 – Completate con le parole che mancano

❶ Sabes onde é que tenho de sair para ir à Praça de Espanha?
. . . dove . . . . scendere . . . Piazza di Spagna?

❷ Se quiserem, acompanho-vos.
. . volete, ...

❸ A agência de viagens é a duzentos metros.
. . . . è a duecento metri.

❹ Viras na primeira à direita, a seguir na primeira à esquerda.
. . . . . . la prima . . . . , . . . la prima . . . .

❺ Eu também saio.
. . . . . . anche io.

16 Sedicesima lezione *[sêditchézima lêtsiônê]*

Cartoline o mail ①?

1 – Massimo, scriviamo una cartolina a Lucia e Ludovico?

Pronunciação
kartôlinê ô‿meil **1** *massimô skriviamô‿una‿kartôlina a‿lutchia‿ê‿ludôvikô*

Correcção do exercício 1

❶ Se quiserem, acompanho-vos. ❷ Em que paragem tenho de sair para ir à Praça de Espanha? ❸ Nos semáforos, tenho de virar na primeira à direita. ❹ Sim, mas parece-me complicado. ❺ Não é nada, a agência de viagens é aqui perto!

Correcção do exercício 2

❶ Sai – devo – per – ❷ Se – vi accompagno ❸ L'agenzia di viaggi – ❹ Prendi – a destra – poi – a sinistra ❺ Scendo –

Décima sexta lição 16

Postais ou emails?

1 – Massimo, escrevemos um postal à Lucia e ao Ludovico?

Nota

① As palavras estrangeiras que são integradas no vocabulário italiano mantêm-se invariáveis no plural.

16 2 Loro ci scrivono sempre!
3 – Se vuoi ②, ma una mail mi sembra molto più rapida!
4 – Una mail! E le mie bellissime foto ③ di Siena!
5 Voi patiti di informatica non scrivete più un rigo a mano!
6 – Dimentichi ④, cara, che non abbiamo francobolli,
7 che i tabaccai sono chiusi perché è domenica,
8 e che non abbiamo visto ⑤ una sola buca per le lettere.

2 lôrô tchi‿skrivônô‿semprê **3** sê‿vuói ma‿una‿meil mi‿sembra‿moltô‿piu‿rapidô **4** una‿meil! ê‿lê‿mie‿bêllissimê‿fotô‿di‿siena **5** voi‿patiti di‿infôrmatika non‿skrivêtê piu‿un‿rigô a‿manô

Notas

② O infinitivo de **vuoi**, *queres*, é **volere**, *querer*.

③ **foto** é a forma abreviada de **fotografia**, que tem um plural regular: **fotografie**. No entanto, as formas abreviadas são invariáveis. Neste caso: **le foto**, *as fotos*.

④ Os verbos cujo infinitivo termina em **-care**, como **dimenticare**, *esquecer*, ou em **-gare**, como **pagare**, *pagar*, mantêm o mesmo som em todas as suas desinências. Torna-se assim necessário ▸

***

Esercizio 1 – Traducete

❶ Lucia ci scrive sempre! ❷ Scriviamo anche noi una cartolina? ❸ Non abbiamo più francobolli! ❹ Non ho ancora visto una buca per le lettere. ❺ La mail ci sembra molto più rapida.

2 Eles escrevem-nos sempre!
3 – Como quiseres *(Se queres)*, mas um email parece-me muito mais rápido!
4 – Um email! E as minhas *(lindíssimas)* fotos de Siena, tão lindas!
5 Vocês, viciados em informática, já não escrevem uma linha à mão!
6 – Minha querida, estás-te a esquecer *(esqueces-te, minha querida)* que não temos selos,
7 que as tabacarias estão fechadas porque [hoje] é domingo,
8 e que não vimos uma única caixa de correio.

6 *dim**e**ntiki k**a**ra kê‿non‿abbi**a**mô‿frankôb**ó**lli* ***7*** *kê‿i‿tabakk**a**i s**ô**nô‿ki**u**zi perk**ê**‿é‿dôm**é**nika* ***8*** *ê‿kê‿non‿abbi**a**mô‿v**i**sstô **u**na‿s**o**la‿b**u**ka‿pér‿lê‿l**é**ttêrê*

acrescentar um **h** a seguir ao **c** ou ao **g**, sempre que estas consoantes são seguidas de **i** ou **e**.

⑤ **abbiamo visto**, *vimos*, é o pretérito perfeito composto do verbo **vedere**, *ver*, conjugado com o auxiliar **avere**, *ter/haver*. Em italiano é chamado o **passato prossimo** por oposição ao *pretérito perfeito simples*, chamado **passato remoto**. Voltaremos a este assunto na próxima lição de revisão.

***

Correcção do exercício 1

❶ A Lucia escreve-nos sempre! ❷ Escrevemos, também nós, um postal? ❸ Já não temos selos! ❹ Ainda não vi uma caixa de correio. ❺ O email parece-me muito mais rápido.

17 Esercizio 2 – Completate con le parole che mancano

1. A Lucia e o Ludovico escrevem-nos de Siena.
   Lucia e Ludovico . . . . da . . . . . .

2. Vocês já não escrevem nada à mão!
   Non . . . . più niente . . . . . .

3. Minha querida, estás-te a esquecer que as tabacarias estão fechadas.
   . . . . , cara, che . . . . sono chiusi.

4. Aqui estão as lindas fotos de Siena.
   Ecco . . . . di Siena.

5. Se quiseres, escrevemos um email ao Ludovico.
   . . . . una mail a Ludovico, ...

---

17 Diciassettesima lezione

[ditchassêttézima lêtsiônê]

Dove sono finiti i passaporti?

1 – Mamma, è un'ora che cerco i passaporti!
2 I gemelli perdono sempre tutto!

Pronunciação
dôvê‿sonô‿finiti i‿passaporti **1** *mámma é‿un‿ora*

Correcção do exercício 2

❶ – ci scrivono – Siena ❷ – scrivete – a mano ❸ Dimentichi – i tabaccai – ❹ – le bellissime foto – ❺ Scriviamo – se vuoi

Décima sétima lição 17

Onde é que andam *(acabaram)* os passaportes?

1 – Mamã, há *(é)* uma hora que estou à procura dos passaportes!
2 Os gémeos perdem sempre tudo!

kê‿tchérkô‿i‿passaporti ***2*** *i‿djêmélli pérdonô‿semprê‿tuttô*

17 **3** – Hai guardato ① bene nei ② cassetti, negli ② zaini,
4 e soprattutto nelle ② tasche dei tuoi fratelli?
5 – Ma sì, lo fanno apposta!
6 – Non è vero, mamma,
7 è Angela che crede ③ che se perdiamo l'aereo,
8 restiamo a Roma una settimana di più! □

3 ai guárdátô‿bénê nei‿kassêtti nelhi‿dsaini 4 ê‿sôprattuttô néllê‿tasskê dei‿tuoi‿fratelli 5 ma‿si lô‿fánnô‿appóssta 6 non‿é‿vérô mámma 7 é‿andjêla kê‿krêdê kê‿sê‿pérdiámô‿laérêô 8 resstiámô‿a‿roma una‿séttimana‿di‿piu

Esercizio 1 – Traducete

❶ I gemelli lo fanno apposta! ❷ Loro perdono sempre l'aereo. ❸ Angela, è un'ora che ti cerco! ❹ Dov'è finito il mio passaporto? ❺ Hai guardato bene in tutti i cassetti?

3 – Viste bem nas gavetas, nas mochilas,
4 e, principalmente *(sobretudo)*, nos bolsos dos teus irmãos?
5 – Claro que sim *(Mas sim)*, eles fazem de propósito!
6 – Não é verdade, mamã,
7 *(é)* a Angela [é que] acha *(crê)* que se perdermos o avião,
8 ficamos em Roma mais uma semana *(a mais)*!

Notas

① **hai guardato bene**, *viste bem / procuraste bem*. Na lição anterior encontrámos o verbo **vedere**, *ver*, enquanto o verbo **guardare** é usado com o sentido de *olhar*, *observar*, *contemplar* e também nas exclamações: **Guarda che bel paesaggio!**, *Olha que linda paisagem!*

② **nei**, **negli**, **nelle**... são as diversas formas da contracção dos artigos definidos com a preposição **in**. Na lição 21 encontrará a lista completa, incluindo as contracções referentes às preposições **a**, **di**, **da**, **su**.

③ O verbo **credere**, *crer*, *pensar*, *acreditar*, é muito usado coloquialmente com o sentido de *achar*.

Correcção do exercício 1

❶ Os gémeos fazem de propósito! ❷ Eles perdem sempre o avião. ❸ Angela, há uma hora que estou à tua procura! ❹ Onde é que anda o meu passaporte? ❺ Viste bem em todas as gavetas?

Esercizio 2 – Completate con le parole che mancano

❶ O Paolo acha que se perdermos o avião, ficamos mais uma semana.
Paolo . . . . . che se . . . . l'aereo . . . . una settimana in piu.

❷ Viste bem nas gavetas e nos bolsos?
Hai guardato bene . . . cassetti e . . . . ?

❸ Os passaportes estão nas mochilas.
. passaporti sono . . . . . zaini.

18 Diciottesima lezione *[ditchôttézima lêtsiônê]*

Una denuncia

1 – Vorrei ① fare una denuncia ②, per favore,
2 ho perso i miei ③ documenti.
3 – Il passaporto o la carta di identità?

Pronunciação
una‿dênuntcha ***1*** *vôrrei‿farê‿una‿dênuntcha pêr‿favorê*

Notas

① A expressão de um desejo é feita em italiano com o verbo **volere**, *querer*, no condicional: **vorrei**, **vorremmo** (ao contrário do português que, coloquialmente, usa o verbo no imperfeito do indicativo: *queria*, *queríamos*).

② A expressão completa é: **fare una denuncia di smarrimento / di furto**, *participar o extravio ou o furto*. ▸

❹ Não é verdade, mamã!
. . . . , mamma!

❺ Claro que sim, ficamos mais uma semana!
. . . . , restiamo una settimana . . . . . !

Correcção do exercício 2

❶ – crede – perdiamo – restiamo – ❷ – nei – nelle tasche ❸ I – negli – ❹ Non è vero – ❺ Ma sì – di più

Décima oitava lição 18

Uma participação *(queixa)*

1 – Queria *(Quereria)* fazer uma participação, por favor,
2 perdi os meus documentos.
3 – O passaporte ou o bilhete de identidade?

***2** ô‿persô‿i‿miei‿dókumenti **3** il‿passaportô ô‿la‿karta‿di‿identitá*

③ Introduzimos nesta lição os adjectivos possessivos **miei**, *meus* e **suo**, *seu*. Encontrará a lista completa na lição 21. Por agora, preocupe-se em pronunciar distintamente todas as vogais.

18

4 – Tutti e due, mi resta ④ solo la patente.
5 – Mi può ④ dire il Suo nome lettera per lettera?
6 – Renato: erre, e, enne, a, ti, o.
7 – Renato è il suo nome o il Suo cognome?
8 – Il mio cognome, il mio nome è Arturo.
9 – Bene, adesso deve riempire questa scheda,
10 e indicare la Sua data di nascita, la Sua nazionalità,
11 e il Suo indirizzo completo. □

***4** tutti‿ê‿duê mi‿réssta‿sôlô‿la‿patentê **5** mi‿puó‿dirê‿il‿suô‿nomê léttera‿pêr‿léttera **6** rênatô: érrê é énnê a ti ô **7** rênatô‿é‿il‿suô‿nomê ô‿il‿suô‿kognomê **8** il‿miô‿kognomê il‿miô‿nomê*

Nota

④ Em italiano, a conjugação reflexa utiliza os pronomes **mi**, **ti**, **si**, **ci**, **vi**, *me*, *te*, *se*, *nos*, *vos*. Mas, ao contrário do português, estes são colocados entre o sujeito e o verbo. Voltaremos a este assunto na próxima lição de revisão.

4 – *(Todos)* Os *(e)* dois, só fiquei com *(resta-me)* a carta de condução. **18**
5 – Pode-me soletrar *(dizer)* o seu nome *(letra a letra)* ?
6 – Renato: erre, e, ene, a, tê, o.
7 – Renato é o seu nome ou o seu apelido?
8 – O meu apelido, o meu nome é Arturo.
9 – Bem, agora tem de preencher esta ficha,
10 e indicar a sua data de nascimento, a sua nacionalidade
11 e a sua morada *(o seu endereço)* completa.

*é‿artu**r**ô* ***9*** *b**é**nê ad**é**ssô‿d**e**vê‿riemp**i**rê k**ué**ssta‿sk**é**da*
10 *ê‿indik**a**rê la‿s**u**a‿d**a**ta‿di‿n**a**scita la‿s**u**a‿natsiônalit**á***
11 *ê‿il‿s**u**ô‿indir**i**ttsô‿kompl**e**tô*

Esercizio 1 – Traducete

❶ Devo fare una denuncia di smarrimento. ❷ Ecco la scheda che deve riempire. ❸ Deve indicare qui la sua nazionalità. ❹ Devo dire il mio cognome lettera per lettera? ❺ Ho perso la patente!

Esercizio 2 – Completate con le parole che mancano

❶ Perdi os meus documentos.
Ho perso . . . .

❷ Perdeste o passaporte ou o bilhete de identidade? – Os dois!
Hai perso . . passaporto o . . carta d'identità? – . . . . !

❸ O meu nome é Arturo e o meu apelido é Roberto.
. . . . . nome è Arturo . . . . Roberto.

---

19 Diciannovesima lezione

*[ditchannôv**é**zima lêtsi**ô**nê]*

Presto, siamo in ritardo!

1 – Che **o**re s**o**no ①, C**a**rlo?
2 – S**o**no le s**e**tte e di**e**ci!
3 **A**lle **o**tto dobbi**a**mo **e**ssere ② all'aerop**o**rto,

Pronunciação
presstô siamô‿in‿ritardô **1** *kê‿**o**re‿s**o**nô k**a**rlô* **2** *s**o**nô‿lê‿s**e**ttê‿ê‿di**é**tchi* **3** ***a**llê‿**o**ttô‿dobbi**a**mô‿**é**ssêrê all‿aerop**o**rtô*

Correcção do exercício 1
❶ Tenho de entregar uma declaração de extravio de documentos. ❷ Aqui está o formulário que deve preencher. ❸ Aqui deve indicar a sua nacionalidade. ❹ Tenho de soletrar o meu apelido? ❺ Perdi a minha carta de condução!

❹ Deve escrever aqui a sua data de nascimento e a sua nacionalidade.
Deve . . . . la sua data . . . . e la sua . . . .

❺ Pode-me dizer a sua morada completa?
Mi . . . dire il . . . . completo?

Correcção do exercício 2
❶ – i miei documenti ❷ – il – la – Tutti e due ❸ Il mio – e il mio cognome è – ❹ – scrivere qui – di nascita – nazionalità ❺ – può – suo indirizzo –

Décima nona lição 19

Depressa, estamos atrasados!

1 – Que horas são, Carlo?
2 – São *(as)* sete e dez!
3 Às oito temos de estar no aeroporto,

Notas

① **che ore sono** ou **che ora è**. As duas fórmulas são equivalentes.

② Aproveite para recordar o verbo **essere** (lição 7) aqui usado nas suas duas acepções, *ser /estar*.

4 e ancora non sei pronta!
5 – Non sono le sette e dieci, sono le sette meno dieci.
6 Sono pronta tra ③ un minuto!
7 Che ne pensi del ④ mio nuovo cappotto?
8 E delle ⑤ mie nuove scarpe verdi ⑤?
9 – Mio Dio… !!! □

4 ê‿ankóra‿non‿sei‿pronta **5** *non‿sonô‿lê‿settê‿e‿diétchi sonô lê‿settê‿menô‿diétchi* **6** *sonô‿pronta‿*

Notas

③ Repare no uso da preposição **tra** ou **fra**, *entre*, *daqui a*, *dentro de*: **Tra / Fra pochi giorni partirò**, *Partirei dentro de / daqui a alguns dias*. As duas formas são empregues indiferentemente, excepto antes de palavras que começam por **f** ou **t**: **tra fratelli**, *entre irmãos*; **fra treni**, *entre comboios*.

④ **del**, *do* é a contracção da preposição **di** com o artigo definido masculino singular **il**. Eis a lista completa das contracções de **di** com todos os artigos: **di + il = del**; **di + lo = dello**; **di + la = della**; **di + i = dei**; **di + gli = degli**; **di + le = delle**. ▸

Esercizio 1 – Traducete

❶ Sono le otto meno dieci. ❷ Sono pronta tra dieci minuti. ❸ È mezzogiorno e venti. ❹ Carla, ancora non sei pronta! ❺ Mio Dio, dobbiamo essere all'aeroporto tra cinque minuti!

4 e ainda não estás pronta!
5 – Não são *(as)* sete e dez, são *(as)* sete menos dez.
6 Estou pronta num instante *(daqui a um minuto)*!
7 O que *(dele)* achas *(pensas)* do meu *(novo)* casaco novo?
8 E dos meus sapatos verdes novos?
9 – Meu Deus…!!!

*tra‿un‿min**u**tô* **7** *kê‿nê‿p**e**nsi del‿ mi**ô**‿nu**o**vô kapp**o**ttô*
8 *ê‿d**e**llê‿mie‿nu**o**vê sk**a**rpê‿v**é**rdi* **9** *mi**ô**‿di**ô***

⑤ Repare neste exemplo de formação do plural: **della/delle mia/mie nuova/nuove scarpa/scarpe verde/verdi**. Tal como em português o adjectivo **verde/verdi**, *verde*, *verdes* é uniforme (tem a mesma forma para ambos os géneros).

Correcção do exercício 1

❶ São oito menos dez. ❷ Estou pronta daqui a dez minutos. ❸ É meio-dia e vinte. ❹ Carla, ainda não estás pronta! ❺ Meu Deus, temos de estar no aeroporto dentro de cinco minutos!

Esercizio 2 – Completate con le parole che mancano

❶ O comboio chega daqui a seis minutos.
. . treno arriva . . .   . . . minuti.

❷ O que é que achas dos meus novos sapatos italianos?
Che ne pensate delle mie . . . . ?

❸ O meu casaco é verde.
Il mio . . . . è . . . . . .

❹ Os autocarros partem às oito, às oito e dez e às nove menos vinte.
. . . autobus partono . . . ., ... e . . . .

20 Ventesima lezione *[ventézima lêtsiônê]*

Verso l'aeroporto

1 – **Dai** ① Luisa, il taxi ci aspetta ②da ③ un quarto d'ora!
2 – Come sei noioso Carlo,
3 manca ancora un sacco di tempo!

Pronunciação
versô‿l'aeroportô **1** *dai luiza il‿táxi‿tchi‿asspetta*

Notas

① A exclamação **dai!** é muito usada no italiano coloquial e pode-se traduzir por *Vá lá!*, *Olha lá!*, *Por favor!*, *Peço-te!*, etc. Literalmente, é a segunda pessoa do presente do indicativo do verbo **dare**, *dar*.

② **ci aspetta**, *espera-nos*. Eis mais um exemplo da conjugação reflexa, aqui com o verbo **aspettare**, *esperar*. ▶

❺ Temos de estar no aeroporto daqui a uma hora.
Dobbiamo essere . . . . tra . . . .

Correcção do exercício 2

❶ Il – tra sei – ❷ – nuove scarpe italiane ❸ – cappotto – verde ❹ Gli – alle otto – alle otto e dieci – alle nove meno venti ❺ – all'aeroporto – un'ora

Vigésima lição 20

A caminho do aeroporto

1 – Vá lá *(Dá)*, Luisa, o táxi está à nossa espera *(espera-nos)* há um quarto de hora!
2 – És tão irritante *(Como és aborrecido)*, Carlo,
3 ainda falta imenso *(um saco de)* tempo!

da‿un‿kuartô‿dora ***2*** *komê‿sei‿noiozô karlô* ***3*** *manka‿ankora un‿sakkô‿di‿tempô*

③ **da un'ora**, *há uma hora* (indica a passagem do tempo); **da quale terminal**, *de que terminal* (indica a proveniência). A preposição **da** pode ter vários sentidos que iremos assinalando ao longo das lições. A não confundir com a preposição **di**, principalmente quando há contracções: **Questo treno viene dal Nord (da + il = dal)**, *Este comboio vem do Norte*; **il numero del nostro volo (di + il = del)**, *o número do nosso voo* (indica pertença).

4 – A propos**i**to, da qu**a**le ③ t**e**rminal imbarchi**a**mo?
5 E qual **è** il n**u**mero del n**o**stro v**o**lo ③?
6 Pu**o**i guard**a**re s**u**i bigli**e**tti ④, per fav**o**re?
7 – C**e**rto, c**a**ro,… ma d**o**ve si s**o**no nasc**o**sti questi bigli**e**tti?
8 – Lu**i**sa, se h**a**i anc**o**ra dimentic**a**to i bigli**e**tti,
9 è la v**o**lta che chiedo il div**o**rzio! □

***4** á‿prôp**ó**sitô dá‿ku**a**lê‿t**e**rminal‿imbarki**a**mô **5** ê‿kual‿**é**‿il‿n**u**mêrô del‿n**o**strô‿v**o**lô **6** pu**ó**i‿guard**á**rê s**u**i‿bilhi**é**tti pér‿fáv**ô**rê **7** tch**é**rtô‿k**a**ro*

Nota

④ **sui biglietti**, *nos bilhetes*. **Sui** é a contracção da preposição **su** com o artigo masculino plural **i** (**su** + **i**). Geralmente indica lugar: **il gatto è sul banco** (**su** + **il**), *o gato está em cima do banco*; mas pode ser usada noutros contextos: **conto su voi**, *conto convosco*.

***

Esercizio 1 – Traducete

❶ Ti aspetto da un sacco di tempo! ❷ Come siete noiosi! ❸ Puoi guardare il numero del volo? ❹ Dove si sono nascosti i tuoi amici? ❺ Qual è il tuo biglietto?

4 – A propósito, em que *(de qual)* terminal embarcamos?
5 E qual é o número do nosso voo?
6 Podes ver nos bilhetes, por favor?
7 – Claro, querido… mas onde é que andam *(se esconderam)* os *(estes)* bilhetes?
8 – Luisa, se voltaste a esquecer-te dos bilhetes,
9 desta vez é que *(é a vez que)* peço o divórcio!

*ma‿d**ô**vê‿si‿s**o**nô‿nassk**o**ssti ku**é**ssti‿bilhi**é**tti* **8** *lu**i**za sê‿**ai**‿ank**ó**ra‿dimentik**á**tô i‿bilhi**é**tti* **9** *é‿la‿v**o**lta kê‿ki**ê**dô‿il‿div**ó**rtsiô*

Correcção do exercício 1

❶ Estou à tua espera há imenso tempo! ❷ Vocês são tão irritantes! ❸ Podes ver o número do voo? ❹ Onde é que os teus amigos se esconderam? ❺ Qual é o teu bilhete?

Esercizio 2 – Completate con le parole che mancano

❶ Olha lá, Lucia, o Carlo está à nossa espera!
. . . , Lucia, Carlo . . aspetta!

❷ Ainda temos muito tempo!
. . . . ancora . . . . tempo!

❸ Luisa, podes ver nos bilhetes?
Luisa, ... biglietti?

21 Ventunesima lezione *[ventunésima lêtsiônê]*

Revisione – Revisão

Um pouco de gramática

1 Os verbos

Eis o presente do indicativo dos verbos regulares que pertencem à segunda conjugação:

io scend-o	*eu desço*
tu scend -i	*tu desces*
lui/lei scend -e	*ele/ela desce*
noi scend -iamo	*nós descemos*
voi scend -ete	*vós desceis*
loro scend -ono	*eles/elas descem*

Os verbos que terminam em **-care** e **-gare** (como **dimenticare** ou **pagare**) mantêm sempre o mesmo som *[k]* e *[g]* em todas as suas formas, ou seja, é necessário acrescentar um **h** ao **c** ou ao **g** sempre que a terminação comece por **e** ou **i**: **tu dimentichi**, *esqueces*; **tu paghi**, *pagas*.

❹ A propósito, de onde partimos?
. . . ., ... partiamo?

❺ Claro, querido! És tão irritante!
. . . . . caro! . . . ., caro!

Correcção do exercício 2

❶ Dai – ci – ❷ Abbiamo – un sacco di – ❸ – puoi guardare sui – ❹ A proposito – da dove – ❺ Certo – Come sei noioso –

Vigésima primeira lição 21

Finalmente, apresentamos aqui o verbo **nascondere**, *esconder*, na sua forma reflexa, com o infinitivo **nascondersi**, *esconder-se*, e as seguintes formas no presente do indicativo:

io mi nascondo	*eu escondo-me*
tu ti nascondi	*tu escondes-te*
lui/lei si nasconde	*ele/ela esconde-se*
noi ci nascondiamo	*nós escondemo-nos*
voi vi nascondete	*vós escondei-vos*
loro si nascondono	*eles/elas escondem-se*

2 O pretérito perfeito

Já deve ter reparado que, em italiano, se usa frequentemente o pretérito perfeito composto em lugar do pretérito perfeito simples:

Il treno è arrivato in orario. (Lição 4) *O comboio chegou à hora.*
Ho prenotato un tavolo per quattro. (Lição 9) *Reservei uma mesa para quatro.*
Hai guardato bene nei cassetti? (Lição 17) *Viste bem nas gavetas?*
Ho perso i miei documenti. (Lição 18) *Perdi os meus documentos.*

21 *O pretérito perfeito composto*, apropriadamente chamado **il passato prossimo**, é usado quando uma acção passada é recente ou de alguma maneira perdura; enquanto que o *pretérito perfeito simples*, denominado **il passato remoto**, é reservado para as acções do passado plenamente realizadas e terminadas:
L'anno scorso passammo due mesi in Italia, *No ano passado passámos dois meses em Itália.*
Ieri sera sono stato al cinema, *Ontem à noite fui ao cinema.*

3 Adjectivos e pronomes possessivos

mio, **miei**, **mia**, **mie** (*meu*, *meus*, *minha*, *minhas*)
tuo, **tuoi**, **tua**, **tue** (*teu*, *teus*, *tua*, *tuas*)
suo, **suoi**, **sua**, **sue** (*seu*, *seus*, *sua*, *suas*)
nostro, **nostri**, **nostra**, **nostre** (*nosso*, *nossos*, *nossa*, *nossas*)
vostro, **vostri**, **vostra**, **vostre** (*vosso*, *vossos*, *vossa*, *vossas*)
loro (*seu*, *seus*, *sua*, *suas*)

4 Contracções das preposições

Eis a lista completa das contracções formadas pelas preposições **a**, **di**, **da**, **su**, **in** com os artigos definidos:
di: **del**, **dello**, **della**, **dell'**, **dei**, **degli**, **delle**.
a: **al**, **allo**, **alla**, **all'**, **ai**, **agli**, **alle**.
da: **dal**, **dallo**, **dalla**, **dall'**, **dai**, **dagli**, **dalle**.
su: **sul**, **sullo**, **sulla**, **sull'**, **sui**, **sugli**, **sulle**.
in: **nel**, **nello**, **nella**, **nell'**, **nei**, **negli**, **nelle**.

5 Frases úteis

Para perguntar as horas: **A che ora ? Che ora è? Che ore sono?**
Para dizer as horas: **È mezzogiorno, sono le otto, sono le sette meno dieci, sono le sette e dieci.**
Para pedir uma informação: **A quale fermata devo scendere? Da quale terminal imbarchiamo?**
Para dar uma informação: **Prendi la prima a destra, e al semaforo, la prima a sinistra.**
Para soletrar um nome: **ASSIMIL: a, esse, esse, i, emme, i, elle.**

1 – Scusa, Paolo, a quale fermata devo scendere per Piazza di Spagna?
2 – Scendo con te, ti accompagno!
3 – Scriviamo una cartolina a Lucia?
4 – Ma no, una mail è molto più rapida!
5 – Sai che Angela crede che se perdiamo l'aereo restiamo a Roma?
6 E che i gemelli hanno perso i passaporti e le carte d'identità?
7 – Dai, Luisa, alle otto dobbiamo essere all'aeroporto,
8 e sono le sette meno dieci!
9 A proposito, sai da quale terminal imbarchiamo?
10 – Certo, caro, guardo sui biglietti!

Tradução

1 – Desculpa, Paolo, em que paragem devo descer para a Praça de Espanha?
2 – Desço contigo, faço-te companhia!
3 – Escrevemos um postal à Lucia?
4 – Claro que não, um email é muito mais rápido!
5 – Sabes que a Angela pensa que se perdermos o avião ficamos em Roma?
6 E que os gémeos perderam os passaportes e o bilhete de identidade?
7 – Vá lá, Luisa, às oito temos de estar no aeroporto,
8 e são sete menos dez!
9 A propósito, sabes em que terminal embarcamos?
10 – Claro, querido, vou ver nos bilhetes!

22 Ventiduesima lezione

A partir desta lição, vamos passar a incluir, na rubrica **Pronunciação**, *apenas palavras novas ou aquelas que apresentem alguma dificuldade.*

Oggi offro ① io!

1 – Ragazzi ②, stasera vi **o**ffro lo champ**a**gne ③!
2 Da ieri ④ ho un nu**o**vo lav**o**ro:
3 s**o**no ass**u**nto c**o**me archit**e**tto in un gr**u**ppo internazion**a**le!
4 – Congratulazi**o**ni, Piero, s**o**no pr**o**prio ⑤ cont**e**nta per te!
5 – Gr**a**zie, sono content**i**ssimo **a**nche **i**o, perché è pr**o**prio ⑤ il p**o**sto che cerc**a**vo:
6 mi chi**e**dono di viaggi**a**re m**o**lto,
7 di parl**a**re m**o**lte l**i**ngue strani**e**re,
8 e mi **o**ffrono un eccell**e**nte stip**e**ndio!
9 – Stupendo! □

Pronunciação
*1 ... ragattsi ... 3 ... arkit**ê**ttô ... internatsiôn**a**lê 4 kongratulatsi**ô**ni ... pr**ó**priô ... pêr‿tê 5 ... tcherk**a**vô 6 ... ki**é**donô ... 8 ... êttchêll**é**ntê‿stip**é**ndiô*

Notas

① **offro**, *ofereço*. É a primeira pessoa do presente do indicativo do verbo **offrire**, *oferecer*, que pertence à terceira conjugação cujos verbos terminam em **-ire**.

② A tradução de **ragazzi** é *rapazes*. Neste contexto adquire o sentido de “malta!”, “pessoal!”. Também pode ser utilizado no feminino: **ragazze**, *raparigas*. ▸

Hoje ofereço eu!

1 – Malta *(Rapazes)*, esta noite ofereço-vos o champanhe!
2 Desde ontem que tenho um novo emprego *(trabalho)*:
3 fui *(estou)* colocado como arquitecto num grupo internacional!
4 – Parabéns, Piero, fico muito feliz *(contente)* por ti!
5 – Obrigado, também eu estou felicíssimo, porque é mesmo o lugar que andava à procura *(procurava)*:
6 pedem-me *(para viajar)* que viaje bastante,
7 *(para falar)* que fale muitas línguas estrangeiras,
8 e oferecem-me um ordenado excelente!
9 – Fantástico *(Estupendo)*!

▸ ③ A escolha do artigo que antecede uma palavra estrangeira faz-se sempre em função da pronúncia dessa palavra. O som *cha* em italiano escreve-se **scia** e sabemos que, antes de uma palavra começada por um **s** seguido de consoante, se deve empregar o artigo definido **lo** ou o artigo indefinido **uno** (ver lição 14, § 2).

④ A preposição **da**, que já referenciámos na lição 20, aparece aqui com um novo significado: **da ieri**, *desde ontem*.

⑤ A palavra **proprio**, *próprio*, *mesmo*, *exactamente*, *muito*, tem vários sentidos, dois deles aqui exemplificados nas frases 4 e 5.

Esercizio 1 – Traducete

❶ Da ieri sono assunto come architetto. ❷ Sono contentissimo: è proprio il posto che cercavo. ❸ Mi chiedono di viaggiare molto, ma mi offrono un eccellente stipendio! ❹ Devo parlare molte lingue straniere. ❺ Oggi vi offro lo champagne!

Esercizio 2 – Completate con le parole che mancano

❶ Tenho um novo emprego num grupo internacional.
Ho un nuovo . . . . . . in un . . . .

❷ Parabéns, Piero, ficamos muito contentes por ti!
. . . . , Piero, siamo . . . . per te!

❸ Obrigado, eu também estou muito contente!
. . . . , sono . . . . anche . . .

❹ O Paolo fala muitas línguas estrangeiras.
Paolo parla . . . . . lingue . . . .

❺ Fantástico! Oferecem-me um ordenado excelente!
. . . . ! Mi . . . . un eccellente . . . . !

Correcção do exercício 1

❶ Desde ontem, estou colocado como arquitecto. ❷ Estou contentíssimo: é exactamente o emprego que eu andava à procura. ❸ Pedem-me para viajar muito, mas oferecem-me um ordenado excelente! ❹ Tenho de falar muitas línguas estrangeiras. ❺ Hoje ofereço-vos o champanhe!

Correcção do exercício 2

❶ – lavoro – gruppo internazionale ❷ Congratulazioni – proprio contenti – ❸ Grazie – contentissimo – io ❹ – molte – straniere ❺ Stupendo – offrono – stipendio

23 Ventitreesima lezione

In ufficio

1 – **E**cco, Dott**o**r N**i**tti, qu**e**sto ① è il s**u**o uff**i**cio,
2 e qu**e**lla ①lì ② è la st**a**nza del s**u**o collaborat**o**re, il Dott**o**r R**e**ddi.
3 Quell'uff**i**cio che v**e**de in f**o**ndo al ③ corrid**o**io, m**o**lto gr**a**nde,
4 è qu**e**llo ① del n**o**stro c**a**po, il Dott**o**r L**o**nghi.
5 Qu**e**sta ① st**a**nza qu**i** ②, inv**e**ce, è la segreter**i**a.
6 Le s**a**le di riuni**o**ne s**o**no al ③ t**e**rzo pi**a**no,
7 e la m**e**nsa è all' ③ **u**ltimo pi**a**no.
8 Gli ascens**o**ri, naturalm**e**nte, s**o**no lì dav**a**nti **a**lle ③ sc**a**le,
9 E se ha bis**o**gno di **a**ltro, io s**o**no raggiung**i**bile al 3579 ④ □

Pronunciação
*... uffi**t**chô* **1** *... kuêsstô ...* **2** *... stantsa ...* **5** *... invêtchê ...* **8** *... achensôri ... allê skalê* **9** *... bizônhô ... trê tchinkuê séttê nóvê*

Notas

① **questo/-a** e **quello/-a** são os adjectivos ou pronomes demonstrativos correspondentes a *este/-a* e *aquele/-a*. O plural é regular: **questi/-e** e **quelli/-e**. Tome nota das diferentes formas de **quello** que, conforme as palavras que antecede, segue as mesmas regras dos artigos: **quel cane**, *aquele cão*; **quell'occhio**, *aquele olho*. ▸

Vigésima terceira lição 23

No trabalho *(escritório)*

1 – Cá estamos, Dr. Nitti, este é o seu gabinete *(escritório)*,
2 e aquela *(ali)* é a sala do seu colaborador, o Dr. Reddi.
3 Aquele gabinete que vê ao fundo do corredor, muito grande,
4 é o do nosso chefe, o Dr. Longhi
5 Já esta sala aqui *(pelo contrário)*, é a secretaria.
6 As salas de reuniões são no terceiro andar,
7 e a cantina é no último piso.
8 Os elevadores, como é óbvio *(evidentemente)*, são ali em frente às escadas,
9 e, se *(tem necessidade)* precisar de *(outra)* alguma [coisa], estou contactável no nùmero 3579.

▸ ② **qui**, *aqui*; **qua**, *ali*; **lì**, *ali*; e **là**, *lá*; são advérbios de lugar que, tal como em português, servem para enfatizar a proximidade ou o afastamento veiculado por **questo** ou **quello**.

③ **a + il = al**; **a + l' = all'**; **a + le = alle**. Aproveite para rever as formas da contracção da preposição **a** com os diferentes artigos.

④ Embora não seja necessário, também poderia utilizar-se, antes do número, a palavra **interno**: **sono raggiungibile all'interno 3579**, *estou disponível na extensão 3579.*

23 **Esercizio 1 – Traducete**

❶ Questo è l'ufficio del suo collaboratore. ❷ L'ufficio in fondo al corridoio è quello del nostro capo. ❸ Il Dottor Reddi è raggiungibile al 3579. ❹ La mensa è al terzo piano. ❺ L'ascensore è davanti alle scale e la sala di riunione è all'ultimo piano.

Esercizio 2 – Completate con le parole che mancano

❶ Aqui é a secretaria.
. . . . . . è la segretaria.

❷ Dr. Nitti, o seu gabinete é no último piso.
. . . . . . Nitti, il suo . . . . è all' . . . .

❸ Precisa de alguma coisa, Dr. Longhi?
Ha . . . . di . . . . . , Dottor Longhi?

❹ A cantina é no terceiro andar, em frente à escada.
La . . . . . è . . . . piano, ... alle . . . . . .

❺ Aquela é a sala do seu colaborador.
. . . . è la . . . . . . del suo collaboratore.

Correcção do exercício 1

❶ Este é o gabinete do seu colaborador. ❷ O gabinete ao fundo do corredor é o do nosso chefe. ❸ O Dr. Reddi está disponível na extensão 3579. ❹ A cantina é no terceiro piso. ❺ O elevador é em frente às escadas e a sala de reuniões é no último piso.

Correcção do exercício 2

❶ Questa – ❷ Dottor – ufficio – ultimo piano ❸ – bisogno – altro – ❹ – mensa – al terzo – davanti – scale ❺ Quella lì – stanza –

24 Ventiquattresima lezione

Società internazionale

1 – **S**alve, L**e**i è Pi**e**ro N**i**tti, il n**o**stro nu**o**vo coll**e**ga ① itali**a**no?
2 – Pr**o**prio **i**o, m**o**lto li**e**to ②!
3 – **I**o s**o**no M**o**nica L**e**wis, e s**o**no americ**a**na;
4 ci possi**a**mo d**a**re del tu, v**e**ro ③?
5 – Certam**e**nte, prefer**i**sco ④ s**e**mpre il tu al Lei!
6 – S**a**i che qu**e**sto pomer**i**ggio **a**lle c**i**nque c'è un c**o**cktail di benven**u**to per te?
7 Ti presenter**ò** t**u**tti i n**o**stri coll**e**ghi:
8 Ann che è ingl**e**se, Th**o**mas che è ted**e**sco,
9 Maxime che è franc**e**se, Dim**i**tri che è gr**e**co e Wlad**i**mir che è r**u**sso. □

Pronunciação
*sôtchêt**á** ... **4** ... tchi‿pôssi**a**mô‿d**a**rê‿dêl‿tu **6** ... qu**e**sstô‿pômêr**i**ddjiô ... tch**i**nkuê ... **7** ... n**o**sstri ... **8** ... têd**e**sskô **9** ... frantch**ê**sê ...*

Notas

① Palavras como **collega**, *colega*, **dentista**, *dentista*, ou **giornalista**, *jornalista* que, tal como em português são uniformes no singular, no plural adquirem formas diferentes para o masculino e para o feminino, embora regulares: **dentisti**, **dentiste**, *dentistas*, **giornalisti**, **giornaliste**, *jornalistas* e **colleghi**, **colleghe**, *colegas*. Repare que é necessário intercalar um **-h** antes do **-i** ou do **-e** para que se mantenha inalterado o som gutural do **g**. ▸

Vigésima quarta lição 24

Sociedade internacional

1 – Olá, você é [o] Piero Nitti, o nosso novo colega italiano?
2 – Sou o próprio, muito prazer!
3 – Eu chamo-me *(sou)* Monica Lewis e sou americana;
4 podemos tratar-nos por tu, não acha *(verdadeiro)* ?
5 – Claro que sim, prefiro sempre o "tu" ao "você"!
6 – Sabes que esta tarde, às cinco, há uma festa de boas-vindas para ti?
7 Apresentar-te-ei *(todos os nossos)* os outros colegas [todos]:
8 [a] Ann, que é inglesa, [o] Thomas, que é alemão,
9 [o] Maxime, que é francês, [o] Dimitri, que é grego e [o] Wladimir, que é russo.

▸ ② **molto lieto** é muito usado como sinónimo de **molto piacere**, que encontrámos na lição 1.

③ **vero?**, *não é?*, *não acha?*, *não é assim?* Trata-se de uma expressão muito utilizada coloquialmente.

④ Grande parte dos verbos da 3ª conjugação terminados em **-ire** (como **preferire**, *preferir*) conjugam-se de forma irregular no presente do indicativo. Assim, para as três pessoas do singular e para a terceira pessoa do plural é preciso inserir **-isc-** antes da terminação; ou seja, neste exemplo: **preferisco**, *prefiro*. Encontrará a conjugação completa na lição 28.

Esercizio 1 – Traducete

❶ Sai che questo pomeriggio c'è un cocktail di benvenuto per te? ❷ Sono Monica e sono americana. ❸ Ti presenterò i nostri colleghi stranieri. ❹ Dimitri, il nostro collega greco! ❺ Ci diamo sempre del tu!

Esercizio 2 – Completate con le parole che mancano

❶ Piero Nitti, o nosso novo colega italiano!
Piero Nitti, ... nuovo . . . . italiano.

❷ Chamo-me *(sou)* Ann e sou inglesa! – Muito prazer!
Io . . . . Ann e sono . . . . ! – Molto . . . . . !

❸ Podemos tratar-nos por tu, não achas Mario?
Ci possiamo . . . . del . . , ... Mario?

❹ Claro que sim, prefiro o "tu" ao "você"!
Certamente, ... il tu al . . . !

❺ Preferes este gabinete ou o do último piso?
. . . . ufficio o . . . . . . all'ultimo piano?

Há já algum tempo que se tornou corrente em Itália o tratamento por "tu". Passou a ser normal **darsi del tu**, tratar-se por tu, *entre colegas de trabalho, professores de um mesmo estabelecimento de ensino e, evidentemente, entre amigos e "amigos dos amigos".*

Correcção do exercício 1

❶ Sabes que esta tarde há uma festa de boas-vindas para ti? ❷ Chamo-me Monica e sou americana. ❸ Apresentar-te-ei os nossos colegas estrangeiros. ❹ Dimitri, o nosso colega grego! ❺ Tratamo-nos sempre por tu!

Correcção do exercício 2

❶ – il nostro – collega – ❷ – sono – inglese – lieta ❸ – dare – tu – vero – ❹ – preferisco – Lei ❺ Preferisci questo – quello –

Nestes casos, o tratamento por "você" chega a ser considerado uma forma de snobismo, no mínimo um pouco despropositada. No entanto, até aos anos 1960-70, o **Lei** *era obrigatório e era também assim que a maior parte das crianças tratavam os pais.*

25 Venticinquesima lezione

Il mio numero di cellulare

1 – Che c**o**sa vi ① offri**a**mo da b**e**re ②?
2 – Per me del v**i**no bi**a**nco, gr**a**zie.
3 Ann per**ò** prefer**i**sce un analc**o**lico.
4 Tu prefer**i**sci un s**u**cco di fr**u**tta, v**e**ro Ann?
5 – Sì gr**a**zie, ma **a**nche un bicchi**e**re di v**i**no va b**e**ne, se non lo ① ri**e**mpi tr**o**ppo.
6 – Sent**i**te, all**o**ra ceni**a**mo insi**e**me stas**e**ra?
7 – C**o**me no ③, e a che **o**ra ci ① vedi**a**mo?
8 – Ci chiami**a**mo con i cellul**a**ri v**e**rso la f**i**ne del pomer**i**ggio.
9 – Il m**i**o n**u**mero è il **339 457 952**. *
10 Ma f**o**rse p**o**ssono ④ ven**i**re **a**nche Th**o**mas e **I**da?
11 – **O**ttima id**e**a! Li ① chi**a**mo **i**o! □

Pronunciação
*...tchêllul**a**rê **3**...prêfêr**i**chê... **6**...tchêni**a**mô ‿ insi**é**mê ‿ stass**ê**ra*
***8** tchi ‿ kiami**a**mô ... v**é**rssô ... **10** ... f**ô**rssê ...*

Notas

① A partir desta lição, vamos começar a conhecer os pronomes pessoais (complemento directo e indirecto). A sua apresentação é feita de uma forma progressiva, o que lhe permitirá memorizá-los gradualmente. Nesta lição: **vi offriamo**, *vos oferecemos*; **se non lo riempi**, *se não o enches*; **ci vediamo**, *vemo-nos*; **ci chiamiamo**, *telefonamo-nos*; **li chiamo**, *chamo-os*. ▸

Vigésima quinta lição 25

O meu número de telemóvel

1 – O que é que [podemos] oferecer-vos *(vos oferecemos)* para beber?
2 – Para mim, vinho branco, por favor.
3 Mas [a] Ann prefere uma [bebida] não alcoólica.
4 Tu preferes um sumo de fruta, não é, Ann?
5 – Sim, obrigada, mas um copo de vinho também pode ser *(vai bem)*, se não o encheres *(enches)* demais.
6 – Oiçam, então jantamos juntos esta noite?
7 – Claro *(Como não)*, e a que horas nos encontramos *(vemos)* ?
8 – Falamos *(Telefonamo-nos)* por telemóvel *(com os telemóveis)* lá para o fim da tarde.
9 – O meu número é *(o)* **3**3**9** **4**57 952.
10 Mas se calhar *(podem vir também)* [o] Thomas e [a] Ida também podem vir?
11 – Óptima ideia! Telefono-lhes eu!

▸ ② Mais um exemplo de utilização da preposição **da**: **Che cosa c'è da bere?**, *O que é que há para beber?*

③ Tome nota da expressão **come no**, muito usada em italiano. Poderíamos traduzi-la por: *e porque não o faria eu, se isso é tão evidente?*, o que revela a carga enfática que consegue transmitir de uma forma tão económica!

④ O verbo **potere**, *poder*, que já encontrou na lição 24, é um verbo irregular. No presente do indicativo: **posso**, **puoi**, **può**, **possiamo**, **potete**, **possono**.

25 **Esercizio 1 – Traducete**

❶ Ci chiamiamo verso la fine del pomeriggio. ❷ Il mio numero di cellulare è il 339 457952. ❸ Ceniamo insieme stasera? ❹ A che ora ci vediamo? ❺ Ann preferisce sempre un analcolico!

Esercizio 2 – Completate con le parole che mancano

❶ Preferes um sumo de fruta, não é?
. . . . un . . . . , vero?

❷ Prefiro vinho branco, por favor.
. . . . del . . . . , grazie.

❸ Sabes se o Thomas e a Ida podem vir connosco? Eu telefono-lhes!
Sai se Thomas e Ida . . . . venire con noi? . . telefono . . .

❹ Então, jantamos com a Ann, esta noite?
. . . . . , ... con Ann, stasera?

❺ Claro, e a que hora nos encontramos?
. . . . . . , e a che ora . . . . ?

Correcção do exercício 1

❶ Telefonamo-nos lá para o fim da tarde. ❷ O meu número de telemóvel é o 339 457 952. ❸ Jantamos juntos esta noite? ❹ A que horas nos encontramos? ❺ A Ann prefere sempre uma bebida não alcoólica.

Correcção do exercício 2

❶ Preferisci – succo di frutta – ❷ Preferisco – vino bianco – ❸ – possono – Li – io ❹ Allora – ceniamo – ❺ Come no – ci vediamo

26 Ventiseiesima lezione

Piero racconta

1 – Piero, vogliamo sapere tutto della tua assunzione, del concorso...
2 – È stato ① un colpo di testa:
3 vedo un annuncio sul giornale per un impiego all'estero,
4 mi rendo conto che ho i diplomi e l'esperienza richiesti...
5 e mando la domanda.
6 – E c'erano ② molti candidati?
7 – Sì, parecchi! Le prove scritte erano ③ molto numerose,
8 ma il colloquio non è stato molto difficile,
9 perché gli esaminatori erano molto simpatici.
10 Ed ora... eccomi ④ qua!

Pronunciação

1 *... volhamô ... assuntsiônê ...* ***3*** *... annuntchô ... djôrnalê ...* ***4*** *... rikiéssti* ***6*** *... tchéranô ...* ***7*** *... parrekki ... éranô ...* ***8*** *... diffitchilê* ***9*** *... simpatitchi*

Notas

① Como vimos na lição 21, o **passato prossimo**, *pretérito perfeito composto*, forma-se com os verbos auxiliares **essere**, *ser / estar* e **avere**, *haver*. A escolha do verbo acabará por se tornar automática à medida que for memorizando os diferentes verbos. Repare ainda que, quando conjugado com o verbo **essere**, o particípio passado concorda em género e número com o sujeito. **Io sono arrivato, la mamma è partita e i cugini sono venuti ieri**, *Eu cheguei, a mamã partiu e os primos vieram ontem.*

Vigésima sexta lição 26

[O] Piero conta

1 – Piero, queremos saber tudo sobre a *(da)* tua colocação, o *(do)* concurso…
2 – Foi um impulso *(golpe de cabeça)*:
3 vi *(vejo)* um anúncio no jornal para um emprego no estrangeiro,
4 percebi *(apercebo-me)* que tinha *(tenho)* os diplomas e a experiência requerida…
5 e enviei *(mando)* a candidatura *(o pedido)*.
6 – E havia *(existiam)* muitos candidatos?
7 – Sim, vários! As provas escritas eram muito extensas *(numerosas)*,
8 mas a entrevista não foi muito difícil,
9 porque os examinadores eram muito simpáticos.
10 E agora… aqui estou eu *(eis-me aqui)*!

▸ ② **c'erano**, pode traduzir-se literalmente por *ali estavam, existiam*. De facto, trata-se do imperfeito do indicativo do verbo **essere** antecedido da partícula **ci** que, como vimos na lição 4, é usado em italiano com o sentido de *existir*, *haver*, *encontrar-se*, *estar*. A partícula **ci** precede sempre as formas verbais, à excepção do infinitivo (**esserci**) e do gerúndio (**essendosi**).

③ **erano**, *eram*. A partir desta lição, vamos começar a introduzir algumas formas do imperfeito do indicativo, de uma forma gradual, para que as possa ir memorizando sem dificuldade.

④ La palavra **ecco**, *eis*, *aqui está*, pode ser seguida dos pronomes pessoais **mi**, **ti**, **si**, etc. Para uma lista completa dos pronomes consulte a próxima lição de revisão ou o apêndice gramatical.

26 **Esercizio 1 – Traducete**

❶ Il concorso è stato un colpo di testa! ❷ Vogliamo sapere tutto della tua assunzione! ❸ Le prove scritte erano molto numerose. ❹ Eccoti qua! ❺ Ho l'esperienza richiesta per questo lavoro.

Esercizio 2 – Completate con le parole che mancano

❶ Quero saber tudo sobre o teu concurso.
. . . . del . . . concorso.

❷ Vejo um anúncio no jornal e envio a candidatura.
. . . . un annuncio . . . giornale e . . . . . la domanda.

❸ E havia muitos candidatos?
E c'erano . . . . ?

❹ A entrevista foi muito difícil.
Il . . . . è stato . . . .

❺ No jornal há um anúncio para um emprego no estrangeiro.
Nel . . . . c'è un . . . . per un impiego . . . .

Correcção do exercício 1

❶ O concurso foi um impulso! ❷ Queremos saber tudo sobre a tua colocação! ❸ As provas eram muito extensas. ❹ Aqui estás tu! ❺ Tenho a experiência exigida para este emprego.

Correcção do exercício 2

❶ Voglio sapere tutto – suo – ❷ Vedo – sul – mando – ❸ – molti candidati ❹ colloquio – molto difficile ❺ – giornale – annuncio – all'estero

27 Ventisettesima lezione

Un curriculum vitae

1 Cognome: Nitti
2 Nome: Piero
3 Data e luogo di nascita: 9/7/1985, Roma
4 Nazionalità: italiana
5 Stato di famiglia: celibe ①
6 Diplomi: Master in Economia conseguito all'Università di Roma
7 Esperienze di lavoro: stage ② di 6 mesi al Ministero delle Finanze,
8 poi assunzione presso la Banca d'Italia
9 Lingue conosciute: inglese corrente; spagnolo: nozioni
10 Hobby: musica classica, calcio □

Pronunciação
3 ... millê‿novêtchentô‿ôttanta‿tchinkuê ... 4 natsionalitá ... 5 ... familha ...6 ... consêgüitô ... 7 ... esspêrienzê... 9 ... lingüê

Notas

① Em italiano, existem duas palavras diferentes para caracterizar os celibatários: **celibe** para os homens e **nubile** para as mulheres.

Vigésima sétima lição 27

Um currículo

1 Apelido: Nitti
2 Nome: Piero
3 Data [de nascimento] e naturalidade: 9/7/1985, Roma
4 Nacionalidade: italiana
5 Estado civil: solteiro
6 Habilitações literárias *(Diplomas)*: Mestrado em Economia pela *(conseguido na)* Universidade de Roma
7 Experiência *(Experiências)* profissional *(de trabalho)*: estágio de 6 meses no Ministério das Finanças,
8 [sendo] de seguida colocado *(colocação junto de)* no Banco de Itália
9 Conhecimento de línguas *(conhecidas)*: fluente em inglês *(corrente)*; noções de espanhol
10 Hobbies: música clássica, futebol.

▸ ② A palavra **stage** foi adoptada do inglês, como alternativa à palavra italiana **tirocinio**.

Esercizio 1 – Traducete

❶ Nazionalità: spagnola. ❷ Esperienze di lavoro: assunzione presso la Banca d'Italia nel 2000. ❸ Lingue conosciute: francese corrente, italiano: nozioni. ❹ Diplomi: Master in Economia conseguito il 5/10/1999. ❺ Data e luogo di nascita: 9/7/1985, Roma.

Esercizio 2 – Completate con le parole che mancano

❶ Os meus hobbies são a música e o futebol.
I miei . . . . . sono . . . . e . . . .

❷ Tenho uma boa experiência profissional: um estágio no Ministério.
Ho una buona . . . . : stage al Ministero.

❸ Sr. Nitti, a sua data de nascimento e naturalidade, por favor?
Dottor Nitti, la sua . . . . e il suo . . . . . di . . . . , per favore!

❹ Desde ontem, estou colocado no Ministério.
Da ieri, ... al Ministero.

❺ Nitti é o meu apelido e Piero é o meu nome.
Nitti è il mio . . . . , e Piero è il mio . . . . .

Correcção do exercício 1

❶ Nacionalidade: espanhola. ❷ Experiência profissional: admitido no Banco de Itália em 2000. ❸ Línguas conhecidas: fluente em francês, noções de italiano. ❹ Habilitações literárias: Mestrado em Economia, obtido em 5/10/1999. ❺ Data de nascimento e naturalidade: 9/7/1985, Roma.

Correcção do exercício 2

❶ – hobby – la musica – il calcio ❷ – esperienza di lavoro – ❸ – data – luogo – nascita – ❹ – sono assunto – ❺ – cognome – nome

28 Ventottesima lezione

Revisione – Revisão

Um pouco de gramática

1 Os verbos

1.1 O verbo *offrire*

Eis o presente do indicativo do verbo **offrire**, *oferecer*, que pertence à terceira conjugação:

io offr-o	*eu ofereço*
tu offr-i	*tu ofereces*
lui/lei offr-e	*ele/ela oferece*
noi offr-iamo	*nós oferecemos*
voi offr-ite	*vós ofereceis*
loro offr-ono	*eles/elas oferecem*

1.2 Verbos em *-isco*

Há muitos verbos da 3ª conjugação que são irregulares no presente do indicativo, no presente do conjuntivo e no imperativo. Voltaremos a falar destes dois últimos casos daqui a algumas semanas. Por agora, eis o presente do indicativo do verbo **preferire**, *preferir*.

io prefer-isco	*eu prefiro*
tu prefer-isci	*tu preferes*
lui/lei prefer-isce	*ele/ela prefere*
noi prefer-iamo	*nós preferimos*
voi prefer -ite	*vós preferis*
loro prefer -iscono	*eles/elas preferem*

2 O plural

As palavras masculinas terminadas em **-a** são regulares no plural: **collega**, *colega* → **colleghi**, *colegas*.
A maior parte dos substantivos ou adjectivos masculinos e femininos terminados em **-co**, **-go**, **-ca**, **-ga**, mantêm no plural o mesmo som do **c** e do **g**. Nesse sentido, é necessário acrescentar um **-h** à forma escrita: **collega** → **colleghi**, **stanco** → **stanchi** (*cansado, cansados*).

3 Adjectivos e pronomes demonstrativos

Na lição 23 encontrou alguns dos adjectivos e pronomes demonstrativos que têm formas comuns (recorde que, enquanto os adjectivos acompanham um nome, os pronomes substituem os nomes e por isso são usados isoladamente):
questo, **questi**, *este/s* ; **questa**, **queste**, *esta/s*.
quello, **quelli**, *aquele/s*; **quella**, **quelle**, *aquela/s*.
Tal como em português, podemos reforçar a posição escolhida acrescentando os advérbios de lugar **qui**, *aqui*, **qua**, *cá* ou **lì**, *ali*, **là**, *lá*.
Note que **quello**, antes de palavras começadas por consoante (à excepção de **z**, **gn**, ou **s** seguido de consoante) perde a terminação: **quel cane**, *aquele cão*; e ganha um apóstrofo antes de uma vogal; **quell'occhio**, *aquele olho*.
Encontrou ainda a forma contracta **stasera** (**questa sera**), *esta noite* (lição 22 e 25). Também se aplica em **stamattina**, *esta manhã*, e **stanotte**, *esta noite*.

4 Frases úteis

Para felicitar alguém: **Congratulazioni! Sono proprio contento per te!**
Para responder quando se é apresentado: **Molto lieto! Molto lieta!**
Para propor o tratamento por "tu": **Ci diamo del tu!**

29 Dialogo di revisione

1 – Sono proprio contenta per te, Piero!
2 Ci possiamo dare del tu, vero?
3 – Come no, preferisco sempre il tu al Lei.
4 – Sai che il cocktail di benvenuto è alle cinque,
5 nella sala di riunione davanti alla segreteria?
6 – Sì, sì, grazie! E stasera ceniamo insieme?
7 – Ottima idea!
8 Ma vogliamo sapere tutto della tua assunzione,
9 e del tuo curriculum:
10 i tuoi diplomi, i tuoi hobby, il tuo stato di famiglia…!

---

29 Ventinovesima lezione

Che giornata!

1 – P**o**vera me! **O**ggi ho av**u**to ① **u**na giorn**a**ta veram**e**nte terr**i**bile!
2 Av**e**vo m**i**lle c**o**se da f**a**re, ma ho pens**a**to ②:
3 se mi organ**i**zzo b**e**ne, p**o**sso f**a**re t**u**tto.

Pronunciação
*1 p**ó**vera-mê! **ó**ddji ... djôrn**a**ta ... 2 ... m**i**llê ... 3 ... organ**i**ddzô...*

Notas

① **avere** → **avuto**, *ter* → *tido*. O particípio passado dos verbos regulares da 2ª conjugação faz-se substituindo a terminação em **-are** por **-uto**. Alguns verbos irregulares que já encontrou como **volere**, **tenere**, **potere** ou **sapere** também formam o seu particípio passado deste modo: **voluto**, **tenuto**, **potuto** e **saputo**.

Tradução

1 – Fico muito contente por ti, Piero!
2 Podemos tratar-nos por tu, não achas?
3 – Claro, prefiro sempre o "tu" ao "você".
4 – Sabes que a festa de boas vindas é às cinco,
5 na sala de reuniões em frente da secretaria?
6 – Sim, sim, obrigado! E esta noite jantamos juntos?
7 – Óptima ideia!
8 Mas queremos saber tudo sobre a tua colocação,
9 e o teu currículo:
10 as tuas habilitações literárias, os teus hobbies, o teu estado civil…!

Vigésima nona lição 29

Que dia!

1 – Pobre [de] mim! Hoje tive um dia verdadeiramente terrível!
2 Tinha uma data de *(mil)* coisas para fazer, mas pensei:
3 se me organizar *(organizo)* bem, posso fazer tudo.

② No caso dos verbos regulares da 1ª conjugação, o particípio passado forma-se substituindo a terminação **-are** por **-ato**: **pensare → pensato**, **cercare → cercato**, **trovare → trovato**, **guardare → guardato**, **restare → restato**.

4 Allora, prima di tutto vado ad accompagnare i bambini a scuola;
5 poi faccio un salto dal ③ parrucchiere;
6 poi faccio un colpo di telefono ④ a Maria,
7 e vedo se vuole venire a fare delle spese ④⑤ con me.
8 Però devo assolutamente trovare il tempo di fare anche la spesa ⑤.
9 Alle cinque c'ho ⑥ la ginnastica, alle sette il corso di inglese,
10 e alle nove un invito dai ③ Rossi! □

4 ... akkompanharê ... 5 ... fattchô ... parrukkiérê ... 7 ... vuólê ... spêzê ... 8 ... ankê ... 9 ... tchô ... djinásstika ... inglêzê

Notas

③ Eis mais um exemplo do emprego da preposição **da**, que indica o local ou a casa de alguém: **Vado da Maria**, *Vou a casa da Maria*.

④ Várias expressões correntes empregam o verbo **fare**, *fazer*. Neste texto, **fare un colpo di telefono** é sinónimo de **fare una telefonata**, *fazer uma chamada, dar uma telefonadela*. E na frase seguinte encontramos **fare delle spese**, *ir às compras*. Também se diz, por exemplo, **fare colazione**, *tomar o pequeno-almoço*. ▶

***

Esercizio 1 – Traducete

❶ Devo fare delle spese con Maria. ❷ Ho avuto mille cose da fare. ❸ Prima di tutto faccio un salto dal parrucchiere. ❹ Voglio trovare il tempo di fare della ginnastica. ❺ Devo assolutamente fare la spesa e accompagnare i bambini a scuola.

4 Então, primeiro *(de tudo)* vou levar *(a acompanhar)* as crianças à escola;
5 depois, dou um salto ao cabeleireiro;
6 a seguir, faço um telefonema à Maria
7 e vejo se ela quer vir comigo *(a fazer)* às compras.
8 Mas tenho mesmo *(absolutamente)* de arranjar tempo para ir ao supermercado *(fazer a despesa)*.
9 Às cinco, tenho *(a)* ginástica, às sete, a aula *(curso)* de inglês,
10 e às nove, um convite para [ir] a casa dos Rossi.

⑤ A expressão **fare la spesa** (no singular) aplica-se apenas às compras de supermercado, o que geralmente é uma obrigação mais ou menos rotineira. Já no plural, **fare le spese** ou **delle spese**, que traduzimos por *ir às compras*, tem um significado mais abrangente e bem mais lúdico.

⑥ Repare nesta fórmula do verbo **avere**, muito usada coloquialmente: **c'hai un euro?**, *tens um euro?*, **c'hai fame?**, *tens fome?*

***

Correcção do exercício 1

❶ Tenho de ir às compras com a Maria. ❷ Tive uma data de coisas para fazer. ❸ Em primeiro lugar, dou um salto ao cabeleireiro. ❹ Quero arranjar tempo para fazer ginástica. ❺ Tenho mesmo de ir ao supermercado e levar as crianças à escola.

Esercizio 2 – Completate con le parole che mancano

❶ Se me organizar bem, posso fazer muitas coisas.
Se . . . . bene, ... fare molte cose.

❷ Não pensei que às cinco tinha a aula de inglês.
Non . . . . che alle cinque . . . . . il . . . . . di inglese.

❸ Às sete tenho ginástica e já são sete menos dez!
. . . . sette . . . . la . . . . , e sono già . . . . !

❹ E tens também de ir ao supermercado!
. . . . . . anche . . . . fare!

❺ Esta noite temos um convite para irmos a casa dos Rossi.
Stasera . . . . un . . . . Rossi.

30 Trentesima lezione

A scuola

1 – Ciao tesoro!
2 Che cosa avete fatto di bello oggi a scuola?
3 Avete imparato sicuramente un sacco ① di cose nuove!

Pronunciação
*... skuóla ... **3** ... kôzê nuóvê*

Correcção do exercício 2
❶ – mi organizzo – posso – ❷ – ho pensato – avevo – corso – ❸ Alle – c'ho – ginnastica – le sette meno dieci ❹ E c'hai – la spesa da – ❺ – abbiamo – invito dai –

Trigésima lição 30

Na escola

1 – Olá, querido *(tesouro)*!
2 O que é que *(que coisa)* fizeram *(haveis feito)* hoje de interessante *(de belo)* na escola?
3 Devem *(Deveis)* ter aprendido, certamente, uma data de *(um saco de)* coisas novas!

Nota

① **un sacco di** (literalmente "um saco de"), *uma data de, muito,* é uma expressão coloquial frequente, que pode obviamente ser substituída pelo advérbio **molto** ou pelo seu superlativo, **moltissimo**; estes devem concordar, em género e em número, com as palavras a que se referem: **ha molta pazienza**, *tem muita paciência*, **ha moltissimi amici**, *tem imensos amigos*.

30 **4** – È st**a**ta ② una giorn**a**ta m**o**lto diff**i**cile!
5 La ma**e**stra ci ③ ha spieg**a**to una nu**o**va lezi**o**ne di matem**a**tica,
6 e io non ci ③ cap**i**vo ni**e**nte!
7 All**o**ra le ho domand**a**to di spieg**a**rmi ④ di nu**o**vo,
8 e l**e**i è st**a**ta m**o**lto br**a**va, mi ha rid**e**tto t**u**tto da c**a**po!
9 Qu**a**ndo mi ha interrog**a**to ho sap**u**to risp**o**ndere,
10 e ho av**u**to "**o**ttimo". □

Pronunciação
*... skuóla ... **3** ... kôzê nu**ó**vê **7** ... spiêgarmi ... **9** ... risspondêrê*
__10__ ... ô avutô ...

Notas

② Como vimos, sempre que o auxiliar é o verbo **essere**, o particípio passado do verbo que, neste caso, é o mesmo, tem de concordar com o sujeito: **la giornata è stata faticosa**, *o dia foi cansativo*, **le giornate sono state faticose**, *os dias foram fatigantes*.

③ A partícula **ci**, além de traduzir o pronome *nos*, também substitui os pronomes demonstrativos: **È una nuova lezione; non ci capisco niente**, *É uma lição nova; não percebo nada (dela/daquilo)*, **È una maestra molto brava; non ci trovo nessun difetto**, *É uma professora muito simpática, não lhe encontro nenhum defeito (nela)*. ▸

4 – Foi um dia muito difícil!
5 A professora explicou-nos uma lição de matemática nova,
6 e eu não percebia nada daquilo!
7 Então pedi-lhe para me explicar outra vez *(de novo)*
8 e ela foi muito simpática, voltou a explicar-me *(dizer-me)* tudo do princípio!
9 Quando ela me chamou *(interrogou)*, eu [já] soube responder
10 e tive [um] "Excelente" *(óptimo)*.

④ As partículas pronominais geralmente antecedem o verbo (**lei mi perdona**, *ela perdoa-me*), excepto no infinitivo (**io voglio dirvi**, *eu quero dizer-vos*), no gerúndio (**vedendola qui...**, *vendo-a aqui...*) e no imperativo (**amami!** *ama-me!*). Repare que no infinitivo, o **e** final é omitido para agilizar a pronunciação (**spiegare** → **spiegarmi**).

Esercizio 1 – Traducete

❶ Che cosa hai fatto di bello a scuola? ❷ È stata una lezione molto difficile! ❸ La maestra ci ha spiegato un sacco di cose. ❹ Ho domandato a Carla di spiegarmi di nuovo. ❺ Non ho saputo rispondere alla maestra.

Esercizio 2 – Completate con le parole che mancano

❶ O que é que [ele] fez de interessante hoje?
Che cosa . . . . di bello, ... ?

❷ Foi um dia difícil para mim.
. . . . . . una . . . . difficile per . . .

❸ Não pensei nisso!
Non . . . . !

31 Trentunesima lezione

Il compleanno di Luigi

1 – Bambini, vi ricordate che oggi è il compleanno di vostro cugino Luigi?
2 – Ma no, mamma, è il suo onomastico!
3 Gli ① telefono subito per fargli gli auguri,

Pronunciação
*... luidgi ... **1** ... kudjinô ... **3** ... lhi têléfônô ...*

Correcção do exercício 1

❶ O que é que fizeste de interessante na escola? ❷ Foi uma aula muito difícil! ❸ A professora explicou-nos uma data de coisas. ❹ Pedi à Carla para me explicar outra vez. ❺ Não soube responder à professora.

❹ A Maria explicou-nos a lição outra vez.
Maria . . . . la lezione . . . .

❺ A professora interrogou-me e eu soube responder.
La maestra . . . . e . . . .
rispondere.

Correcção do exercício 2

❶ – ha fatto – oggi ❷ È stata – giornata – me ❸ – ci ho pensato ❹ – ci ha spiegato – di nuovo ❺ – mi ha interrogato – ho saputo –

Trigésima primeira lição 31

Os anos de Luigi

1 – Meninos, lembram-se *(lembrai-vos)* que hoje são os anos do vosso primo Luigi?
2 – *(Mas)* Não é nada, mamã, é a festa de S. Luís *(seu onomástico)*!
3 Vou já telefonar *(Telefono-lhe já)* para lhe desejar felicidades,

Nota

① **gli telefono**, *telefono-lhe (a ele)*; **dirgli**, **dirle**, *dizer-lhe* (*a ele/ela*). Como pode constatar neste texto, o pronome **gli** deve ser usado para o masculino e **le** para o feminino. No entanto, na linguagem coloquial, a tendência é usar-se **gli**, indiscriminadamente, no feminino e também no plural.

4 ma devo ② dirgli ① anche che la Roma ha battuto la Lazio tre a zero,
5 e che deve smettere di fare il tifo ③ per questa squadra da quattro soldi.
6 Debbo ② parlare anche a Lidia,
7 devo dirle ① che abbiamo trovato un gattino ④ bianco…
8 – Sì, va bene, tu però devi sbrigarti con questa colazione!
9 E poi vai subito a lavarti i denti…
10 … e a proposito, prima di metterti a tavola, ti sei lavato le mani ⑤ ? □

4 *... látsiô ... dzérô ...* ***8*** *... kôlatsiônê* ***10*** *... mêtterti ...*

Notas

② **devo (debbo)**, *devo.* As duas formas são correctas e equivalentes. O verbo irregular **dovere**, *dever*, apresenta estas formas alternativas no presente do indicativo e também no conjuntivo. Presente do indicativo: **devo (debbo)**, **devi**, **deve**, **dobbiamo**, **dovete**, **devono (debbono)**.

③ **essere (un) tifoso**, *ser adepto.* **Fare il tifo**, *torcer.* Aqui está mais uma frase idiomática com o verbo **fare**, que é usada noutro tipo de contextos: **Non fare lo stronzo**, *Não te armes em parvo.*

***

Esercizio 1 – Traducete

❶ Oggi è l'onomastico di Piero! Ma no, è il suo compleanno! ❷ Luigi deve smettere di fare il tifo per la Roma! ❸ Devo telefonare a Luigi, per fargli gli auguri. ❹ Devo telefonarle, per spiegarle la lezione di ieri. ❺ Debbo lavarmi le mani e i denti.

4 mas também tenho de lhe dizer *(devo dizer-lhe)* que a Roma bateu a Lazio [por] três a zero,
5 e que [ele] devia deixar *(deve parar)* de torcer por [uma] *(esta)* equipa tão fraca *(de quatro tostões)*.
6 Também tenho de *(devo)* falar à Lídia,
7 tenho de lhe dizer *(devo dizer-lhe)* que encontrámos um gatinho branco…
8 – Sim, está bem *(vai bem)*, mas tu tens de te despachar com o teu pequeno-almoço *(com esta refeição)*!
9 E a seguir, vais imediatamente lavar *(a lavar-te)* os dentes…
10 E a propósito, antes de te sentares à mesa, lavaste *(lavaste-te)* as mãos?

④ Já conhece o superlativo **-issimo/-a/-i/-e**. Eis agora o sufixo **-ino**, que é usado para criar o diminutivo: **gatt-o**, *gato*, **gatt-ino**, *gatinho*; **ragazzi**, *rapazes*, **ragazzini**, *rapazes*.

⑤ A palavra **mano**, *mão*, é feminina, mas no plural adopta a terminação em **-i** do masculino. Por isso, tenha em atenção as concordâncias: **la mano bianca**, *a mão branca*, **le mani bianche**, *as mãos brancas*.

***

Correcção do exercício 1

❶ Hoje é a festa do Piero! Não é nada, é o aniversário dele. ❷ O Luigi deve deixar de torcer pelo Roma! ❸ Tenho de telefonar ao Luigi para lhe desejar felicidades. ❹ Tenho de lhe telefonar para lhe explicar a aula de ontem. ❺ Tenho de lavar as mãos e os dentes.

Esercizio 2 – Completate con le parole che mancano

❶ Tenho de lhe dizer *(ao Piero)* que encontrámos um gatinho.
. . . . che abbiamo trovato un . . . .

❷ Tenho de lhe dizer *(à Lídia)* que o Roma derrotou o Lazio.
. . . . che la Roma . . . . la Lazio.

❸ Mamã, lavei as mãos!
Mamma, ... lavato . . . . . . !

❹ Meninos, têm de se despachar com o telefone!
Bambini, ... con questo telefono!

❺ Tenho de lavar os dentes!
Mi devo . . . . !

32 Trentaduesima lezione

Nicola fa la spesa

1 – Nicola, hai fatto la spesa! Ma è meraviglioso!
2 – È per provarti che sei una cattiva lingua,
3 quando dici che i mariti non fanno mai niente in casa!

Pronunciação
1 ... mêravilhozô ... 3 ... ditchi ... nientê ...

Correcção do exercício 2

➊ Devo dirgli – gattino ➋ Devo dirle – ha battuto – ➌ – mi sono – le mani ➍ – dovete sbrigarvi – ➎ – lavare i denti

Trigésima segunda lição 32

[O] Nicola vai ao supermercado

1 – Nicola, foste ao supermercado *(fizeste a despesa)*! Que maravilha *(Mas é maravilhoso)*!
2 – Foi *(É)* para te provar que é má-língua *(tens uma feia língua)*,
3 quando dizes que os maridos nunca fazem nada *(não fazem nunca nada)* em casa!

4 Mi sono persino ricordato che il burro era finito ① e l'ho comprato ② !
5 – Chiedo scusa per le mie maldicenze!
6 Suppongo ③ che hai comprato anche le ciliege...
7 – Ah, le ciliege le ho dimenticate ②...
8 – E i grissini?
9 – Credo che li ho dimenticati ②...
10 – E la carne?
11 – La vado a comprare subito, se non l'ha già comprata ② Fausto!

***5** kiedô ... lê miê malditchentsê **6** ... tchiliédjê*

Notas

① O particípio passado dos verbos terminados em **-ire** é **-ito**: **fin-ire**, *acabar*, **fin-ito**, *acabado*. Note que o particípio passado precedido do verbo auxiliar **essere** concorda em género e número com o nome ao qual se refere. Neste caso a palavra **il burro**, *a manteiga*, é masculina e por isso temos **finito**.

② Os pronomes pessoais **lo**, **la**, **li**, **le**, *o*, *a*, *os*, *as*, condicionam igualmente a terminação do particípio passado: **comprato**, **comprata**, **dimenticate**, **dimenticati**.

Esercizio 1 – Traducete

❶ È meraviglioso, Nicola ha fatto la spesa! ❷ Suppongo che hai comprato la carne! ❸ Mio marito non fa mai niente in casa. ❹ Maria è proprio una cattiva lingua! ❺ Vado subito a comprare le ciliege.

4 Lembrei-me até que a manteiga tinha acabado e comprei-a!
5 – Peço desculpa pelas minhas palavras *(maledicências)*!
6 Suponho que também compraste as cerejas…
7 – Ah, as cerejas, esqueci-me delas…
8 – E os grissínios?
9 – Acho *(Creio)* que me esqueci deles…
10 – E a carne?
11 – Vou comprá-la imediatamente, se o Fausto já não a comprou!

③ O infinitivo de **suppongo**, *suponho*, é **supporre**, *supor*. Encontrará a conjugação completa do presente do indicativo na próxima lição de revisão.

Correcção do exercício 1

❶ Que maravilha, o Nicola foi ao supermercado! ❷ Suponho que compraste a carne! ❸ O meu marido nunca faz nada em casa. ❹ A Maria é mesmo má-língua! ❺ Vou imediatamente comprar as cerejas.

Esercizio 2 – Completate con le parole che mancano

❶ Não me lembro se a manteiga acabou!
Non . . . . se . . . . è . . . . . . !

❷ As cerejas, comprei-as!
Le ciliege, ... !

❸ Compraste os grissínios? – Não, esqueci-me deles!
Hai comprato i grissini? – . . , li . . . .

❹ Suponho que o Fausto foi ao supermercado.
. . . . che Fausto ha fatto . . . .

---

33 Trentatreesima lezione

I bambini propongono ① un menù

1 – Bambini, sapete che è tornata la zia Emma da New York,
2 e che domenica ② lei e i nonni vengono ③ a pranzo da noi?
3 – Evviva! Che cosa gli ④ prepari di buono?
4 – Non lo so ancora. Tu che cosa proponi?

Notas

① O infinitivo de **propongono**, *propõem*, é **proporre**, *propor*. No presente do indicativo, este verbo conjuga-se como **supporre**, que encontrámos na lição anterior.

② **domenica**, **lunedì**, **martedì**, **mercoledì**, **giovedì**, **venerdì**, **sabato** são os dias da semana em italiano.

③ **vengono**, *vêm*, pertence ao verbo irregular **venire**, *vir*. Encontrará a conjugação completa do presente do indicativo deste verbo na próxima lição de revisão. Não vai ser fácil dominar ▸

⑤ Tenho a certeza que são maledicências!
Sono sicura che . . . . delle . . . . !

Correcção do exercício 2
❶ – mi ricordo – il burro – finito ❷ – le ho comprate ❸ – No – ho dimenticati ❹ Suppongo – la spesa ❺ – sono – maldicenze

Trigésima terceira lição 33

As crianças propõem um menu

1 – Meninos, sabem *(sabeis)* que a tia Emma regressou de Nova Iorque,
2 e que [no] domingo ela e os avós vêm almoçar connosco *(a nossa casa)*?
3 – Viva! [E] o que é *(lhes)* estás a preparar *(preparas)* de bom?
4 – Não *(o)* sei ainda. Tu, o que é que propões?

todas as variantes dos verbos irregulares italianos! Mas verá que, gradualmente, acabará por intuir a maior parte deles de uma forma natural. Coragem! Pense como será divertido falar com os seus novos amigos italianos… mesmo que dê alguns erros.

④ **gli**, *lhe*, é usado correntemente em vez de **loro**, *lhes*, excepto em ocasiões mais formais.

33 **5** – Io prop**o**ngo ① las**a**gne, patat**i**ne fr**i**tte e gel**a**to al cioccol**a**to…
6 – M**a**mma, Andr**e**a d**i**ce s**e**mpre scioccch**e**zze,
7 io prop**o**ngo spagh**e**tti al pomod**o**ro, t**o**rta di fr**a**gole e gel**a**to **a**lla van**i**glia…
8 – Va b**e**ne, ora li chiami**a**mo e vedi**a**mo se gli ④ va bene qu**e**sto men**ù**…. □

Pronunciação
5 ... lazanhê ... djêlatô ... 6 ... chôkkêttsê 7 ... frágôlê ... vánilha...

Esercizio 1 – Traducete
❶ Marco è arrivato da New York. ❷ Domenica vado a pranzo da zia Emma. ❸ Che cosa prepari per i nonni? – Gli preparo le lasagne. ❹ Io propongo una torta di fragole. ❺ Vediamo se questo menù gli va bene.

Esercizio 2 – Completate con le parole che mancano

❶ A Carla e o Luís vêm almoçar connosco hoje.
Carla e Luigi . . . . a . . . . oggi.

❷ O Paolo regressou de Roma no domingo.
Paolo . . . . Roma domenica.

❸ Sugiro-lhe batatas fritas.
. . . propongo delle . . . .

5 – Eu proponho lasanha, batatas fritas e gelado de chocolate.

6 – Mamã, o Andrea está sempre a dizer *(diz sempre)* disparates!

7 Eu sugiro *(proponho)* esparguete com tomate, torta de morango e gelado de baunilha…

8 – Está bem, agora vamos telefonar-lhes *(telefonamos-lhes)* para saber *(e vemos)* se este menu lhes agrada...

Correcção do exercício 1

❶ O Marco chegou de Nova Iorque. ❷ No domingo vou jantar a casa da tia Emma. ❸ O que é que preparas para os avós? – Preparo-lhes lasanha. ❹ Eu sugiro uma torta de morango. ❺ Vejamos se este menu lhes agrada.

❹ A mamã diz que são disparates.

. . mamma . . . . che sono delle . . . .

❺ Preparei-lhes um gelado de baunilha.

. . . ho preparato un . . . .

Correcção do exercício 2

❶ – vengono – pranzo da noi – ❷ – è tornato da – ❸ Gli – patatine fritte ❹ La – dice – sciocchezze ❺ Gli – gelato alla vaniglia

34 Trentaquattresima lezione

Facciamo il punto ①

1 – **A**nnamar**i**a, non ci cap**i**sco ni**e**nte in qu**e**sti pron**o**mi person**a**li!
2 C**a**mbiano f**o**rma tre v**o**lte al gi**o**rno!
3 – Ma no, non s**o**no cos**ì** diff**i**cili! Ti ric**o**rdi, abbi**a**mo v**i**sto che possi**a**mo d**i**re:
4 Mi ② chi**e**do dov'**è** **A**ldo, ma **a**nche: P**a**ola chi**e**de a me dov'**è** **A**ldo.
5 Ti prop**o**ngo di usc**i**re, o: prop**o**ngo a te di usc**i**re.
6 Gli prep**a**ro un caff**è**, o: prep**a**ro un caff**è** a l**u**i.
7 Le prep**a**ro un caff**è** o: prep**a**ro un caff**è** a l**e**i.
8 P**a**ola e Giovanna ci p**a**rlano, o: P**a**ola e Giovanna p**a**rlano a n**o**i.
9 N**o**i vi parli**a**mo, o: n**o**i parli**a**mo a v**o**i.

Pronunciação
*fattchamô ... **2** kambianô ... **3** ... diffitchili...*

Notas

① Nesta lição aproveitamos o diálogo para rever os pronomes pessoais do complemento indirecto. Não se preocupe com a tradução que lhe pode parecer mais difícil. Tente memorizar o uso dos pronomes apresentados e, se quiser, consulte também o apêndice gramatical no fim do livro.

Trigésima quarta lição 34

Façamos o ponto [da situação]

1 – Annamaria, não percebo nada destes *(nestes)* pronomes pessoais!
2 Mudam de forma três vezes ao dia!
3 – *(Mas)* Não, não são assim tão difíceis! Lembras-te *(Recordas-te)*, vimos que podíamos dizer:
4 Pergunto-me onde está [o] Aldo, ou *(mas também)* [a] Paola pergunta-me a mim onde está [o] Aldo.
5 Proponho-te *(de)* sair, ou proponho-te a ti *(de)* sair.
6 Preparo-lhe um café ou preparo um café para ele.
7 Preparo-lhe um café ou preparo um café para ela.
8 [A] Paola e [a] Giovanna falam-nos ou [a] Paola e [a] Giovanna falam connosco.
9 Nós falamo-vos ou nós falamos convosco.

▸ ② A primeira forma dos pronomes é a forma "fraca", que precede o verbo e que é mais comum. A segunda, que é a forma dita "forte", é usada quando se pretende enfatizar o complemento; coloca-se depois do verbo e é sempre antecedida pela preposição **a**. Assim, a frase **Paola chiede a me dov'è Aldo** significa que *a Paola me pergunta* (exclusiva, intencionalmente e apenas) *a mim, onde está o Aldo*.

10 Noi parliamo a Paola e Giovanna, o: noi parliamo a loro,
11 ma molto più spesso: noi gli parliamo.
12 – Ma è facilissimo ③! □

12 ... fatchilissimô

Nota

③ De facto, é tão fácil como a construção deste novo superlativo: **facilissimo**, *facílimo*! Na lição 41 apresentaremos os pronomes complementares do complemento directo.

***

Esercizio 1 – Traducete

❶ Non ci capisco niente in questa lezione. ❷ Paola si cambia tre volte al giorno! ❸ Ti ricordi, abbiamo visto Pietro all'aeroporto! ❹ A volte diciamo "gli", a volte "loro". ❺ Di solito Aldo le prepara un caffè.

Esercizio 2 – Completate con le parole che mancano

❶ Proponho-lhe sair; sim, é a ela que eu proponho sair!
. . propongo di uscire, sì, è . . . . che propongo di uscire!

❷ Preparo-lhe um café; sim, é para ele que eu preparo um café!
. . . preparo un caffè, sì, è . . . . che preparo un caffè!

❸ A tia Emma telefona-nos no domingo; sim, ela telefona-nos a nós!
La zia Emma . . telefona . . . . , sì, telefona . . . . !

10 Nós falamos à *(a)* Paola e [à] Giovanna ou nós falamos com elas,
11 mas, muito mais vezes, nós falamos-lhes.
12 – Mas é facílimo!

***

Correcção do exercício 1

❶ Não percebo nada desta lição! ❷ A Paola muda três vezes por dia! ❸ Lembras-te, vimos o Pietro no aeroporto! ❹ Às vezes dizemos "gli", às vezes "loro". ❺ Geralmente, o Aldo prepara-lhe um café.

❹ Preparamos-lhes uma torta de morango.
. . . prepariamo una . . . .

❺ Não percebo nada destes pronomes italianos!
Non . . . . in questi pronomi italiani!

Correcção do exercício 2

❶ Le – a lei – ❷ Gli – a lui – ❸ – ci – domenica – a noi ❹ Gli – torta alle fragole ❺ – ci capisco niente –

35 Trentacinquesima lezione

Revisione – Revisão

Um pouco de gramática

1 O particípio passado dos verbos regulares

O particípio passado forma-se substituindo a terminação do infinitivo por **-ato**, no caso dos verbos da 1ª conjugação: **pens-are**, *pensar*, **pens-ato**, *pensado*; por **-uto**, nos verbos da 2ª conjugação: **sap-ere**, *saber*, **sap-uto**, *sabido*; e por **-ito**, nos verbos da 3ª conjugação: **fin-ire**, *acabar*, **fin-ito**, *acabado*.
O particípio passado do verbo **essere**, *ser*, é **stato**, *sido*, e o do verbo **avere**, *ter*, é **avuto**, *tido*.

2 O pretérito perfeito composto

Como vimos na última lição de revisão, o pretérito perfeito composto é mais usado em italiano do que o pretérito perfeito simples. Forma-se com o presente do indicativo dos verbos auxiliares **essere** ou **avere**, seguido do particípio passado do verbo a conjugar. A escolha do verbo auxiliar acabará por se tornar automática mas, em geral, o verbo **essere** é usado nas formas reflexas e impessoais e em muitos verbos intransitivos.
O próprio verbo **essere** conjuga-se com o auxiliar **essere**: **sono stato**, *tenho sido/estado*.

3 A concordância do particípio passado

Sempre que o verbo auxiliar é **essere**, torna-se necessário fazer a concordância da terminação do particípio passado com o sujeito da frase: **Emma è tornata da New York**, *A Emma regressou de Nova Iorque*. O mesmo se aplica, evidentemente, ao próprio verbo **essere**: **La giornata è stata molto difficile!**, *O dia foi muito difícil!*
No caso do verbo auxiliar **avere**, só deve existir concordância quando o particípio passado é precedido dos pronomes pessoais do complemento directo **lo/li**, *o/os*, **la/le**, *a/as*: **le ciliege**, **le ho dimenticate**, *as cerejas, esqueci-as*.

4 Presente do indicativo de alguns verbos irregulares

Eis o presente do indicativo do verbo **dovere**, *dever.*

io devo/debbo	*eu devo*
tu devi	*tu deves*
lui/lei deve	*ele/ela deve*
noi dobbiamo	*nós devemos*
voi dovete	*vós deveis*
loro devono/debbono	*eles/elas devem*

Alguns verbos cujo infinitivo termina em **-porre**, tais como **supporre**, *supor*, ou **proporre**, *propor*, conjugam-se, no presente do indicativo, da seguinte forma:

io suppongo	*eu suponho*
tu supponi	*tu supões*
lui/lei suppone	*ele/ela supõe*
noi supponiamo	*nós supomos*
voi supponete	*vós supondes*
loro suppongono	*eles/elas supõem*

Verbos como **tenere**, *fazer questão*, *ter apego* ou **venire**, *vir*, conjugam-se no presente do indicativo da seguinte forma:

io vengo	*eu venho*
tu vieni	*tu vens*
lui/lei viene	*ele/ela vem*
noi veniamo	*nós vimos*
voi venite	*vós vindes*
loro vengono	*eles/elas vêm*

35 5 Os pronomes pessoais do complemento indirecto

Podem ter as formas chamadas "fracas": **mi**, **ti**, **gli/le**, **ci**, **vi**, **gli/loro**, *me*, *te*, *lhe*, *nos*, *vos*, *lhes*; e as formas "fortes": **a me**, **a te**, **a lui/a lei**, **a noi**, **a voi**, **a loro**, *a mim*, *a ti*, *a ele/ela*, *a nós*, *a vós*, *a eles/elas*.
E não se esqueça que uma forma "fraca", quando acompanha um verbo no infinitivo, deve obrigatoriamente segui-lo, unindo-se a ele: **Le ho domandato di spiegarmi la lezione**, *Pedi-lhe que me explicasse a lição.*

Dialogo di revisione

1 – Sapete che domenica vengono a pranzo da noi i nonni?
2 – Che cosa gli prepari di buono, lasagne e torta di fragole?
3 – Ma è meraviglioso, Nicola ha fatto la spesa!
4 Suppongo che hai comprato anche i grissini!
5 – No, i grissini li ho dimenticati, ma forse li ha già comprati Fausto!
6 – Oggi ho avuto mille cose da fare: accompagnare i bambini a scuola,
7 il corso di inglese, la ginnastica…
8 – Mamma, devo fare un colpo di telefono a Luigi,
9 devo dirgli che la Roma ha battuto la Lazio…
10 e a Lidia devo dirle che abbiamo trovato un gattino…

Ho mille cose da fare... ou **c'ho** (pronuncie *[tchô]*) **mille cose da fare!**
Che cosa ha fatto di bello?
Non ci capisco niente!
Una squadra da quattro soldi!

Tradução

1 – Sabem que no domingo os avós vêm jantar a nossa casa?
2 – O que é que estás a preparar para eles, lasanha e torta de morango?
3 – Que maravilha, o Nicola foi ao supermercado!
4 Suponho que compraste também os grissínios!
5 – Não, os grissínios, esqueci-os, mas talvez o Fausto já os tenha comprado!
6 – Hoje tive que fazer uma data de coisas; levar as crianças à escola,
7 a aula de inglês, a ginástica…
8 – Mamã, tenho de telefonar ao Luigi,
9 tenho de lhe dizer que o Roma derrotou a Lazio...
10 e à Lídia, tenho de lhe dizer que encontrámos um gatinho…

36 Trentaseiesima lezione

Concerto o teatro?

1 – Ciao, Aldo! Cosa fate tu e Stella sabato sera?
2 – Credo che non facciamo niente di speciale.
3 I ragazzi vanno ① ad ② una festa,
4 e noi non sappiamo ancora…
5 – Vi va ③ di andare ① al cinema ?
6 – A dire il vero, abbiamo già visto parecchi film in questi giorni.
7 Forse preferiamo andare ① al teatro o ad ② un concerto.
8 C'è un eccellente spettacolo al teatro qui vicino,
9 e i biglietti posso passare a prenderli domani ④ mattina!
10 – Sei un vero amico, Eugenio! □

Pronunciação
kontchértô ***2*** *... fattchamô ... spêtchalê* ***8*** *... êttchêllentê ...* ***9*** *... bilhétti ...* ***10*** *... eudjéniô*

Notas

① **andare**, *ir*, é um verbo irregular e intransitivo, tal como em português. No presente do indicativo temos: **vado**, **vai**, **va**, **andiamo**, **andate**, **vanno**. O particípio passado é **andato/-a/-i/-e** e os tempos compostos conjugam-se com o verbo auxiliar **essere**: **Siamo andati al cinema**, *Fomos ao cinema*.

② Sempre que **a** ou **e** antecedem uma palavra começada por vogal, deve intercalar-se um **d** para facilitar a fluidez da frase: **Parlo ad Aldo**, *Falo ao Aldo*. ▸

Concerto ou teatro?

1 – Olá, Aldo! O que é que *(fazeis)* tu e [a] Stella fazem [no] sábado à noite?
2 – Acho *(Creio)* que não fazemos nada de especial.
3 Os rapazes vão a uma festa,
4 e nós ainda não sabemos…
5 – Gostavam de ir ao cinema?
6 – Para dizer a verdade, já vimos vários filmes ultimamente *(nestes dias)*.
7 Talvez preferíssemos *(Preferimos talvez)* ir ao teatro ou a um concerto.
8 Há um espectáculo excelente num *(no)* teatro aqui perto,
9 e [quanto a] *(os)* bilhetes, posso ir *(passar a)* comprá-los *(buscá-los)* amanhã de manhã!
10 – És um *(verdadeiro)* amigo fora de série, Eugenio!

③ **Vi va…?** (literalmente: "vos vai…?") é uma fórmula construída com o verbo **andare**, muito frequente na linguagem coloquial, usada para solicitar uma opinião, um gosto ou um desejo. Também podemos traduzi-la por *Convém-vos…?*, *Apetece-vos …?*, *Estão de acordo com…?*

④ **domani**, *amanhã*. Tome nota ainda de: **oggi**, *hoje*, **ieri**, *ontem*, **dopodomani**, *depois de amanhã*.

Esercizio 1 – Traducete

❶ Ragazzi, cosa fate sabato sera? ❷ Aldo va ad una festa, ma io non so ancora. ❸ Domenica non faccio niente di speciale. ❹ Ti va di andare al ristorante? ❺ Aldo e Stella sono dei veri amici.

Esercizio 2 – Completate con le parole che mancano

❶ Vamos ao restaurante, apetece-vos de vir?
. . . . al ristorante, ... di venire?

❷ Esta semana vimos vários filmes.
Questa settimana abbiamo visto . . . .

❸ Os bilhetes, sou eu que vou comprá-los!
I . . . . passo a . . . . io!

❹ No sábado há um concerto excelente, e é mesmo aqui perto.
. . . . . . c'è un eccellente concerto ed è próprio . . . .

❺ A Stella prefere ir ao teatro.
Stella . . . . andare al . . . .

37 Trentasettesima lezione

Come state?

1 – Carlo! Che piacere incontrarti!
2 Da ① quanto tempo non ci vediamo!

Pronunciação
1 ... piatchêrê ...

Correcção do exercício 1

37

❶ Rapazes, o que é que fazem no sábado à noite? ❷ O Aldo vai a uma festa, mas eu ainda não sei. ❸ No domingo não faço nada de especial. ❹ Apetece-te ir ao restaurante? ❺ O Aldo e a Stella são uns amigos fora de série.

Correcção do exercício 2

❶ Andiamo – vi va – ❷ – parecchi film ❸ – biglietti – prenderli – ❹ Sabato – qui vicino ❺ – preferisce – teatro

Trigésima sétima lição 37

Como estão *(estais)*?

1 – Carlo! Que prazer encontrar-te!
2 Há quanto tempo não nos víamos *(vemos)*!

Nota

① Eis mais um exemplo do uso da proposição **da** que neste caso indica o tempo decorrido: **Sono arrivato da tre mesi**, *Cheguei há três meses.*

3 Come stai ②? Che cosa fai?
4 – Sto ② abbastanza bene, grazie.
5 – Sono anni ③ che non ho più notizie di tua sorella Ida!
6 – Sta benissimo! Si è sposata, ha fatto una brillante carriera,
7 e ha due bei ④ bambini!
8 – Non so più nulla neanche delle tue amiche, le sorelle Roppoli! Le frequenti sempre?
9 – Sì, sì, le ho viste due settimane fa ③.
10 Sono in forma come sempre.
11 I loro cugini, invece, li ho completamente persi di vista. □

***11** ... kudjini ...*

Notas

② O verbo **stare**, *estar*, é um verbo irregular intransitivo. Os tempos compostos usam o auxiliar **essere** seguido do particípio passado **stato/-a/-i/-e**. No presente do indicativo temos: **sto**, **stai**, **sta**, **stiamo**, **state**, **stanno**.

③ Tome nota destas duas expressões distintas, que traduzimos em português genericamente por "há", mas que não deve ▸

***

Esercizio 1 – Traducete

❶ Da quanti giorni non abbiamo visto Luisa? ❷ Che piacere vederti, Eugenio! Sei in forma come sempre! ❸ Sono anni che non ho notizie delle sorelle Roppoli! ❹ Ida sta benissimo, ha fatto una brillante carriera! ❺ E Aldo, lo frequenti sempre?

3 Como estás? O que é que fazes?
4 – Estou *(bastante)* bem, obrigado.
5 – Há anos que não tenho notícias da tua irmã Ida!
6 – [Ela] está óptima! Casou-se, tem feito uma carreira brilhante,
7 e tem dois meninos!
8 – Também não sei nada das tuas amigas, as irmãs Roppoli! Continuas a vê-las *(visita-las sempre)*?
9 – Sim, sim, vi-as há duas semanas *(faz)*,
10 Estão em forma, como sempre.
11 [Mas] os primos delas, *(pelo contrário)* [esses] perdi-os completamente de vista.

▸ confundir: **due giorni fa** (literalmente, "faz dois dias"), *há dois dias* e **sono due giorni** (literalmente, "são dois dias"), *há dois dias*.

④ Quando colocado antes de um nome, o adjectivo **bello**, *belo*, segue as mesmas regras que regulam as terminações dos artigos: **il bel bambino**, *o lindo menino*, **i bei bambini**, *os lindos meninos*; **un bell'uomo**, *um belo homem*, **dei begli uomini**, *uns belos homens*; **la bella bambina**, *a linda menina*, **le belle bambine**, *as lindas meninas*.

***

Correcção do exercício 1

❶ Há quantos dias não temos visto a Luisa? ❷ Que prazer ver-te, Eugenio! Estás em forma, como sempre! ❸ Há anos que não tenho notícias das irmãs Roppoli! ❹ A Ida está óptima, tem feito uma carreira brilhante! ❺ E o Aldo, tens continuado a vê-lo?

Esercizio 2 – Completate con le parole che mancano

❶ Também não sei mais nada dos primos delas.
. . .   . niente . . . . dei loro cugini.

❷ Como estás? – Estou bem, obrigado.
Come . . . . ? – . . . . , grazie!

❸ Há quantos dias é que o Mário chegou?
. .   . . giorni è arrivato Mario?

❹ Fomos ao cinema há três dias.
Siamo andati al cinema . . .   .

❺ Há anos que os perdi de vista.
. . . . che . . ho . . . . . di vista!

---

38 Trentottesima lezione

Le donne hanno sempre ragione

1 – Ragazzi, se volete ① un consiglio,
2 non andate a vedere quel film!
3 È veramente pessimo, noiosissimo e violento.
4 Ma sapete ② com'è Giovanna…

Pronunciação
*... radjonê **1** ... konssilhô **4** ... djovanna*

Notas

① Já encontrou diversas formas do verbo irregular **volere**, *querer*, em lições passadas. Vamos rever o presente do indicativo: **voglio**, **vuoi**, **vuole**, **vogliamo**, **volete**, **vogliono**. O particípio passado é **voluto**, *querido*, e o verbo auxiliar é **avere**. ▶

Correcção do exercício 2

❶ Non so più – neanche – ❷ – stai – Sto bene – ❸ Da quanti – ❹ – tre giorni fa ❺ Sono anni – li – persi –

Trigésima oitava lição 38

As mulheres têm sempre razão

1 – Rapazes, se querem *(quereis)* um conselho,
2 não vão *(ides a)* ver aquele filme!
3 Garanto-vos que é *(É verdadeiramente)* péssimo, aborrecidíssimo e violento.
4 Mas [vocês] sabem *(sabeis)* como é [a] Giovanna…

▸ ② O verbo irregular **sapere**, *saber*, também já é seu conhecido. Presente do indicativo: **so**, **sai**, **sa**, **sappiamo**, **sapete**, **sanno**. O particípio passado é **saputo**, *sabido*, e os tempos compostos formam-se com **avere**.

38 **5** vu**o**le ① sempre ved**e**re gli **u**ltimi film, **a**nche se non ne ③ sa ni**e**nte.

6 La settim**a**na sc**o**rsa ne ③ ha v**i**sti ④ s**e**tte,

7 di c**u**i ⑤ c**i**nque, a s**u**o par**e**re, ins**u**lsi. Vi s**e**mbra l**o**gico?

8 – No, ma le d**o**nne non v**o**gliono ① m**a**i **e**ssere contradd**e**tte,

9 **a**nche qu**a**ndo s**a**nno che h**a**nno t**o**rto! □

8 ... volhonô ...

Notas

③ O pronome **ne** não tem equivalente em português. É uma partícula que geralmente se coloca antes do verbo e que se pode referir a pessoas ou coisas, no singular ou no plural. Substitui os pronomes **di lui**, **di lei**, **di loro**, *dele*, *dela*, *deles/-as*; **di esso**, **di essa**, **di essi**, **di esse**, *desse*, *dessa*, *desse*, *dessas*; e ainda **di questo/i**, **di quello/i**, *disto*, *daquilo*: **Io parlo bene di lui → Io ne parlo bene**, *Eu falo bem dele*. **Noi mangiamo poco di questo → Noi ne mangiamo poco**, *Nós comemos pouco disto*.

④ Quando um tempo composto é precedido do pronome **ne** é obrigatório fazer-se a concordância do particípio passado: **Tu hai visto sette film → Tu ne hai visti sette**.

***

Esercizio 1 – Traducete

❶ Sai com'è Carlo! ❷ Vuole vedere quel film anche se non ne sa niente! ❸ Giovanna ha visto cinque film, di cui tre insulsi! ❹ Lucia non vuole mai essere contraddetta, anche quando ha torto! ❺ Quel film è pessimo; ti consiglio di non andare a vederlo.

5 quer ver sempre os últimos filmes, mesmo sem saber *(se deles não sabe)* nada [sobre eles].
6 Na semana passada viu sete *(deles)*, cinco
7 dos quais, na sua opinião *(a seu parecer)*, [eram] nulos. Parece-vos lógico?
8 – Não, mas as mulheres nunca querem dar o braço a torcer *(não querem nunca ser contraditas)*,
9 mesmo quando sabem que não têm razão!

⑤ **cui** é um pronome relativo invariável, que se pode referir a pessoas, animais ou coisas. Com a proposição **di** forma o complemento **di cui**, que substitui **del quale**, *do qual*, **della quale**, *da qual*, **dei quali**, *dos quais*, **delle quali**, *das quais*, formas raramente usadas numa conversa. Por exemplo: **Gli uomini di cui parli**, *Os homens de que falas* em lugar de **Gli uomini dei quali parli** (literalmente "Os homens dos quais falas"). Voltaremos aos pronomes relativos na próxima lição.

Correcção do exercício 1

❶ Sabes como é o Carlo! ❷ Quer ver aquele filme mesmo sem saber nada sobre ele! ❸ A Giovanna viu cinco filmes, três dos quais eram nulos! ❹ A Lucia não quer dar o braço a torcer, mesmo quando não tem razão! ❺ Aquele filme é péssimo; aconselho-te a não o ires ver.

Esercizio 2 – Completate con le parole che mancano

❶ Quantos filmes viste? – Vi dois *(deles)*.
Quanti film hai . . . . . ? – . . . . due.

❷ Sabem que não têm razão, mas não querem dar o braço a torcer.
. . . . . che hanno . . . . . , ma non . . . . essere contraddette.

❸ Se querem um conselho, não vão ver aquele filme, é péssimo.
Se . . . . . . un consiglio, non . . . . . . a vedere . . . . film, è . . . .

---

39 Trentanovesima lezione

I coniugi Della Casa litigano

1 – Fai presto ①, Filippo, la mamma ha telefonato già due volte!
2 – Senti Anna, non ho sposato mia suocera, ho sposato te!

Pronunciação
... kôniudji ... litiganô ***1*** *... djá duê volte* ***2*** *... suôtchêra ...*

❹ O Carlo não sabe nada disso!
Carlo . . . . !

❺ Vi quatro filmes, *(dos quais)* dois eram péssimos.
Ho visto quattro . . . . , ... due erano . . . .

Correcção do exercício 2
❶ – visto – Ne ho visti – ❷ Sanno – torto – vogliono – ❸ – volete – andate – quel – pessimo ❹ – non ne sa niente ❺ – film – di cui – pessimi

Trigésima nona lição 39

O casal *(Os cônjuges)* Della Casa discute *(litigam)*

1 – Despacha-te, Filippo, a mamã já telefonou duas vezes!
2 – Ouve, Anna, eu não me casei com a minha sogra, casei-me contigo *(desposei-te)*!

Nota

① Aqui está mais uma frase idiomática construída com o verbo **fare**, *fazer*, que já encontrou várias vezes ao longo das lições. Está na altura de revermos o presente do indicativo: **faccio**, **fa**, **fai**, **facciamo**, **fate**, **fanno**. O particípio passado é **fatto**, *feito*, e o verbo auxiliar é **avere**.

3 Non p**o**sso ② v**i**vere con l'ang**o**scia di una d**o**nna che ③ dec**i**de t**u**tto al n**o**stro p**o**sto…
4 … che c**o**sa dobbi**a**mo f**a**re, che c**o**sa non dobbi**a**mo dimentic**a**re,
5 a che **o**ra dobbi**a**mo rincas**a**re…
6 Chi ④ **può** ② sopport**a**rla?
7 – S**e**i un m**o**stro Fil**i**ppo, ti **o**dio!
8 C**o**me pu**o**i ② d**i**re d**e**lle c**o**se cos**ì** orr**i**bili di m**i**a m**a**dre,
9 che è s**e**mpre cos**ì** gent**i**le con te! □

3 *... angôcha ...****7*** *... ti ‿**ó**diô* ***9*** *... djent**i**lê ...*

Notas

② O verbo **potere**, *poder*, também já é seu conhecido. Vamos rever o presente do indicativo: **posso**, **puoi**, **può**, **possiamo**, **potete**, **possono**. O particípio passado é **potuto**, *podido*, e o verbo auxiliar **avere**.

③ O pronome relativo **che**, *que*, tal como em português, é usado indiferentemente como sujeito: **Paola, che mi conosce bene...**, *A Paola, que me conhece bem...*; ou complemento directo: **La donna che vedo tutti i giorni...**, *A mulher que vejo todos os dias...* Gramaticalmente substitui **il quale**, **la quale**, *o/a qual*, **i quali**, **le quali**, *os/as quais*, raramente usadas. ▸

***

Esercizio 1 – Traducete

❶ Ti odio, Filippo, chi può sopportarti? ❷ Fai presto, Anna! ❸ Ho sposato te, non mia suocera! ❹ Come puoi dire delle cose così orribili di me! ❺ Questa donna decide a che ora dobbiamo rincasare!

3 Não posso viver com a angústia de uma mulher que decide tudo por nós *(no nosso lugar)*…
4 … o que temos de *(devemos)* fazer, o que não podemos *(devemos)* esquecer,
5 a que horas temos de *(devemos)* voltar para casa…
6 [Ela] é insuportável! *(Quem é que a pode suportar?)*
7 – És um monstro, Filippo, odeio-te!
8 Como podes dizer coisas tão horríveis sobre a *(da)* minha mãe,
9 que é sempre tão simpática *(gentil)* contigo!

▸ ④ O pronome interrogativo **chi?**, *quem?*, é usado para pessoas: **Chi viene con me?**, *Quem vem comigo?* Também é usado nas frases interrogativas indirectas: **Dimmi chi sei**, *Diz-me quem és*. Como pronome relativo, **chi** é usado como em português (em substituição de *aquele que*): **Chi è ricco non capisce i poveri**, *Quem é rico não compreende os pobres*. Nesta função, aparece em frases idiomáticas como por exemplo: **Chi vivrà vedrà!** *("Quem viver verá")* ou **Chi rompe paga!** *("Quem estraga paga")*.

***

Correcção do exercício 1

❶ Odeio-te, Filippo, és insuportável! ❷ Despacha-te, Anna! ❸ Casei contigo, não com a minha sogra! ❹ Como é que podes dizer coisas tão horríveis sobre mim! ❺ Esta mulher decide a que horas devemos voltar para casa!

Esercizio 2 – Completate con le parole che mancano

❶ É a mamã, *(que)* já telefonou três vezes!
È . . mamma, . . . ha telefonato già tre . . . . . !

❷ Esta mulher é insuportável! *(Quem pode suportar...)*
. . . . . . sopportare . . . . . . donna!

❸ A mamã é sempre tão simpática contigo!
La mamma è sempre . . . . con . . .

❹ Não posso viver com esta angústia!
Non . . . . . vivere con . . . . !

❺ É sempre a Anna quem decide por mim *(no meu lugar)*.
È sempre Anna . . . decide . . . .

---

40 Quarantesima lezione

Spostiamo i mobili!

1 – Chi mi a**iu**ta a spost**a**re qu**e**sti m**o**bili?
2 – S**u**bito, pap**à**, ti aiuti**a**mo n**o**i!
3 Ho un'id**e**a! Perch**é** non facci**a**mo **u**na sorpr**e**sa **a**lla m**a**mma?
4 D**i**ce s**e**mpre che vu**o**le cambi**a**re c**a**sa ①, perch**é** non spostiamo t**u**tti i m**o**bili?

Pronunciação
1 *... spósstarê ‿ quéssti ...* ***4*** *ditchê ...*

Correcção do exercício 2
❶ – la – che – volte ❷ Chi può – questa – ❸ – gentile così – te
❹ – posso – questa angoscia ❺ – che – al mio posto

Quadragésima lição 40

Mudamos os móveis [de sítio]!

1 – Quem é que me ajuda a mudar estes móveis?
2 – [É para] já, papá, nós ajudamos-te *(nós)*!
3 Tenho uma ideia! Porque é que não fazemos uma surpresa à mamã?
4 Está sempre a dizer *(Diz sempre)* que quer mudar de casa, porque é que não mudamos *(todos)* os móveis todos?

Nota

① Também existe a palavra **appartamento** mas, de um modo geral, tal como em português, utiliza-se mais a palavra **casa**.

5 – Dai ②, perché no? Da quali ③ cominciamo?
6 – Da quelli ③ della mia camera!
7 Mettiamo il letto al posto dell'armadio,
8 l'armadio al posto della scrivania… e… vediamo un po'… ④
9 la scrivania al posto della libreria! □

5 ... kômintchamô

Notas

② **Dai, vieni al cinema con me!**, *Anda, vem ao cinema comigo!* **Dai, venite anche voi!**, *Vamos, venham vocês também!* O uso da palavra **dai** (literalmente "tu dás") nestas frases idiomáticas é muito comum em italiano, e tão característico como o hábito do *Vamos*! em português. Tome nota que pode ser usado tanto no singular como no plural.

③ **da quali**, *por quais*; **da quelli** (literalmente: "por aqueles"), *pelos*. A não confundir o pronome demonstrativo **quello/-a/-i/-e**, *aquele/-a/-es/-as*, que pertence à lista de pronomes demonstrativos revistos na lição 28 com **quali**, *quais*, plural do pronome relativo **quale**, *qual*, usado aqui como pronome interrogativo. Neste contexto a preposição **da** é traduzida por *por*. Voltaremos aos pronomes relativos e interrogativos na próxima lição de revisão.

***

Esercizio 1 – Traducete

❶ Chi mi da una mano a spostare l'armadio? ❷ Dai, facciamo una sorpresa alla mamma! ❸ Mettiamo la scrivania al posto del letto. ❹ In quale cinema hai visto quel film? ❺ In quello di via Rossini.

5 – Vamos a isso! *(Dá, porque não?) (Por quais)* Começamos por quais? **40**
6 – Pelos do meu quarto!
7 Pomos *(Metemos)* a cama no lugar do armário,
8 o armário no lugar da escrivaninha… e… deixa ver *(vejamos um pouco)*…
9 a escrivaninha no lugar da estante!

④ **un poco**, *um pouco*, é abreviado coloquialmente para **un po'**, ou então para o diminutivo **un pochino**, *um pouquinho*.

***

Correcção do exercício 1

❶ Quem é que me ajuda a mudar o armário de sítio? ❷ Vamos, fazemos uma surpresa à mamã! ❸ Pomos a escrivaninha no lugar da cama. ❹ Em que cinema viste aquele filme? ❺ No da via Rossini.

Esercizio 2 – Completate con le parole che mancano

❶ O Mario diz que quer mudar de casa.
Mario . . . . vuole cambiare . . . . .

❷ Ajudo-te já, papá!
Ti . . . . , papà!

❸ Que *(Quais)* móveis mudamos de sítio?
. . . . . mobili . . . . ?

41 Quarantunesima lezione

Ancora un promemoria ①

1 – All**o**ra, va m**e**glio con i pron**o**mi person**a**li?
2 – Sì, s**o**no divent**a**to brav**i**ssimo, adesso li con**o**sco t**u**tti ben**i**ssimo!
3 Asc**o**lta bene, si pu**ò** d**i**re:
4 **I**o mi gu**a**rdo **a**llo sp**e**cchio o **i**o gu**a**rdo me **a**llo sp**e**cchio.
5 Tu ti gu**a**rdi n**e**lle vetr**i**ne o tu gu**a**rdi te n**e**lle vetr**i**ne.

Pronunciação
***1** ... mélhô ... **4** ... spêkkiô ...*

❹ Mudamos os do meu quarto!
Spostiamo . . . . . . della mia . . . . . . !

❺ Pomos a estante no lugar do armário? – Porque não?
Mettiamo la . . . . al posto dell' . . . . ?
– . . . . ?

Correcção do exercício 2

❶ – dice che – casa ❷ – aiuto subito – ❸ Quali – spostiamo ❹ – quelli – camera ❺ – libreria – armadio – Perché no

---

Quadragésima primeira lição 41

Mais uma mnemónica

1 – Então, estás melhor nos *(vais melhor com os)* pronomes pessoais?
2 – Sim, tornei-me óptimo; já *(agora)* os conheço [a] todos muito bem!
3 Toma atenção *(Escuta bem)*, pode-se dizer:
4 Eu *(me)* olho-me ao espelho ou eu olho-me [a mim] ao espelho.
5 Tu *(te)* olhas-te nas montras ou tu olhas-te [a ti] nas montras.

Nota

① Aproveitamos esta lição para revermos novamente os pronomes pessoais do complemento indirecto nas suas formas ditas "fracas" (**mi**, **ti**, etc.), que se colocam antes do verbo, e nas ditas "fortes" (**a me**, **a te**, etc.), que se colocam a seguir; os pronomes pessoais do complemento directo (**lo**, **la**, etc.); e ainda a regra da concordância do particípio passado e o uso da partícula **ne**. Mais uma vez, não se preocupe com a tradução, que nem sempre tem equivalente em português.

41

6 **I**o gu**a**rdo P**a**olo, o **i**o lo gu**a**rdo.
7 **I**o gu**a**rdo P**a**ola, o **i**o la gu**a**rdo.
8 L**o**ro ci gu**a**rdano con insist**e**nza, o loro gu**a**rdano n**o**i con insist**e**nza.
9 L**o**ro vi gu**a**rdano sever**a**m**e**nte, o l**o**ro gu**a**rdano v**o**i severamente.
10 **I**o gu**a**rdo P**a**olo e M**a**rco, o **i**o li gu**a**rdo.
11 **I**o gu**a**rdo P**a**ola e C**a**rla, o **i**o le gu**a**rdo.
12 Dobbi**a**mo necessariam**e**nte d**i**re:
13 Il p**a**ne l'ho compr**a**to, ma i griss**i**ni li ho dimentic**a**ti.
14 La c**a**rne non l'ho compr**a**ta, ma le cili**e**ge le ho compr**a**te.
15 Qu**a**nti film h**a**i v**i**sto? – Ne ho v**i**sti m**o**lti. □

***12** ... nêtchêssaria**me**ntê ...*

***

Esercizio 1 – Traducete
❶ Mi guardo nella vetrina. ❷ Paolo guarda te. ❸ Paolo e Aldo? Li chiamo subito! ❹ Le ciliege? No, non le ho comprate! ❺ Hai visto molti film? – No, non ne ho visti molti.

6 Eu olho [para o] Paolo ou eu olho-o.
7 Eu olho [para a] Paola ou eu olho-a.
8 Eles *(nos)* olham-nos fixamente *(com insistência)* ou eles olham-nos [a nós] fixamente.
9 Eles *(vos)* olham-vos severamente ou eles olham-vos [a vós] severamente.
10 Eu olho [o] Paolo e [o] Marco ou eu *(os)* olho-os.
11 Eu olho [a] Paola e [a] Carla ou eu *(as)* olho-as.
12 Somos obrigados a *(Devemos necessariamente)* dizer:
13 O pão, comprei-o, mas os grissínios, esqueci-me deles *(esqueci-os)*.
14 A carne, não a comprei, mas as cerejas, comprei-as.
15 Quantos filmes viste? – *(deles)* Vi muitos.

Correcção do exercício 1

❶ Olho-me na montra. ❷ O Paolo olha para ti. ❸ O Paolo e o Aldo? Chamo-os já! ❹ As cerejas? Não, não as comprei! ❺ Viste muitos filmes? – Não, não vi muitos.

Esercizio 2 – Completate con le parole che mancano

❶ A Paola ainda não chegou! Eu chamo-a!
Paola non . ancora . . . . ! . . . . !

❷ Os livros que me pediste, esqueci-me deles!
I libri . . . . . hai domandato, ... !

❸ Meninos, a mamã chama-vos!
. . . . , la mamma . . . . !

❹ Lembro-te que esperam por nós *(nos esperam)* há uma hora!
. . ricordo . . . . . aspettano . . . .

---

42 Quarantaduesima lezione

Revisione – Revisão

Um pouco de gramática

1 Os verbos

Eis o presente do indicativo de **dare**, *dar*:

io do	*eu dou*
tu dai	*tu dás*
lui/lei dà	*ele/ela dá*
noi diamo	*nós damos*
voi date	*vós dais*
loro danno	*eles/elas dão*

❺ Tornei-me óptima! Os pronomes, conheço-os todos lindamente!
Sono . . . . ! I pronomi, ... tutti . . . . !

Correcção do exercício 2
❶ – è – arrivata – La chiamo ❷ – che mi – li ho dimenticati ❸ Bambini – vi chiama ❹ Ti – che ci – da un'ora ❺ – diventata bravissima – li conosco – benissimo

Quadragésima segunda lição 42

E também do verbo **dire**, *dizer*:

io dico	*eu digo*
tu dici	*tu dizes*
lui/lei dice	*ele/ela diz*
noi diciamo	*nós dizemos*
voi dicete	*vós dizeis*
loro dicono	*eles/elas dizem*

2 O pronome *ne*

O pronome **ne** não tem equivalente em português. É uma partícula que geralmente se coloca antes do verbo e se pode referir a pessoas ou coisas, no singular ou no plural. Substitui os pronomes **di lui**, *dele*, **di lei**, *dela*, **di loro**, *deles/as*; **di esso**, *desse*, **di essa**, *dessa*, **di essi**, *desse*, **di esse**, *dessas*; e ainda **di questo/i**, *disto*, **di quello/i**, *daquilo*:
Io parlo bene di lui → Io ne parlo bene, *Eu falo bem dele.*
Noi mangiamo poco di questo → Noi ne mangiamo poco, *Nós comemos pouco disto.*

42 As partículas **mi**, **ti**, **si**, **ci**, **vi** transformam-se em **me**, **te**, **se**, **ce**, **ve** quando aparecem juntas com o pronome **ne**:
Anna mi parla sempre bene di lui → Anna me ne parla sempre bene, *A Ana fala-me sempre bem dele.*
La mamma vi parla di questo → La mamma ve ne parla, *A mamã fala-vos disto.*
Quando um tempo composto é precedido do pronome **ne** é obrigatório fazer-se a concordância do particípio passado: **Tu hai visto sette film → Tu ne hai visti sette**.

3 Os pronomes pessoais do complemento directo

Podem ter as formas chamadas "fracas"(**mi**, *me*, **ti**, *te*, **lo/la**, *o/a*, **ci**, *nos*, **vi**, *vos*, **li/le**, *os/as*), que precedem o verbo, e as formas "fortes" (**me**, **te**, **lui/lei**, **noi**, **voi**, **loro**), que se colocam a seguir ao verbo.
E não se esqueça que uma forma "fraca", quando acompanha um verbo no infinitivo, deve obrigatoriamente segui-lo, unindo-se a ele: **Le ciliege? Ho domandato a Paolo di comprarle!**, *As cerejas? Pedi ao Paolo que as comprasse!*

4 Os pronomes relativos

Os pronomes relativos são: **che**, **chi**, **cui** e **il quale/i quali**, **la quale/le quali**. As formas **che**, **chi** e **cui** são invariáveis.
O pronome relativo **che**, *que*, tal como em português, é usado indiferentemente como sujeito ou complemento directo:
La persona che parla è Carla!, *A pessoa que fala é a Carla!* (sujeito)
La persona che vedi là è Paola!, *A pessoa que ali vês é a Paola!* (complemento)
Gramaticalmente, substitui **il quale**, **la quale**, **i quali**, **le quali**, *o/a qual*, *os/as quais*, formas raramente usadas.
O pronome relativo, **chi**, *quem*, é usado, referindo-se a pessoas singulares, masculinas ou femininas:
Chi è ricco non capisce i poveri, *Quem é rico não compreende os pobres.*
E ainda juntamente com as preposições **a** e **di**:
Dobbiamo scrivere a chi ci ama, *Devemos escrever a quem nos ama.*

Queste parole sono di chi ha molta esperienza, *Estas palavras são de quem tem muita experiência.*
O pronome relativo **cui** é usado em substituição de *do/a/s qual/quais, no/a/s qual/quais* e de *com o/a/s qual/quais*:
Gli uomini di cui parlo, *Os homens de quem falo.* (do qual)
La casa in cui vivo, *A casa em que vivo.* (na qual)
Corresponde ainda a *cujo/s, cuja/s*:
Carlo, la cui figlia è nostra amica, *O Carlo, cuja filha é nossa amiga.*

5 Os pronomes interrogativos

Os pronomes interrogativos são **chi**, **che**, **quale**, **quanto**:
• **chi**, *quem*, é usado para pessoas: **Chi è quella ragazza?**, *Quem é aquela rapariga?*
• **che**, *que / o que é que*. É usado para coisas: **Che ore sono? Che cosa fai?**, *Que horas são? O que é que fazes?*
• **quale (quali)**, *qual/quais* e **quanto (quanta**, **quanti**, *quanto/s, quanta/s*) são usados como em português:
Quanto spendi ogni mese?, *Quanto gastas por mês?*
Todos estes pronomes se usam igualmente nas frases interrogativas indirectas:
Chi viene com me? Dimmi chi viene con me, *Quem vem comigo? Diz-me quem vem comigo.*
Quanto costa? La mamma vuole sapere quanto costa, *Quanto custa? A mamã quer saber quanto custa.*

6 Frases úteis

Da quanto tempo non ti vedo!
Sono anni che l'ho perso di vista!
L'ho visto due giorni fa!
Come stai! – Sono bene, grazie!
Sai che hai torto!
Chi mi aiuta? Chi mi dà una mano?
Vi va?
Va meglio?

43 Dialogo di revisione

1 – Ciao, Stella! Cosa fate domenica sera?
2 – Niente di speciale. Vi va di andare al cinema?
3 – Perché no? Quale film preferisci vedere?
4 – Non so, quello che preferite tu e Luisa!
5 La settimana scorsa ho visto sette film, di cui due insulsi!
6 Ma, volete un consiglio? Non andate a vedere quel film, è pessimo!
7 – ... Carlo! Da quanto tempo non ci vediamo! Come stai?
8 – Sto benissimo, grazie!
9 – E Aldo, lo vedi sempre? Chi ha sposato? Come sta?
10 – L'ho visto due settimane fa, è in forma come sempre!

---

43 Quarantatreesima lezione

I coniugi Della Casa litigano ancora

1 – Te lo ① avevo ② detto che non dovevamo ② firmare quel contratto!
2 C'erano ③ un sacco di punti poco chiari,

Notas

① Aqui está um exemplo da alteração do pronome **ti** que, por estar associado ao pronome **lo**, se transforma em **te**. Assim, teremos igualmente: **me lo aveva detto**, *tinha-mo dito*, etc. Nas próximas lições encontrará uma série de outros exemplos, o que lhe permitirá memorizar, sem esforço, mais este pormenor da língua italiana. ▸

Tradução

1 – Olá, Stella! O que é que fazem no domingo à noite?
2 – Nada de especial. Apetece-vos ir ao cinema?
3 – Porque não? Que filme preferem ver?
4 – Não sei, aquele que tu e a Luisa preferirem!
5 A semana passada vi sete filmes, dois deles desinteressantes!
6 Mas querem um conselho? Não vão ver aquele filme, é péssimo!
7 – … Carlo! Há quanto tempo não nos vemos! Como estás?
8 – Estou óptimo, obrigado!
9 – E o Aldo, continuas a vê-lo? Com quem se casou? Como está ele?
10 – Vi-o há duas semanas, está em forma, como sempre!

Quadragésima terceira lição 43

O casal *(Os cônjuges)* Della Casa continua a discutir *(litigam ainda)*

1 – Eu bem te disse *(Tinha-te dito)* que não devíamos assinar aquele contrato!
2 Havia uma série de pontos duvidosos *(pouco claros)*,

② Nesta lição e nas seguintes, iremos introduzir o imperfeito do indicativo, e na lição 49 encontrará as conjugações completas do imperfeito dos verbos regulares dos três grupos.

③ O verbo **essere**, *ser*, *estar*, é um dos poucos verbos que tem um imperfeito irregular. Encontrará a sua conjugação completa igualmente na lição 49.

3 avev**a**mo ④ pochissimo t**e**mpo per rifl**e**ttere,
4 ma il sign**o**re vol**e**va ② a t**u**tti i c**o**sti un gr**a**nde giard**i**no!
5 – Gi**à**, ma la sign**o**ra **e**ra entusi**a**sta di av**e**re un' en**o**rme cuc**i**na,
6 in c**u**i ⑤ si pot**e**va ② mangi**a**re.
7 – Sì, ma io non **e**ro d'acc**o**rdo per firm**a**re in qu**a**ttro e quattr'**o**tto!
8 Adesso ci trovi**a**mo con un progetto di autostr**a**da dav**a**nti **a**lle n**o**stre finestre! □

Pronunciação
3 ... riflèttêrê ***8*** *... nósstrê finésstrê*

Notas

④ O imperfeito do verbo **avere**, *ter*, *haver*, *existir*, é regular e por isso conjuga-se como todos os verbos da 2ª conjugação, terminados em **-ere**.

⑤ Como vimos na lição anterior ao abordarmos os pronomes relativos, **cui** é geralmente utilizado em substituição dos pronomes **il/la quale**, **i/le quali**, quando estes são precedidos de ▸

***

Esercizio 1 – Traducete

❶ Chi ve lo ha detto? – Ce lo ha detto la Signora Della Casa. ❷ Carlo era entusiasta del nuovo progetto di autostrada. ❸ Luigi voleva firmare il contratto anche se c'erano molti punti poco chiari. ❹ Avevano una cucina in cui non potevano mangiare. ❺ Volevo a tutti i costi firmare quel contratto.

3 tínhamos pouquíssimo tempo para pensar *(reflectir)*,
4 mas sua excelência *(o senhor)* queria à fina força *(a todos os custos)* um grande jardim!
5 – Claro *(Já)*, mas a senhora [é que] estava ansiosa *(era entusiasta)* por ter uma cozinha enorme,
6 onde se pudesse *(podia)* comer.
7 – Sim, mas eu não estava de acordo para assinarmos *(assinar)* a correr *(em quatro e quatro oito)*!
8 Agora ficámos *(encontramo-nos)* com um projecto de auto-estrada em frente *(diante)* das nossas janelas!

▸ uma preposição. Neste exemplo, **una cucina nella quale...**, *uma cozinha na qual...* Assim, diríamos, por exemplo: **l'amico del quale** ou **di cui ti ho parlato**, *o amigo do qual* ou *de quem te falei*; **gli amici com i quali** ou **con cui hai parlato**, *os amigos com os quais* ou *com quem falaste*. Repare que nesta acepção, não se usa qualquer artigo antes de **cui**. Voltaremos a este assunto.

***

Correcção do exercício 1

❶ Quem é que vos disse isso? – Disse-no-lo a senhora Della Casa. ❷ O Carlo estava entusiasmado com o novo projecto de auto-estrada. ❸ O Luigi queria assinar o contrato apesar de existirem muitos pontos duvidosos. ❹ Tinham uma cozinha onde não podiam comer. ❺ Queria à fina força assinar aquele contrato.

Esercizio 2 – Completate con le parole che mancano

❶ Tinham uma auto-estrada em frente das *(suas)* janelas.
. . . . un'autostrada . . . . finestre.

❷ Queria fazer-nos assinar um contrato em que existiam pontos duvidosos *(pouco claros)*.
. . . . . . farci firmare un contratto . . . . dei punti poco chiari.

❸ Estavam entusiasmados com a *(da)* sua enorme cozinha.
Erano . . . . enorme cucina.

❹ Não podia reflectir, tinha muito pouco tempo.
Non . . . . , ... tempo.

❺ O jardim, a Paola mostrou-mo.
Il giardino . . . . . . mostrato Paola.

44 Quarantaquattresima lezione

Un'accoglienza formale

1 – Buongiorno, Signora Della Casa, si accomodi, La prego ①!

2 Abbiamo ricevuto la Sua ① lettera raccomandata,

Correcção do exercício 2

❶ Avevano – davanti alle loro – ❷ Voleva – in cui c'erano – ❸ – entusiasti della loro – ❹ – potevo riflettere – avevo –pochissimo tempo ❺ – me lo ha –

Quadragésima quarta lição 44

Um acolhimento formal

1 – Bom dia, senhora Della Casa, sente-se *(acomode-se)*, por favor!

2 Recebemos a sua carta registada,

Nota

① Tal como em português, o tratamento cerimonioso é feito na terceira pessoa do singular. Assim, o uso de **Lei** corresponde em português a *o/a senhor/a*. Os pronomes podem ser escritos com maiúscula, o que acaba por facilitar a compreensão e o sentido da frase.

44

3 in cui Lei ① ci chiede il rimborso dell'assegno,

4 e l'abbiamo immediatamente trasmessa al nostro direttore.

5 La ① prego di credere che sta facendo ② tutto il possibile, .

6 per trovare una soluzione soddisfacente per entrambe ③ le parti.

7 Il Suo reclamo è stato inviato ④ anche al nostro avvocato,

8 il cui ⑤ principale compito, come Lei sa,

9 è la salvaguardia degli interessi dei nostri clienti. □

Pronunciação

3 *... rimborssô ...* ***4*** *... trazmessa ...* ***5*** *... fatchendô ...* ***6*** *... sôddissfatchentê ...*

Notas

② A conjugação perifrástica, tal como em português, é feita com um verbo auxiliar (neste caso, o verbo **stare**) seguido do gerúndio: **sto cercando**, *estou à procura* ou *estou procurando*, **stanno parlando**, *estão a falar* ou *estão falando*; etc. O gerúndio dos verbos da 1ª conjugação forma-se substituindo a terminação **-are** do infinitivo por **-ando**: **cerc-are**, *procurar*, **cerc-ando**, *procurando*.

③ **entrambe**, *ambos*, é uma palavra bastante formal em italiano. Na linguagem familiar usa-se geralmente **tutti/e e due**, *os dois/as duas*. Não se esqueça de pôr o **e** entre **tutti e due**! ▸

3 na qual nos pede o reembolso do seu sinal *(cheque)*,
4 e transmitimo-la imediatamente ao nosso director.
5 Peço-lhe que acredite que ele está a fazer *(fazendo)* todo o possível,
6 para encontrar uma solução satisfatória para ambas as partes.
7 A sua reclamação foi enviada também ao nosso advogado,
8 cuja tarefa principal, como a senhora sabe,
9 é a salvaguarda dos interesses dos nossos clientes.

④ **è stato inviato**, *foi enviado*. Tal como em português, a voz passiva é formada com o verbo **essere**, *ser*, aqui num tempo composto (pretérito perfeito).

⑤ Aqui temos um exemplo do uso de **cui** que, quando precedido de um artigo, se traduz por *cujo/-a/-os/-as*: **un avvocato, la cui principale qualità è l'onestà**, *um advogado cuja principal qualidade é a honestidade*.

Esercizio 1 – Traducete

❶ È la lettera raccomandata in cui ci chiedono il rimborso dell'assegno. ❷ Signora, La prego di credere che è un eccellente contratto. ❸ Il Suo reclamo non è stato trasmesso al direttore. ❹ Ecco il nostro avvocato, il cui principale compito è trovare una soluzione soddisfacente. ❺ Entrambe le parti sono d'accordo.

Esercizio 2 – Completate con le parole che mancano

❶ Recebemos um acolhimento muito formal.
Abbiamo . . . . un' . . . . molto . . . .

❷ Faça favor, senhor Della Casa, sente-se.
. . . . . , Signor Della Casa, ...

❸ O nosso director está a fazer todo o possível *(tudo o que pode).*
. . nostro direttore . . . . tutto quello che . . . .

❹ Como sabe, minha senhora, é a minha tarefa principal!
Come . . . . . . , Signora, è il mio . . . . principale!

❺ A sua carta foi enviada ontem.
La . . . lettera . . . . ieri.

Correcção do exercício 1

❶ É a carta registada em que nos pedem o reembolso do sinal. ❷ Minha senhora, peço-lhe que acredite que é um contrato excelente. ❸ A sua reclamação não foi transmitida ao director. ❹ Eis o nosso advogado, cuja tarefa principal é encontrar uma solução satisfatória. ❺ Ambas as partes estão de acordo.

Correcção do exercício 2

❶ – ricevuto – accoglienza – formale ❷ Prego – si accomodi ❸ Il – sta facendo – può ❹ – Lei sa – compito – ❺ – Sua – è stata inviata –

45 Quarantacinquesima lezione

Pazienza!

1 – Ma c**o**sa f**a**i qui, Nic**o**la!
2 Non dov**e**vi and**a**re a gioc**a**re a t**e**nnis con **A**ldo?
3 – Sì, pensav**a**mo ① di usc**i**re dall'uff**i**cio alle s**e**i,
4 ma **u**na cli**e**nte ci ha tratten**u**ti.
5 Un noiosissimo recl**a**mo e **u**na richi**e**sta di rimb**o**rso.
6 Mi s**a**i d**i**re perch**é** la g**e**nte ② non rifl**e**tte,
7 pr**i**ma di m**e**ttere la pr**o**pria ③ f**i**rma su un docum**e**nto?
8 S**a**i, con **A**ldo pensav**a**mo di consol**a**rci con un bu**o**n ristor**a**nte,
9 e mag**a**ri ④ **a**nche con un film**e**tto ⑤, che ne d**i**ci?
10 – Mi s**e**mbra perf**e**tto, am**o**re!

Pronunciação
6 ... *djentê* ...

Notas

① **pensavamo**, *pensávamos*, é a 1ª pessoa do singular do imperfeito do verbo regular **pensare**, *pensar*. Indicamos a sua conjugação completa na próxima lição de revisão.

② **la gente**, *as pessoas*, mas igualmente *a gente* e, como tal, o verbo está no singular.

Quadragésima quinta lição 45

Paciência!

1 – Mas o que é que estás aqui a fazer *(fazes aqui)*, Nicola?
2 Não devias ir jogar ténis com o Aldo?
3 – Sim, tínhamos pensado *(pensávamos)* sair do escritório às seis,
4 mas fomos retidos por uma cliente *(reteve-nos)*.
5 Uma reclamação aborrecid(íssima) e um pedido de reembolso.
6 És capaz de me *(Podes-me)* dizer porque é que as pessoas não reflectem,
7 antes de porem *(meterem)* a sua assinatura num documento?
8 Sabes, eu e *(com)* o Aldo estávamos a pensar *(pensávamos)* consolar-nos com um bom restaurante,
9 e se calhar também com um filmezito, o que é que te parece?
10 – Parece-me perfeito, amor!

▸ ③ Mais um exemplo do uso da palavra **proprio**, a memorizar: **la propria firma**, *a sua própria assinatura*, **il proprio cognome**, *o seu próprio apelido*, etc.

④ **magari**, *se calhar, talvez*, é uma palavra muito usada pelos Italianos e que ouvirá frequentemente! No entanto, terá de usá-la com cuidado porque possui vários significados. Por agora, memorize bem este: **Che ne dici di un buon ristorante, e magari poi di un buon film?**, *Que dizes a um bom restaurante e a seguir, se calhar, a um bom filme?*

⑤ Tal como **-ino**, **-etto** é um sufixo que denota uma conotação de "pequeno, carinhoso, divertido": **una casetta**, *uma casita*.

Esercizio 1 – Traducete

❶ Prego, Signora, deve mettere la Sua firma su questo documento. ❷ Ma non dovevate giocare a tennis? ❸ Perché la gente non riflette prima di firmare? ❹ Pensavamo di consolarci con un filmetto. ❺ Che ne dici, amore? – È perfetto!

Esercizio 2 – Completate con le parole che mancano

❶ Mas que fazes aqui?
Ma . . . . qui?

❷ Devíamos fazer uma reclamação.
. . . . fare un . . . .

❸ Estávamos a pensar ir a um bom restaurante.
. . . . andare . . un . . . . ristorante.

❹ E talvez peça *(pede)* também um reembolso!
E . . . . . chiede anche un . . . . !

❺ É importante pôr a sua própria assinatura num contrato.
È importante mettere . .   . . su un . . . .

Correcção do exercício 1

❶ Por favor, minha senhora, deve pôr a sua assinatura neste documento. ❷ Mas não deviam jogar ténis? ❸ Porque é que as pessoas não pensam antes de assinarem? ❹ Estávamos a pensar consolar-nos com um filmezito. ❺ O que é que achas, amor? – Perfeito!

Correcção do exercício 2

❶ – cosa fate – ❷ Dovevamo – reclamo ❸ Pensavamo di – in – buon – ❹ – magari – rimborso ❺ – la propria firma – contratto

46 Quarantaseiesima lezione

Sai chi ho incontrato?

1 – Te li ricordi quei ① ragazzi danesi,
2 che tu e Lidia avevate conosciuto ② all'Università?
3 – Quegli ① studenti in storia dell'arte che amavano follemente Firenze e le fiorentine?
4 – Proprio loro!
5 Figurati ③ che stavo tranquillamente prendendo ④ un caffè in un bar,
6 un po' leggevo, un po' ascoltavo le conversazioni dei vicini,

Pronunciação
***2** ... kônôchutô ... **4** prôpriô ... **5** ... trankuillamentê ...*

Notas

① **quei**, *aqueles*. Conforme vimos na lição 28, parágrafo 3, eis um exemplo da concordância do adjectivo **quello** com o nome a que se refere, através do artigo correspondente: **il ragazzo**, **quel ragazzo**, **quei ragazzi**. *O rapaz*, *aquele rapaz*, *aqueles rapazes*. Encontrará uma lista completa de todas as formas de **quello** na próxima lição de revisão.

② O mais-que-perfeito em italiano existe apenas na sua forma composta, formado, tal como em português, pelo imperfeito do verbo auxiliar seguido do particípio passado do verbo que se conjuga: **avevo conosciuto**, *tinha conhecido/conhecera*; **era andato**, *tinha ido/fora*.

③ **Figurati**, *imagina*, e, no plural, **figuratevi**, *imaginem*, são expressões muito usadas em italiano. Pode empregá-las sempre ▸

Quadragésima sexta lição 46

Sabes quem encontrei?

1 – Lembras-te daqueles *(Recorda-los aqueles)* rapazes dinamarqueses,
2 que tu e a Lidia tinham conhecido na universidade?
3 – Aqueles estudantes de história de arte que adoravam *(amavam loucamente)* Florença e as florentinas?
4 – Esses mesmo *(eles)*!
5 Imagina que [eu] estava tranquilamente a tomar *(tomando)* um café num bar,
6 a ler *(lia)* um bocado, a ouvir *(ouvia um pouco)* as conversas dos vizinhos,

▸ que quiser exprimir estranheza ou surpresa: **Lei, arrivare in orario? Figurati!**, *Ela, chegar a horas? Olha quem!*

④ O gerúndio dos verbos da 2ª conjugação obtém-se substituindo a terminação **-ere** do infinitivo pela terminação **-endo**: **prend-ere**, *tomar*, **prend-endo**, *tomando*.

46

7 e improvvisamente sento qualcuno che dice "Ma è Luca!"

8 Alzo la testa e chi vedo?

9 Il biondo Sören, con al braccio la bruna e formosa Emanuela Rossi,

10 e con loro avevano due bei ① bambini,

11 con dei magnifici occhioni ⑤ azzurri! □

Nota

⑤ O sufixo **-one**, **-oni**, é um sufixo aumentativo: **dei bei ragazzi**, *uns belos rapazes*, **dei bei ragazzoni**, *uns belos rapagões*.

***

Esercizio 1 – Traducete

❶ Figurati che abbiamo incontrato Emanuela! ❷ Ve le ricordate quelle ragazze italiane? ❸ E quei ragazzi francesi, te li hanno presentati? ❹ Stavano prendendo un caffé al bar vicino all'università. ❺ Il bambino di Luca ha dei magnifici occhioni!

Esercizio 2 – Completate con le parole che mancano

❶ Conheceste aqueles estudantes florentinos!
. . . . studenti fiorentini!

❷ Enviaram-mo ontem.
. . . . hanno inviato . . . . .

❸ Imaginem [vocês] que falei com o Sören!
. . . . che . . . . con Sören!

7 quando, de repente *(e inesperadamente)*, oiço alguém que diz "Mas é o Luca!"
8 Levanto a cabeça e quem vejo?
9 O loiro Sören, com a *(morena e)* formosa morena Emanuela Rossi pelo braço,
10 e, com eles, *(tinham)* estavam duas belas crianças,
11 com uns grandes olhos azuis, magníficos!

***

Correcção do exercício 1

❶ Imagina tu que encontrámos a Emanuela! ❷ Recordam-se *(recordai-vos)* daquelas raparigas italianas? ❸ E aqueles rapazes franceses, apresentaram-te a eles? ❹ Estavam a tomar um café no bar perto da universidade. ❺ O filho do Luca tem uns grandes olhos magníficos!

❹ Eis a carta do Aldo, [eu] leio-ta.

. . . . la lettera di Aldo, ... leggo.

❺ Que belas crianças! E que bela mulher!

Che . . . bambini! E che . . . . . donna!

Correcção do exercício 2

❶ Avevi conosciuto quegli – ❷ Me lo – ieri ❸ Figuratevi – ho parlato – ❹ Ecco – te la – ❺ – bei – bella –

47 Quarantasettesima lezione

Che golosi!

1 – Bambini, sbaglio o dovevate finire i compiti prima di passare alla merenda?
2 – Mamma, Lorenzo aveva tanta fame che si sentiva ① svenire,
3 e aveva male allo stomaco!
4 – Poverino! Dovevano essere crampi! Troppo tempo senza cioccolato!
5 Non ne ② mangiava da ventiquattro ore!
6 – Mamma, dove hai messo le ciliege che abbiamo comprato stamattina ?
7 – Mamma, ci avevi promesso di comprarci un gelato,
8 se finivamo i compiti entro ③ le cinque!
9 – Ma come potete essere così golosi?
10 Mi chiedo se non avete una strana malattia! □

Pronunciação
1 ... zbalhô ... 4 ... tchôkkolatô

Notas

① **sentiva**, *sentia*, é o imperfeito do verbo **sentire**, que já encontrou com o significado de *ouvir*. Na próxima lição de revisão encontrará o modelo da conjugação no imperfeito dos verbos deste grupo.

② Recorde o pronome **ne** que nesta frase substitui a palavra **cioccolato**, *chocolate*. ▸

Quadragésima sétima lição 47

Grandes *(Que)* gulosos!

1 – Meninos, engano[-me] ou deviam ter acabado *(devíeis acabar)* os vossos trabalhos de casa *(deveres)* antes de lancharem *(passarem ao lanche)* ?
2 – Mamã, [o] Lorenzo tinha tanta fome que se sentia [a] desmaiar,
3 e estava com dores de barriga *(tinha mal no estômago)*!
4 – Coitadinho *(Pobrezinho)*! Deviam ser cãibras! [Estava há] demasiado tempo sem [comer] chocolate!
5 Já não *(o)* comia [chocolate] há vinte e quatro horas!
6 – Mamã, onde é que puseste as cerejas que comprámos esta manhã?
7 – Mamã, tinhas prometido *(de)* comprar-nos um gelado,
8 se acabássemos os trabalhos de casa antes das cinco!
9 – Mas como é que podem *(podeis)* ser tão gulosos?
10 Pergunto a mim própria *(Interrogo-me)* se [vocês] não terão *(tendes)* alguma *(uma)* doença estranha!

③ Mais uma expressão a memorizar: **devo mandare il mio C.V. entro il dieci gennaio**, *tenho de mandar o meu currículo antes de 10 de Janeiro*, ou *o mais tardar até 10 de Janeiro*. Repita algumas vezes a frase e vai ver que a recordará sem esforço!

47 **Esercizio 1 – Traducete**

❶ Lorenzo aveva dei crampi allo stomaco e si sentiva svenire. ❷ Poverino! Non mangiava da dodici ore! ❸ Quei bambini sono troppo golosi! ❹ Forse hanno una strana malattia. ❺ Lidia ha mangiato le ciliege che avevamo comprato!

Esercizio 2 – Completate con le parole che mancano

❶ Antes de lanchares *(passar ao lanche)* tens de acabar os teus trabalhos de casa.
. . . . passare alla . . . . , devi finire . . . .

❷ Tinha dores de barriga há três dias.
. . . . allo stomaco . . tre giorni.

❸ Devíamos ir a casa do Lorenzo antes das sete.
. . . . andare . . Lorenzo . . . . sette.

❹ Coitadinho! Se calhar tinha alguma doença estranha!
. . . . ! Forse . . . . . una strana . . . . !

❺ Era tão guloso que tinha de comer chocolate todos os dias.
. . . così . . . . che . . . . mangiare . . . . tutti i giorni.

Correcção do exercício 1

❶ O Lorenzo tinha cãibras no estômago e sentia-se a desmaiar. ❷ Coitadinho! Não comia há doze horas! ❸ Aquelas crianças são gulosas demais! ❹ Se calhar têm alguma doença estranha. ❺ A Lidia comeu as cerejas que tínhamos comprado!

Correcção do exercício 2

❶ Prima di – merenda – i compiti ❷ Avevo male – da – ❸ Dovevamo – da – entro le – ❹ Poverino – aveva – malattia ❺ Era – goloso – doveva – del cioccolato –

48 Quarantottesima lezione

Attenzione alle promesse!

1 – Luisa, a che **o**ra dov**e**vano part**i**re per la camp**a**gna i tu**o**i genit**o**ri?
2 – St**a**nno part**e**ndo ① in qu**e**sto mom**e**nto, c**a**ro!
3 – Accid**e**nti ②! Ci ten**e**vo ad accompagn**a**rli **a**lla stazi**o**ne!
4 Gli**e**lo ③ av**e**vo prom**e**sso!
5 D**e**vono av**e**r pens**a**to che ment**i**vo spudoratam**e**nte!
6 – Ma no! Gliel'h**o** ③ spieg**a**to che fin**i**vi di lavor**a**re m**o**lto t**a**rdi!
7 Per c**a**so **o**ggi pomer**i**ggio part**i**va **a**nche lo z**i**o C**a**rlo,
8 ed è pass**a**to l**u**i a pr**e**nderli.
9 – M**e**no m**a**le ④! F**o**rse per qu**e**sta v**o**lta l'ho scamp**a**ta b**e**lla! □

Pronunciação
***3** ... attchidenti ... **4** lhêlô ...*

Notas

① O gerúndio dos verbos regulares da terceira conjugação forma-se substituindo a terminação **-ire** do infinitivo pela terminação **-endo**: **part-ire**, *partir*, **part-endo**, *partindo*.

② Como em todas as línguas, existem muitas palavras em italiano para exprimir descontentamento. **Accidenti!** é uma expressão que poderá usar sem perder a boa educação! ▶

Quadragésima oitava lição 48

Cuidado com as *(Atenção às)* promessas!

1 – Luisa, a que horas é que os teus pais deviam partir para o campo?
2 – Estão a sair agora mesmo, querido!
3 – Que maçada! Fazia questão de os acompanhar à estação!
4 [Eu] Tinha-lhes prometido!
5 Devem ter pensado que eu estava a mentir *(mentia)* desavergonhadamente *(despudoradamente)*!
6 – Olha que não! [Eu] expliquei-lhes que [tu] acabavas de trabalhar muito tarde!
7 Por acaso, hoje à tarde, o tio Carlos também se ia embora *(partia)*,
8 e veio ele *(passou ele a)* buscá-los.
9 – Do mal o menos! Se calhar, desta vez, safei-me *(escapei de boa)*!

▸ ③ Mais um pormenor acerca dos pronomes pessoais: quando o pronome **gli**, *lhe/s*, é seguido de **lo**, **la**, **li**, **le**, **ne**, *o*, *a*, *os*, *as*, *isso*, os dois pronomes fundem-se e são unidos por um **e** de ligação: **gli** + **e** + **lo** → **glielo**.

④ **Meno male!**, literalmente "Menos mal", *Do mal o menos!*, é mais uma expressão que terá todo o interesse em memorizar, uma vez que é tão comum como o seu equivalente em português.

48 **Esercizio 1 – Traducete**

❶ Gli mentivo spudoratamente, ma l'ho scampata bella! ❷ Meno male, Luca è passato a prendermi. ❸ Per caso ieri pomeriggio ho incontrato Nicola. ❹ Ci tenevo ad andare a Roma con lo zio Aldo. ❺ Ma no, non stanno pensando che dimentichi sempre tutto.

Esercizio 2 – Completate con le parole che mancano

❶ Que maçada! O tio Carlo está a ir-se embora!

. . . . ! . . . . . Carlo sta . . . . !

❷ Prometera-lho, mas esqueci-me!

. . . . . . avevo . . . . , ma ho dimenticato!

❸ Estão a comprar a sapataria *(loja de sapatos)* toda!

. . . . tutto il negozio di . . . . . . !

❹ Disseste aos teus pais que acabo de trabalhar muito tarde? – Sim, disse-lhes isso *(-lho)*.

Hai detto . . . . che . . . . di lavorare molto tardi? – Si, ... detto.

❺ Queria ir buscá-la às sete e meia.

. . . . . . passare . . . . alle sette e . . . . . .

Correcção do exercício 1

❶ Mentia-lhes desavergonhadamente, mas safei-me! ❷ Do mal o menos, o Luca veio buscar-me. ❸ Por acaso, ontem à tarde encontrei o Nicola. ❹ Fazia questão de ir a Roma com o tio Aldo. ❺ Claro que não, eles não estão a pensar que tu te esqueces sempre de tudo.

Correcção do exercício 2

❶ Accidenti – Lo zio – partendo ❷ Glielo – promesso – ❸ Stanno comprando – scarpe ❹ – ai tuoi genitori – finisco – gliel'ho – ❺ Volevo – a prenderla – mezza

49 Quarantanovesima lezione

Revisione – Revisão

1 O imperfeito

Eis as conjugações do imperfeito do indicativo dos verbos auxiliares **essere**, *ser* e **avere**, *ter*.

io ero	*eu era*
tu eri	*tu eras*
lui/lei era	*ele/ela era*
noi eravamo	*nós éramos*
voi eravate	*vós éreis*
loro erano	*eles/elas eram*

io avevo	*eu tinha*
tu avevi	*tu tinhas*
lui/lei aveva	*ele/ela tinha*
noi avevamo	*nós tínhamos*
voi avevate	*vós tínheis*
loro avevano	*eles/elas tinham*

E dos modelos de verbos das três conjugações:
1ª conjugação: **pensare**, *pensar*

io pens-avo	*eu pensava*
tu pens-avi	*tu pensavas*
lui/lei pens-ava	*ele/ela pensava*
noi pens-avamo	*nós pensávamos*
voi pens-avate	*vós pensáveis*
loro pens-avano	*eles/elas pensavam*

2ª conjugação: **volere**, *querer*

io vol-evo	*eu queria*
tu vol-evi	*tu querias*
lui/lei vol-eva	*ele/ela queria*
noi vol-evamo	*nós queríamos*
voi vol-evate	*vós queríeis*
loro vol-evano	*eles/elas queriam*

3ª conjugação: **finire**, *acabar*

io fin-ivo	*eu acabava*
tu fin-ivi	*tu acabavas*
lui/lei fin-iva	*ele/ela acabava*
noi fin-ivamo	*nós acabávamos*
voi fin-ivate	*vós acabáveis*
loro fin-ivano	*eles/elas acabavam*

O imperfeito do indicativo é um tempo bastante regular. Assim, o facto do presente do indicativo ser irregular não implica que o imperfeito também o seja. Verbos como **volere**, *querer*, **dovere**, *dever*, e **potere**, *poder*, por exemplo, são verbos irregulares que seguem as regras gerais no imperfeito.

2 O mais-que-perfeito

O mais-que-perfeito do indicativo forma-se com o imperfeito do verbo auxiliar seguido do particípio passado do verbo a conjugar, tal como em português, no tempo composto. Por exemplo, para o verbo **conoscere**, *conhecer*: **Aveva conosciuto Maria molti anni fa**, *Tinha conhecido a Maria há muitos anos.* Em italiano, não existe o mais-que-perfeito simples.

49 3 O gerúndio

O gerúndio forma-se a partir do infinitivo, substituindo as terminações da seguinte forma:
– 1ª conjugação: **-are → -ando, parl-are → parl-ando,** *falar, falando*;
– 2ª conjugação: **-ere → -endo, sap-ere → sap-endo**, *saber, sabendo*;
– 3ª conjugação: **-ire → -endo, fin-ire → fin-endo**, *acabar, acabando.*

4 A conjugação perifrástica

A perifrástica de um verbo em italiano é formada pelos diferentes tempos do verbo auxiliar **stare** e o gerúndio do verbo principal: **sto cercando**, *estou à procura/procurando.*

5 A voz passiva

Tal como em português, a voz passiva forma-se com os diferentes tempos do verbo **essere**, *ser*, seguida do particípio passado de verbo que se pretende conjugar. A preposição a utilizar no agente da passiva é **da**, *por*: **Questa cartolina è stata inviata da Maria**, *Este postal foi enviado pela Maria.*

6 Os pronomes pessoais

Quando dois pronomes pessoais são usados juntos, o pronome complemento indirecto (a quem) antecede sempre o pronome complemento directo (o quê) e a vogal **i** transforma-se em **e**: **ti avevo detto**, *tinha-te dito* → **te lo avevo detto**, *tinha-to dito.* Se o pronome complemento indirecto for **gli**, este liga-se ao pronome complemento directo e intercala-se um **e** entre si: **glielo avevo detto**, *tinha-lho dito.*

7 Os adjectivos *quello* e *bello*

Quello e **bello** adquirem diversas formas, seguindo as mesmas regras dos artigos definidos em relação aos substantivos a que se referem:

il ragazzo, **il bel ragazzo**, **quel ragazzo**
o rapaz, o belo rapaz, aquele belo rapaz
i ragazzi, **i bei ragazzi**, **quei ragazzi**
os rapazes, os belos rapazes, aqueles rapazes
la ragazza, **la bella ragazza**, **quella ragazza**
a rapariga, a bela rapariga, aquela rapariga
le ragazze, **le belle ragazze**, **quelle ragazze**
as raparigas, as belas raparigas, aquelas raparigas
l'uomo, **il bell'uomo**, **quell'uomo**
o homem, o belo homem, aquele homem
gli uomini, **i begli uomini**, **quegli uomini**
o homem, os belos homens, aqueles homens
lo studente, **il bello studente**, **quello studente**
o estudante, o belo estudante, aquele estudante
gli studenti, **i begli studenti**, **quegli studenti**
os estudantes, os belos estudantes, aqueles estudantes

8 Frases úteis

Accidenti!
Meno male!
Si accomodi, prego!

Figurati che…!
Sì, proprio loro!
Poverino!

49 Dialogo di revisione

1 – Nicola!... ma non dovevi giocare a tennis con Aldo?
2 – Sì, ma ci ha trattenuti una cliente per un reclamo e una richiesta di rimborso!
3 "Te lo avevo detto che non dovevamo firmare... ", continuava a dire la signora.
4 E il marito "Già, ma tu volevi una cucina in cui si poteva mangiare!"
5 – Poverino!
6 Sono sicura che il vostro avvocato sta facendo tutto il possibile per trovare una soluzione soddisfacente.
7 – Ah, sai che ho incontrato quegli studenti che avevamo conosciuto a Firenze?
8 – E sai che i miei genitori stanno partendo in questo momento?
9 – Oh, no! Ci tenevo ad accompagnarli alla stazione!
10 Glielo avevo promesso!

Chegámos ao fim da primeira parte do nosso método. Certamente que ainda não se apercebeu dos progressos alcançados mas, a partir de amanhã, vai começar a poder avaliar melhor todo o caminho que já percorreu na sua aprendizagem do italiano.
Depois de estudar a 50ª lição retome a 1ª lição e, de pois de a ter relido atentamente e de ter escutado a respectiva gravação, tente traduzir oralmente e por escrito o texto português para italiano (ou

Tradução

1 – Nicola!... mas não devias ir jogar ténis com o Aldo?
2 – Sim, mas fomos retidos por uma cliente por causa de uma reclamação e de um pedido de reembolso!
3 "Tinha-te dito que não devias assinar…!" repetia a mulher.
4 E o marido "Claro, mas tu querias uma cozinha onde se pudesse comer!"
5 – Coitado!
6 Tenho a certeza que o vosso advogado está a fazer tudo para encontrar uma solução satisfatória.
7 – Ah, sabes que encontrei aqueles estudantes que tínhamos conhecido em Florença?
8 – E tu sabes que os meus pais estão a ir-se embora neste preciso momento?
9 – Oh, não! Fazia questão de os acompanhar à estação!
10 Tinha-lhes prometido!

seja, o diálogo e o exercício 1). De seguida, faça as correcções necessárias. Desta maneira, à medida que continua a sua progressão deverá rever todos os dias uma lição passada (ou seja, a lição 2 com a lição 51, a 3 com a 52, etc.).
É a melhor maneira de consolidar os seus conhecimentos e de conseguir começar a falar espontaneamente. Persevere!

50 Cinquantesima lezione

Saldi, sconti!

1 – Buongi**o**rno, Signor**i**na.
2 Per cortes**i**a, vorr**e**i misur**a**re qu**e**lla g**o**nna blu ① in vetr**i**na.
3 – C**e**rto Sign**o**ra, che ② t**a**glia?
4 – Quarantad**u**e.
5 – Gl**i**ela prendo s**u**bito!
6 Ah, mi dispi**a**ce, la quarantad**u**e mi è rim**a**sta solam**e**nte in n**e**ro o in r**o**sso.
7 Pr**o**vi ③ la r**o**ssa! Sec**o**ndo me è m**o**lto più car**i**na d**e**lla ④ bl**u**!
8 E c'**è u**no sc**o**nto del tr**e**nta per c**e**nto.
9 – No, ho bis**o**gno di qualc**o**sa di bl**u**.
10 – All**o**ra gu**a**rdi ③ qu**e**sto pantal**o**ne blu, c'**è u**no sc**o**nto eccezion**a**le,
11 è il m**e**no c**a**ro di ⑤ t**u**tti ! □

Notas

① Tal como em português, **i colori**, *as cores*, são adjectivos que podem ser invariáveis, como **blu**, *azul*, **rosa**, *cor-de-rosa*, **verde**, *verde*, ou variáveis como **bianco/-a**, *branco/-a*, **nero/-a**, *preto/-a*, **rosso/-a**, *vermelho/-a* ou **giallo/-a**, *amarelo/-a*.

② Numa linguagem mais cuidada, deveria dizer-se **quale taglia?** No entanto, em linguagem familiar, é frequente substituir-se o **quale** por **che**.

③ **Provi...!**, *Prove...!*, **Guardi...!**, *Veja...!* São verbos no modo imperativo, que vai buscar ao conjuntivo as formas da 3ª pessoa tal como acontece em português. Iremos introduzir este modo verbal gradualmente para que se habitue sem esforço a empregá-lo. Por agora, memorize a formação do imperativo nos verbos regulares da 1ª conjugação: **prov-are** → **prov-a** ▸

Quinquagésima lição 50

Saldos, descontos!

1 – Bom dia, menina.
2 Por favor, queria provar *(medir)* aquela saia azul [que está] na montra.
3 – Com certeza, [minha] senhora, [em] que número *(tamanho)* ?
4 – Quarenta e dois.
5 – Vou já buscá-la *(buscar-lha)*!
6 Ah, lamento *(desagrada-me)*, o quarenta e dois já só tenho *(sobrou-me somente)* em preto ou vermelho.
7 Prove a vermelha! Na minha opinião *(Segundo eu)*, é muito mais gira do que a azul!
8 E tem um desconto de *(do)* trinta por cento.
9 – Não, preciso de qualquer coisa *(de)* azul.
10 – Então veja estas calças azuis, têm um óptimo desconto *(excepcional)*,
11 e são as mais baratas *(menos caras)* de todas [as que temos]!

▸ **(tu)**, **prov-i (lei)**, **prov-iamo (noi)**, **prov-ate (voi)**, **prov-ino (loro)**, *provar → prova, prove, provemos, provem*. E imagine-se em Itália, a fazer umas compritas já nas próximas férias!

④ Repare nas frases comparativas **più… di**, *mais... do que*, **meno… di**, *menos... do que*: **La giacca è meno cara dei pantaloni**, *O casaco é menos caro do que as calças*. Memorize-as, pois voltaremos a este assunto.

⑤ **Il più…di**, *o mais...de*, e **il meno… di**, *o menos...de*, são as fórmulas para exprimir os superlativos de superioridade e de inferioridade: **Questo pantalone è il più caro di tutti**, *Estas calças são as mais caras de todas*.

51 **Esercizio 1 – Traducete**

❶ Vorrei misurare quel pantalone nero. ❷ Glielo prendo in vetrina! ❸ Che taglia, signora? – Quaranta! ❹ La gonna blu è molto più carina della rossa. ❺ È la gonna più cara di tutte.

Esercizio 2 – Completate con le parole che mancano

❶ Preciso de uma saia azul, número trinta e oito.
.. .. di una gonna ..., ... trentotto.

❷ Veja estas calças pretas, são muito giras.
...... questo .... nero, è ....

❸ Hoje há um desconto de *(do)* cinquenta por cento.
Oggi ... uno .... cinquanta per cento.

❹ Queria provar a saia mais barata *(menos cara)*.
Vorrei .... la gonna ....

❺ Lamento, os saldos acabaram.
.. .., i ..... sono ......

---

51 Cinquantunesima lezione

Qualche ① modifica

1 – Questi pantaloni ② le stanno ③ benissimo, Signore,

Notas

① Atenção! **Qualche**, *algum/a(s)* é sempre singular em italiano e emprega-se tanto no masculino como no feminino.

② Como viu na lição anterior, também poderíamos dizer **questo pantalone**. As duas formas são equivalentes. ▸

Correcção do exercício 1
❶ Queria provar aquelas calças pretas. ❷ Vou-lhas buscar à montra! ❸ Que número, minha senhora? – Quarenta! ❹ A saia azul é muito mais gira do que a vermelha. ❺ É a saia mais cara de todas.

Correcção do exercício 2
❶ Ho bisogno – blu – taglia – ❷ Guardi – pantalone – molto carino ❸ – c'è – sconto del – ❹ – misurare – meno cara ❺ Mi dispiace – saldi – finiti

Segunda vaga: 1ª lição

Quinquagésima primeira lição 51

Alguns arranjos *(Alguma modificação)*

1 – Estas calças ficam-lhe muito bem *(senhor)*,

③ Mais um exemplo do uso do verbo **stare** que, quando relacionado com roupa ou adornos, se traduz por "ficar". Relembremos o presente do indicativo: **sto**, **stai**, **sta**, **stiamo**, **state**, **stanno**.

51

2 si devono ④ solo accorciare un pochino.
3 Alla giacca invece non si deve fare nessuna modifica.
4 – A me sembra un poco ⑤ larga,
5 non ha la taglia più piccola?
6 – Se vuole gliela faccio misurare, ma sarà troppo stretta. (…)
7 – Aveva ragione! Ma le maniche non le sembrano troppo corte?
8 – Non credo. Se vuole le allunghiamo un po' ⑤, giusto un centimetro!
9 Vedrà, sarà molto contento di questo completo;
10 c'è sempre bisogno ⑥ di un abito elegante nel proprio guardaroba! □

Notas

④ As formas **si deve**, *deve-se*, e **si devono**, *devem-se*, correspondem em português *a precisa de* e *precisam de*.

⑤ **un pochino**, **un po'**, **un poco**... Como dizíamos na lição 40, nota 4, as três formas são possíveis. Empregue-as de acordo com o ritmo da frase!

⑥ O emprego da expressão **c'è bisogno** é muito simples porque ela pode ser seguida tanto por um verbo como por um substantivo: **C'è bisogno di qualcosa?**, *Precisa de alguma coisa?*, **C'è bisogno di comprare qualcosa?**, *Precisa de comprar alguma coisa?*

2 só temos de as *(devem-se)* subir *(encurtar)* um pouco.
3 Mas o *(ao)* casaco *(pelo contrário)* não precisa de *(se deve fazer)* nenhum arranjo.
4 – A mim parece-me um pouco grande *(largo)*,
5 não tem o tamanho mais pequeno?
6 – Se quiser *(quer)* pode *(dou-lho a)* prová-lo *(medir)*, mas vai ficar apertado *(será demasiado estreito)*. (...)
7 – Tinha razão! Mas, as mangas não lhe parecem *(demasiado)* curtas?
8 – Não acho. Se quiser *(quer)*, descemos um bocado [a bainha] *(alongamo-las um pouco)*, só um centímetro!
9 Vai ver *(Verá)*, ficará muito contente com este fato;
10 Precisamos de [ter] sempre um fato elegante no nosso guarda-roupa!

Esercizio 1 – Traducete

❶ Questa giacca Le sta molto bene, Signorina!
❷ Le maniche si devono accorciare un pochino.
❸ Questi pantaloni non Le sembrano un po' larghi?
❹ Se vuole Le faccio misurare la taglia più piccola.
❺ C'è sempre bisogno di un completo elegante!

Esercizio 2 – Completate con le parole che mancano

❶ Estas calças precisam de algumas modificações.
Questi . . . . hanno . . . . di . . . .

❷ Este casaco parece-me grande demais e as mangas são demasiado curtas.
Questa . . . . sembra troppo . . . . . e le . . . . sono troppo . . . . . .

❸ Dou-lhas a provar de imediato!
. . . . . . faccio misurare . . . . . . !

52 Cinquantaduesima lezione

Antonio, smetti ① di fare storie!

1 – Scusi, mi sa dire dove posso trovare il reparto giocattoli?

Nota

① As formas da 2ª pessoa do singular e do plural do imperativo são muito fáceis de memorizar porque são exactamente as mesmas do presente do indicativo, excepto na 2ª pessoa do ▸

Correcção do exercício 1

❶ Este casaco fica-lhe muito bem, menina! ❷ As mangas precisam de subir um bocadinho. ❸ Estas calças não lhe parecem um pouco grandes? ❹ Se quiser, pode provar o tamanho mais pequeno. ❺ Precisamos sempre de um fato elegante!

❹ Ficará certamente muito contente com esta saia!
. . . . certamente . . . . di questa gonna!

❺ Estas calças precisam de descer três centímetros.
Questi pantaloni . . . . allungare di tre centimetri.

Correcção do exercício 2

❶ – pantaloni – bisogno – qualche modifica ❷ – giacca mi – larga – maniche – corte ❸ Gliela – subito ❹ Sarà – molto contenta – ❺ – si devono –

Segunda vaga: 2ª lição

Quinquagésima segunda lição 52

António, pára de discutir!

1 – Desculpe, sabe dizer-me onde posso encontrar a secção [de] brinquedos?

▸ singular dos verbos da 1ª conjugação, cuja terminação é em **-a**: **guard-are**, *olhar*, **guard-a**, *olha*. Há outras excepções, raras, que lhe assinalaremos mais tarde.

52

2 – Prenda ② la scala mobile qui a destra,
3 e poi salga ③ fino al terzo piano, Signora!
4 Li troverà sulla Sua sinistra, a fianco all'abbigliamento per bambini.
5 – Zia Ida, io voglio questo pallone giallo e verde, sono i colori della mia squadra!
6 – Io voglio anche la maglietta azzurra della nazionale!
7 – No, non è giusto, compri più cose a lui che ③ a me!
8 – Sì, è giusto, perché il tuo pallone è più grande del mio!
9 – Bambini, smettete ④ immediatamente di fare storie, o non avrete niente ⑤!
10 Avete capito? Se non la smettete ④ nessuno avrà niente ⑤! □

Notas

② Os verbos da 2ª conjugação como **prendere**, *tomar*, formam o imperativo da seguinte forma: **prend-i (tu)**, **prend-a (lei)**, **prend-iamo (noi)**, **prend-ete (voi)**, **prend-ano (loro)**, *toma*, *tome*, *tomemos*, *tomai*, *tomem*.

③ Nas locuções comparativas utiliza-se geralmente **più di** e **meno di**. No entanto, com dois termos de comparação seguidos, a fórmula é **più che** e **meno che**: **Luca ha più giocattoli che libri**, *O Luca tem mais brinquedos do que livros*. Mas, **Luca ha meno giocattoli di Carlo**, *O Luca tem menos brinquedos do que o Carlos*. ▸

2 – Apanhe *(Tome)* a escada rolante, aqui à direita,
3 e depois suba *(até)* ao terceiro piso, [minha] senhora!
4 Encontrá-la-á à sua esquerda, ao lado do vestuário para crianças.
5 – Tia Ida, eu quero este balão amarelo e verde, são as cores do meu clube!
6 – Eu também quero a camisola azul da equipa italiana *(nacional)*!
7 – Não, não é justo, compras mais coisas para ele do que para mim!
8 – Sim, é justo, porque o teu balão é maior que o *(do)* meu!
9 – Meninos, parem *(parai)* imediatamente de discutir ou ficam sem *(não tereis)* nada!
10 Perceberam *(Percebestes)*? Se não param *(parais)* com isso, ninguém recebe *(terá)* nada!

④ **La smetti?**, *Páras com isso?!* É uma expressão idiomática muito corrente, mas apenas na linguagem familiar.

⑤ Os pronomes indefinidos **nessuno**, *ninguém*, que se refere a pessoas, e **niente**, *nada*, que se refere a coisas, são usados tal como em português. Em italiano, existe ainda o pronome **nulla**, que é usado em alternativa a **niente**: **Non chiedo niente**, *Não peço nada*; **non dice nulla**, *não diz nada (coisa nenhuma)*.

52 **Esercizio 1 – Traducete**

❶ Scusi, dove posso trovare il reparto abbigliamento? ❷ Lo trova sulla Sua destra, affianco ai giocattoli. ❸ Signora, prenda la scala mobile e salga fino al quinto piano. ❹ Marco, guarda questo pallone. ❺ Bambini, smettete di correre o nessuno avrà niente.

Esercizio 2 – Completate con le parole che mancano

❶ Mamã, compras mais brinquedos à Luisa do que a mim!
Mamma, ... giocattoli a Luisa . . . . . .!

❷ Tome esta camisola, minha senhora, é o seu número!
. . . . questa . . . . , Signora, è la . . . taglia!

❸ Ninguém viu o meu balão?
. . . . visto . . . . pallone?

❹ Meninos, vejam onde põem os pés e parem de discutir!
Bambini, ... dove . . . . i piedi e . . . . di . . . . !

❺ Marco, come o teu gelado e compra um brinquedo para a Luisa!
Marco, ... gelato e . . . . . . un . . . . per Luisa!

Correcção do exercício 1

❶ Desculpe, onde é que posso encontrar a secção de vestir? ❷ Encontra-a à sua direita, ao lado dos brinquedos. ❸ Minha senhora, apanhe a escada rolante e siga até ao 5º piso. ❹ Marco, olha este balão. ❺ Meninos, parem de correr ou ninguém recebe nada.

Correcção do exercício 2

❶ – compri più – che a me ❷ Prenda – maglietta – Sua – ❸ Nessuno ha – il mio – ❹ – guardate – mettete – smettete – fare storie ❺ – mangia il tuo – compra – giocattolo –

Segunda vaga: 3ª lição

53 Cinquantatreesima lezione

Quanta pazienza!

1 – Mio Dio, con questi bambini ci vuole ① veramente ② **u**na pazienza infinita,
2 e non bisogna ③ mai perderli di vista…
3 Confesso che il pomeriggio è stato un po' difficile.
4 Il negozio era pieno zeppo ④,
5 loro correvano di qua e di là,
6 toccavano tutto, volevano tutto.
7 E io non smettevo di dire: "Non toccate, non rompete ⑤!
8 Antonio, non correre! Marco, non gridare! ⑤… "

Notas

① Utiliza-se **ci vuole**, *é preciso* ou **ci vogliono**, *são precisos*, conforme se referem substantivos no singular ou no plural: **ci vuole pazienza**, *é preciso paciência*; **ci vogliono molte cose**, *são precisas muitas coisas*.

② Os advérbios de modo formam-se a partir da forma feminina do adjectivo, à qual se acrescenta o sufixo **-mente**: **vero**, *verdadeiro*, **vera-mente**, *verdadeiramente*; **sicuro**, *seguro*, **sicura-mente**, *seguramente*.

③ Quando *é preciso* é seguido de um verbo, tem de se usar a expressão invariável **bisogna**: **Bisogna avere pazienza**, *É preciso ter paciência*. **Bisogna fare attenzione**, *É preciso dar atenção*. ▸

Muita *(Quanta)* paciência!

1 – Meu Deus, realmente com estes meninos é preciso *(verdadeiramente)* uma paciência infinita,
2 e não se pode *(é preciso nunca)* perdê-los de vista…
3 Confesso que a tarde foi um pouco difícil.
4 A loja estava cheia a abarrotar [de gente],
5 eles corriam por todo o lado *(por aqui e por ali)*,
6 mexiam em tudo, queriam tudo.
7 E eu não parava de lhes dizer: "Não mexam *(mexeis)* [em nada], não partam *(partais)* [nada]!
8 Antonio, não corras *(correr)*! Marco, não grites *(gritar)*!..."

④ Esta expressão **pieno zeppo**, *cheio a abarrotar*, é muito comum em italiano. Pode usar-se apenas o adjectivo **zeppo**: **il treno era zeppo**, *o comboio estava a abarrotar.*

⑤ A forma negativa do imperativo na 2ª pessoa do plural é regular: **Bambini, non correte**, *Meninos, não corram!* Mas, para a 2ª pessoa do singular, repare que se deve usar o verbo no infinitivo: **Luca, non correre!** (que poderíamos traduzir, literalmente, por "Luca, correr, não!"), *Luca, não corras!*

53

9 E pensavo alla nonna Teresa quando diceva che con i bambini,

10 ci vogliono (1) sempre cento occhi! □

***

Esercizio 1 – Traducete

❶ Bambini, non correte e non gridate. ❷ Marco, non toccare i giocattoli, Luca non rompere i bicchieri. ❸ Con Paolo ci vuole molta pazienza. ❹ Bisogna avere cento occhi con questo bambino! ❺ In un guardaroba ci vogliono sempre degli abiti eleganti.

Esercizio 2 – Completate con le parole che mancano

❶ É preciso nunca perder de vista as crianças!
Non . . . . mai . . . . i bambini!

❷ Marco, não corras por todo o lado e não toques nos brinquedos!
Marco, non . . . . e . . . . e non . . . . i giocattoli!

❸ São precisas muitas alterações a estas calças.
. . . . molte . . . . a questo pantalone.

❹ Com um casaco vermelho, é preciso uma saia preta.
Con una . . . . . . rossa . . . . una . . . . . nera.

❺ Luca e Luisa, não toquem em nada e parem de gritar!
Luca e Luisa, non . . . . e . . . . di gridare!

9 E lembrava-me da *(pensava à)* avó Teresa que *(quando)* dizia que com *(as)* crianças,
10 é preciso *(precisam-se sempre)* [ter] cem olhos!

***

Correcção do exercício 1

❶ Meninos, não corram e não gritem! ❷ Marco, não toques nos brinquedos, Luca, não partas os copos! ❸ Com o Paolo é preciso muita paciência. ❹ É preciso ter cem olhos com esta criança! ❺ Num guarda-roupa são sempre precisos fatos elegantes.

Correcção do exercício 2

❶ – bisogna – perdere di vista – ❷ – correre di qua – di là – toccare – ❸ Ci vogliono – modifiche – ❹ – giacca – ci vuole – gonna – ❺ – toccate niente – smettete –

Segunda vaga: 4ª lição

54 Cinquantaquattresima lezione

Che comodi ①, i cellulari!

1 – Ci**a**o, C**a**rla, si**a**mo qu**a**si arriv**a**te a R**o**ma,
2 si**a**mo in autostr**a**da, ma si**a**mo un po' perse!
3 – L'usc**i**ta migli**o**re per arriv**a**re da me ② è la Sal**a**ria.
4 **U**na v**o**lta che ci si**e**te, segu**i**tela ③ s**e**mpre,
5 e in di**e**ci min**u**ti si**e**te a c**a**sa m**i**a ②.
6 – Non v**e**do l'**o**ra ④! Fig**u**rati che si**a**mo part**i**te da Fir**e**nze da tre **o**re c**i**rca,
7 ma abbi**a**mo av**u**to a l**u**ngo una s**o**la cors**i**a,
8 perch**é** c'**e**rano d**e**i lav**o**ri in c**o**rso.

Notas

① Também se pode dizer **come sono comodi** ou **quanto sono comodi**, *como são práticos*, mas é muito mais simples dizer apenas **che comodi**, *que práticos*, **che belle**, *que belas*, etc.

② **Da me** e **a casa mia** tem exactamente o mesmo sentido. Utilize a expressão que mais gostar! ▸

Quinquagésima quarta lição 54

Que práticos, os telemóveis!

1 – Olá, Carla, estamos quase a chegar a Roma,
2 [já] estamos na auto-estrada, mas estamos um pouco perdidas!
3 – A melhor saída para chegar a minha casa é a Salaria.
4 Quando *(uma vez)* lá chegarem *(estiverem)*, sigam [em frente] *(-na sempre)*,
5 e em dez minutos estão *(estais)* em minha casa.
6 – Não vejo a hora [de chegar]! Imagina que saímos de Florença há cerca de três horas,
7 mas estivemos muito tempo só [com] uma faixa,
8 porque havia obras *(trabalhos)* em curso.

③ Quando o verbo está no imperativo, o pronome pessoal deve seguir-se a ele e formar uma só palavra: **prendilo**, *toma-o*. Repare que a sílaba acentuada se mantém.

④ **Non vedo l'ora** é uma expressão equivalente à portuguesa. Com o mesmo sentido, também poderíamos dizer: **non vedo l'ora di essere a Roma**.

54

9 – Cor**a**ggio, ce l'av**e**te qu**a**si f**a**tta (5)! S**a**i chi c'è con n**o**i stas**e**ra?

10 Franc**e**sco, quel rag**a**zzo di Ven**e**zia che trov**a**vi cos**ì** simp**a**tico!

11 E r**e**sta a R**o**ma anc**o**ra d**u**e gi**o**rni.

12 – C**a**rla, d**e**vo chi**u**dere, non ho pi**ù** cr**e**dito s**u**lla sch**e**da telef**o**nica…! □

Nota

(5) Aqui está mais uma expressão idiomática que utiliza o verbo **fare**, *fazer*. Exprime a ideia de conseguir realizar algo: **Ce la fai? – Sì, sì, grazie, ce la faccio!**, *Consegues? – Sim, sim, consigo!*

***

Esercizio 1 – Traducete

❶ Prendete la Salaria e seguitela sempre fino a casa mia. ❷ Siamo partite da un'ora circa e siamo quasi arrivate a Roma. ❸ Sull'autostrada c'erano dei lavori in corso e abbiamo avuto a lungo una sola corsia. ❹ Ci siamo un po' perse, ma poi ce l'abbiamo fatta. ❺ Devo chiamare Francesco, ma non ho più credito sulla scheda telefonica.

9 – Coragem, já estão quase a chegar *(que quase a fizeram)*! Sabes quem está connosco esta noite?
10 O Francesco, aquele rapaz de Veneza que achavas tão simpático!
11 E fica em Roma ainda dois dias.
12 – Carla, tenho de desligar *(fechar)*, já não tenho saldo *(crédito)* no cartão *(telefónico)*...!

***

Correcção do exercício 1

❶ Tomem a Salaria e sigam-na sempre até à minha casa. ❷ Saímos há cerca de uma hora e estamos quase a chegar a Roma. ❸ Na auto-estrada havia obras e estivemos durante muito tempo com uma faixa só. ❹ Perdemo-nos um bocado, mas depois conseguimos. ❺ Tenho de telefonar ao Francesco, mas já não tenho saldo no cartão.

Esercizio 2 – Completate con le parole che mancano

❶ Que prática, esta auto-estrada! Chegámos em duas horas!
. . .   . questa autostrada! Siamo . . . . due . . . .

❷ Não sei onde é a Salaria! Pergunta *(-o)* ao Paolo!
. . .   . . dov'è la Salaria! . . . . a Paolo!

❸ Não vejo a hora de chegar a *(estar em)* Florença! Saímos há duas horas!
. . .   . di essere a Firenze! Siamo . . . . due ore!

55 Cinquantacinquesima lezione

Guarda chi è arrivato ①!

1 – Fin**a**lmente, **e**ccovi qui!
2 Non è st**a**to diff**i**cile con le m**i**e indicazi**o**ni!
3 – No, no, è st**a**to facil**i**ssimo!
4 Ma se non ti dispi**a**ce ② ho bis**o**gno ③ di un bicchi**e**re d'**a**cqua.

Notas

① Repare nos vários exemplos da concordância do particípio passado com o sujeito. Como vimos (lição 42), o pronome relativo **chi**, *quem*, é sempre singular e por isso o particípio passado é **arrivato**. Mas, em **siamo partite** (frase 6), tal como já encontrámos em **siamo arrivate** (lição 54, frase 1) ou **siamo partite** (lição 54, frase 6), como o verbo auxiliar é **essere**, os particípios passados estão no feminino plural… Podemos assim deduzir que as viajantes são do sexo feminino! ▸

❹ Mais vinte minutos e chegamos *(conseguimos)*!
Ancora . . . . e . . l' . . . . !

❺ Sabes quem está connosco hoje? Ida, aquela rapariga tão simpática!
. . . . . . è con noi oggi? Ida, ... ragazza . . . . simpatica!

Correcção do exercício 2

❶ Che comoda – arrivati in – ore ❷ Non so – Chiedilo – ❸ Non vedo l'ora – partite da – ❹ – venti minuti – ce – abbiamo fatta ❺ Sai chi – quella – così –

Segunda vaga: 5ª lição

Quinquagésima quinta lição 55

Olha quem chegou!

1 – Finalmente chegaram *(eis-vos aqui)*!
2 Não foi difícil com as minhas indicações!
3 – Não, foi facílimo!
4 Mas se não te importas *(desagrada)* preciso de um copo de água.

② O verbo **dispiacere**, *desagradar*, é muito usado em italiano na linguagem familiar. Já encontrou **mi dispiace...**, *lamento...*, *desculpe...* (lição 50, frase 6) e agora **se non ti dispiace**, *se não te importas, se não te incomoda*.

③ A expressão **aver bisogno**, *precisar*, *ter necessidade*, pode ser seguida por um substantivo ou por um verbo: **Ho bisogno di una gonna**, *Preciso de uma saia*, ou **Ho bisogno di comprare una gonna**, *Preciso de comprar uma saia*.

55 5 Il viaggio è stato ④ un po' agitato.
6 Sai che siamo partite ① con la macchina di Claudio,
7 e naturalmente la polizia ci ha fermate ⑤ per un controllo.
8 Luisa non aveva allacciato ⑥ la cintura di sicurezza
9 e abbiamo avuto ⑥ una bella multa.
10 Per la rabbia Luisa ha versato del caffè...
11 sui meravigliosi sedili di pelle di questa super macchina!
12 Però abbiamo chiacchierato un sacco, di vestiti, di film, di uomini...
13 A che ora arriva Francesco...? □

Notas

④ Repare na frase **Il viaggio è stato** em que o verbo auxiliar **essere** exige a concordância... Mas, *a viagem é* uma palavra masculina em italiano e por isso o particípio passado concorda no masculino.

⑤ O verbo **fermare**, *parar*, tem o particípio passado em **fermato**. Neste caso, embora o verbo auxiliar seja **avere**, o particípio passado concorda com o sujeito (**fermate** é o feminino/plural) porque o complemento directo **ci** precede o verbo.

⑥ **Luisa non aveva allacciato la cintura e abbiamo avuto una bella multa.** O particípio passado mantém-se invariável quando é conjugado com o verbo **avere**, se o complemento directo seguir o verbo. Mas, se o complemento precedesse o verbo, teria de haver concordância: **La multa che abbiamo avuta**, *A multa que levámos.*

5 A viagem foi um bocado agitada.
6 Sabes que viemos *(partimos)* com o carro do Cláudio
7 e, é claro, *(naturalmente)* a polícia apanhou-nos numa operação-stop *(parou-nos para um controlo)*.
8 [A] Luisa não tinha posto *(apertado)* o cinto de segurança
9 e levámos *(tivemos)* uma bela multa.
10 Furiosa *(Pela cólera)*, a Luisa despejou o café…
11 por cima dos *(sobre os)* maravilhosos assentos em pele deste bólide *(desta super máquina)*!
12 Apesar de tudo *(Mas)*, fartámo-nos de conversar *(conversámos muito)*, sobre *(de)* roupa, *(de)* filmes, *(de)* homens…
13 A que horas chega o Francesco…?

Esercizio 1 – Traducete

❶ Ho bisogno di un caffè e di un bicchiere d'acqua. ❷ Con le tue indicazioni è stato facilissimo arrivare qui. ❸ Luisa ha avuto una multa perché non aveva allacciato la cintura di sicurezza. ❹ Maria ha versato del caffè sui sedili di pelle! ❺ Hanno parlato di molte cose, di vestiti, di film...

Esercizio 2 – Completate con le parole che mancano

❶ Olha quem aqui está!
. . . . c'è!

❷ Finalmente chegaste! Precisas de alguma coisa?
Finalmente . . . .! . . . . di qualcosa?

❸ Foi facílimo chegar aqui!
. . . . arrivare . . . !

❹ Tivemos uma viagem um pouco agitada, mas conversámos muito.
. . . . un viaggio . . . . . agitato, ma abbiamo . . . . molto.

❺ A que horas chega o Francesco? – Já cá está!
. . . . arriva Francesco? – È gia . . . !

Correcção do exercício 1

❶ Preciso de um café e de um copo de água. ❷ Com as tuas indicações foi facílimo chegar aqui. ❸ A Luisa teve uma multa porque não tinha posto o cinto de segurança. ❹ A Maria despejou café em cima dos assentos em pele! ❺ Falaram de muitas coisas, de roupa, de filmes…

Correcção do exercício 2

❶ Guarda chi – ❷ – sei arrivato – Hai bisogno – ❸ È stato facilissimo – qui ❹ Abbiamo avuto – un po' – chiacchierato – ❺ A che ora – qui

Segunda vaga: 6ª lição

56 Cinquantaseiesima lezione

Revisione – Revisão

1 O imperativo

As formas do imperativo são idênticas às do presente do indicativo, excepto na 2ª pessoa do singular dos verbos da 1ª conjugação. O imperativo de **parlare**, *falar*, é **parl-a**, **parl-ate**, o de **prend-ere**, *tomar*, **prend-i**, **prend-ete**, e o de **serv-ire**, *servir*, **serv-i**, **serv-ite**. Para a 3ª pessoa do singular, utilizada no tratamento por você, o imperativo vai buscar as formas do presente do conjuntivo. Teremos então: **parl-i**, *fale*, **prend-a**, *tome* e **serv-a**, *sirva*. Voltaremos a este assunto quando tratarmos do conjuntivo.
O imperativo negativo forma-se facilmente por meio da negação **non** colocada antes da sua forma afirmativa. Cuidado! Não se esqueça que há uma excepção a esta regra! É o caso da 2ª pessoa do singular em que se usa o infinitivo: **non comprare!**, *não compres!*, **non credere!**, *não creias!*, **non venire!**, *não venhas!*
Sempre que o imperativo estiver acompanhado de um dos pronomes pessoais **lo**, **la**, **li**, **le**, **ne**, *o*, *a*, *os*, *as*, *isso*, estes devem obrigatoriamente ser colocados depois do verbo, unindo-se a ele: **Comprala!**, *Compra-a!* Para o imperativo negativo esta regra é facultativa: **Non prenderla!**, mas também **Non la prendere!**, *Não a tomes!*

2 *Ci vuole, ci vogliono e si deve, si devono*

Antes de um substantivo, o italiano usa as expressões **ci vuole / ci vogliono**, *é preciso*, *são precisos*:
Ci vuole un'ora per arrivare a Roma? – No, ci vogliono due ore!, *É preciso uma hora para chegar a Roma? – Não, são precisas duas horas!*
Com o mesmo sentido, antes de um verbo, deve usar-se a expressão **si deve / si devono**:
Si deve comprare il pane? – No, ma si devono comprare i biscotti, *É preciso comprar pão? – Não, mas é preciso comprar biscoitos.*

Já a expressão **c'è bisogno**, *é preciso* ("há necessidade") ou **avere bisogno**, *ser preciso* ("ter necessidade"), pode ser usada tanto com substantivos como com verbos.

3 Os pronomes e os adjectivos

Entre os pronomes interrogativos de uso frequente encontramos **quale?**, *qual* e o seu plural **quali**, *quais*. **Quale** e **quali** podem ter também a função de adjectivos embora neste caso, tal como em português, seja mais corrente utilizar-se **che**, *que*:
Quale / Che gonna desidera?, *Qual / Que saia deseja?*
O pronome **chi?**, *quem?* pode ser interrogativo em frases como **Chi viene a casa domani?**, *Quem vem cá a casa amanhã?*, interrogativo indirecto como em **Guarda chi è arrivato!**, *Olha quem chegou!* ou pronome relativo em ditados como **Chi rompe paga**, *Quem estraga paga* (ver lição de revisão 42).
O adjectivo indefinido **qualche**, *algum/a, alguns, algumas*, é sempre singular e invariável: **qualche giacca**, *alguns casacos*.

4 As locuções comparativas

As fórmulas mais utilizadas são: **più... di**, **meno... di**, *mais... do que*, *menos... do que*: **La giacca è più cara della gonna**, *O casaco é mais caro do que a saia*. **Il pantalone è meno caro della giacca**, *As calças são menos caras do que o casaco*. Já a frase **Questo pantalone è più comodo che elegante**, *Estas calças são mais confortáveis do que elegantes* também está correcta, mas não se usa por ser considerada demasiado complexa.

5 Os advérbios de modo

Tal como em português, grande parte dos advérbios de modo obtêm-se a partir do feminino do adjectivo, acrescentando a terminação **-mente**: **vero**, *verdadeiro* → **vera-mente**, *verdadeira-mente*.
Já os adjectivos terminados pelas sílabas **le** ou **re** perdem o **e** final, antes de se lhes acrescentar o sufixo **-mente**: **facile** → **facilmente**, **finale** → **finalmente**, **utile** → **utilmente**, **popolare** → **popolarmente**, **familiare** → **familiarmente**, etc.

Vorrei misurare quella gonna!
Per cortesia
Mi dispiace
Luca, smetti di fare storie!
Ci vuole molta pazienza!
Coraggio, ce l'avete fatta!
Ho bisogno di un bichiere d'acqua!

Dialogo di revisione

1 – Vorrei misurare quella gonna blu, per cortesia, taglia quaranta.
2 – Mi dispiace, mi è rimasta solo in rosso,
3 ma secondo me è molto più carina della blu! La provi!
4 Guardi, le sta benissimo, si deve solo accorciare un pochino!
5 – Mi sa dire dove posso trovare il reparto giocattoli?
6 – Prenda la scala mobile e salga al terzo piano, Signora.
7 – Marco, non toccare i giocattoli e guarda dove metti i piedi!
8 Con questi bambini ci vuole una pazienza infinita!
9 Ah, il mio cellulare (...) ciao Rita, (...) sì, prendete la Salaria e seguitela sempre!
10 (...) Cosa dici ? (...) Luisa ha versato del caffè sui sedili di pelle della super macchina di Claudio!?

Tradução

1 – Queria provar aquela saia azul, por favor, número quarenta.
2 – Lamento, já só tenho [uma] em vermelho,
3 mas, na minha opinião, é muito mais gira do que a azul! Experimente!
4 Olhe, fica-lhe muito bem, só precisa de subir um pouco a bainha.
5 – Sabe dizer-me onde posso encontrar a secção de brinquedos?
6 – Apanhe a escada rolante e suba ao terceiro piso, minha senhora.
7 – Marco, não toques nos brinquedos e olha onde metes os pés!
8 Com estas crianças é preciso uma paciência infinita!
9 Ah, o meu telemóvel (…) Olá, Rita (…) sim, apanhem a Salaria e continuem sempre por ela!
10 (…) O que é que dizes? (…) A Luisa despejou o café em cima dos assentos em pele do bólide do Claudio!?

Segunda vaga: 7ª lição

57 Cinquantasettesima lezione

Io non ho progetti per le vacanze!

1 – E v**o**i che prog**e**tti av**e**te per le vac**a**nze?
2 – Si**a**mo anc**o**ra un p**o**' inc**e**rti.
3 C**o**me al s**o**lito decider**e**mo ① all'**u**ltimo min**u**to.
4 A v**o**lte mi pi**a**ce ② pens**a**re che andr**e**mo ③ semplicem**e**nte al m**a**re;
5 **a**ltre v**o**lte, inv**e**ce, che partir**e**mo ④ per un pa**e**se lontan**i**ssimo,
6 che scoprir**e**mo ④ un **a**ltro contin**e**nte…
7 – Se cap**i**sco b**e**ne, i progr**a**mmi tr**o**ppo prec**i**si non ti pi**a**cciono m**o**lto.

Notas

① Iniciamos aqui o estudo do futuro dos verbos. Este primeiro exemplo, **decideremo**, pertence ao infinitivo **decidere**, *decidir*, que é um verbo da 2ª conjugação. Na lição 63, encontrará os exemplos do futuro nas três conjugações.

② O verbo **piacere**, *agradar*, é muito usado em italiano. O particípio passado é **piaciuto** e o verbo auxiliar é **essere**. Presente do indicativo: **piaccio**, **piaci**, **piace**, **piacciamo**, **piacete**, **piacciono**.

Quinquagésima sétima lição 57

Eu não tenho projectos para as férias!

1 – E vocês *(vós)* que projectos têm *(tendes)* para as férias?
2 – Ainda estamos um pouco indecisos.
3 Como de costume, decidiremos à última hora *(no último minuto)*.
4 Ás vezes, agrada-me pensar que iremos simplesmente para a praia *(ao mar)*,
5 mas outras vezes *(pelo contrário)*, que partiremos para um país longínquo *(longíssimo)*,
6 à descoberta de *(que descobriremos)* um *(outro)* continente novo…
7 – Se bem percebo, os programas demasiado rígidos *(precisos)* não te agradam muito.

③ Muitos dos verbos que são irregulares no presente do indicativo, são-no também no futuro. É o caso de **andare**, *ir*, cuja conjugação poderá consultar no apêndice gramatical, no fim do livro.

④ O infinitivo de **partiremo** é **partire**, *partir*, e o de **scopriremo** é **scoprire**, *descobrir*. São verbos regulares da 3ª conjugação cujo futuro pode consultar na lição 63.

57

8 – No, per niente. Ho sempre bisogno di sognare.

9 Se penso che partirò tra un mese esattamente,

10 che avrò già prenotato ⑤ tutto,

11 che vedrò ⑥ solo quello che prevedono le guide,

12 mi sento soffocare già da adesso. □

Notas

⑤ **Avrò prenotato**, *Terei reservado*, é o futuro composto que, em italiano, se chama **futuro anteriore**. É conjugado com o futuro do verbo auxiliar **avere** (ou **essere**) seguido do particípio passado do verbo a conjugar: **avrò sognato**, *terei sonhado*. Em italiano não existe o futuro do conjuntivo: **se penso**, *se eu souber* (frase 9).

⑥ O infinitivo de **vedrò** é **vedere**, *ver*. Repare na semelhança com **andar/andremo**, na frase 4. Por agora, vá memorizando estas formas à medida que vão aparecendo nos textos mas, se tiver curiosidade, pode consultar as conjugações completas no apêndice gramatical.

***

Esercizio 1 – Traducete

❶ E tu, che progetti hai per domani? ❷ Non so. I programmi troppo precisi non mi piacciono per niente. ❸ Andranno al mare la settimana prossima. ❹ Vedranno solo quello che prevede la loro guida. ❺ Scoprirò un continente lontano.

8 – Não, de todo. [Eu] preciso *(sempre)* de sonhar.
9 Se eu souber *(penso)* que vou partir *(partirei)* exactamente daqui a um mês,
10 que já tenho *(terei)* tudo marcado *(reservado)*,
11 [e] que vou ver *(verei)* apenas aquilo que está previsto no *(prevê o)* guia [de viagem],
12 sinto-me imediatamente *(já logo)* manietado *(sufocar)*.

***

Correcção do exercício 1

❶ E tu, que projectos tens para amanhã? ❷ Não sei. Os programas demasiado definidos não me agradam nada. ❸ Iremos para a praia na próxima semana. ❹ Verão apenas aquilo que está previsto no guia de viagem deles. ❺ Descobrirei um continente longínquo.

58 **Esercizio 2 – Completate con le parole che mancano**

❶ Agrada-me saber *(pensar)* que já marquei o quarto.
.. .. che ho già ....

❷ Partiremos daqui a um mês.
.... un mese.

❸ Não tenho nenhum projecto para a próxima semana.
Non ho .... per la settimana ....

❹ Estes guias não me agradam nada.
Queste guide non .. ..

58 Cinquantottesima lezione

Un'organizzazione perfetta

1 – Io sono tutto il contrario di Carla,
2 mi piace programmare i miei spostamenti fin nei minimi ① dettagli:

Nota

① Em italiano, podemos dizer, como aqui, **i minimi dettagli**, mas também, **i più piccoli dettagli**.

❺ Como de costume, iremos à praia.
.... andremo .. ..

Correcção do exercício 2

❶ Mi piace pensare – prenotato ❷ Partiremo tra – ❸ – nessun progetto – prossima ❹ – mi piacciono per niente ❺ Come al solito – al mare

Segunda vaga: 8ª lição

Quinquagésima oitava lição 58

Uma organização perfeita

1 – Eu sou o oposto *(todo o contrário)* da Carla,
2 gosto de *(agrada-me)* programar as minhas viagens *(deslocações)* ao pormenor *(nos mínimos detalhes)*:

3 dove sarò ②, che cosa farò ③, quando tornerò ④…

4 – Allora sai già quando partirai e che cosa farai?

5 – Certamente ⑤! E anche quando partiranno i bambini e che cosa faranno!

6 – E allora?

7 – Passeranno due settimane dagli zii, con i loro cugini ⑥.

8 Lisa scoprirà la barca a vela e Antonio l'equitazione.

9 Naturalmente avranno ② anche dei corsi di nuoto.

10 Invece per Piero e per me ho previsto un corso di alta cucina e uno di enologia.

11 – E poi partirete tutti insieme?

12 – Certo ⑤, passeremo due settimane in montagna, e ci ho iscritti ad una corale. □

Notas

② **sarò**, *serei/estarei*, é a 1ª pessoa do singular do futuro do verbo **essere**, *ser/estar*. **Avranno**, *terão*, é a 3ª pessoa do plural do futuro do verbo **avere**, *ter*. Encontrará as conjugações completas de ambos os verbos na próxima lição de revisão.

③ Para a conjugação completa do futuro do verbo **fare**, *fazer*, consulte o apêndice gramatical.

④ **tornerò** é o futuro de **tornare**, *regressar*. Repare que o **a** do infinitivo se transforma em **e** em todas as terminações do futuro dos verbos regulares da primeira conjugação. ▸

3 onde vou estar *(onde estarei)*, o que é que vou fazer *(farei)*, quando é que regresso *(regressarei)*…
4 – Então já sabes quando partes *(partirás)* e o que é que vais fazer *(farás)* ?
5 – Claro! E também quando partem *(partirão)* as crianças e o que é que vão fazer *(farão)*!
6 – E então?
7 – Vão passar *(Passarão)* duas semanas em casa dos tios, com os primos *(deles)*.
8 A Lisa vai aprender *(descobrirá o barco à)* vela e o António *(a)* equitação.
9 Naturalmente terão também cursos de natação.
10 Já para o Piero e para mim, planeei *(previ)* um curso de alta cozinha e um de enologia.
11 – E a seguir, viajam *(partirão)* todos juntos?
12 – Claro, passaremos duas semanas na montanha e inscrevi-nos num coro.

⑤ Como pode constatar pela tradução, **certamente** e **certo** são perfeitamente equivalentes.

⑥ Repare no uso do artigo em **i loro**… Ainda se lembra da regra que vimos na lição 10? **Con i loro cugini, con i miei fratelli**, mas **con mio padre**!

58 **Esercizio 1 – Traducete**

❶ Stupendo! Sappiamo già dove saremo per le vacanze! ❷ E sapete anche quando partirete e quando tornerete? ❸ Carla programma i minimi dettagli, i minimi spostamenti. ❹ L'anno prossimo farò un corso di cucina e uno di enologia. ❺ Marco passerà due settimane in montagna, con i suoi cugini.

Esercizio 2 – Completate con le parole che mancano

❶ Eu sou o oposto da Giovanna, não programo nunca nada.
Sono . . . . di Giovanna, non programmo . . . .

❷ Gosto muito de passar as férias na praia.
. . . . molto passare le vacanze . . . .

❸ O Paolo vai ter um estágio de natação daqui a duas semanas.
Paolo . . . . un corso di . . . . . tra due . . . .

❹ Amanhã estarei na montanha, em casa dos meus tios.
Domani . . . . , dai . . . .

❺ Aprenderemos vela e a Lisa, equitação.
. . . . la vela e Lisa . . . .

A abundância de superlativos irregulares na língua italiana deve-se à sua história. Com efeito, o italiano tinha sido utilizado apenas em escritos literários durante cerca de seis séculos – do século XII ao século XIX – enquanto que, paralelamente, existiam numerosos dialectos, usados coloquialmente. Por outro lado, para as situações mais formais, como o ensino, os tratados científicos, os escritos religiosos, etc., recorria-se ao latim. Quando, a seguir à unifi-

Correcção do exercício 1

❶ Fantástico! Já sabemos onde vamos de férias! ❷ E também sabem quando partem e quando regressam? ❸ A Carla programa os mínimos pormenores, as mínimas deslocações. ❹ No próximo ano farei um curso de cozinha e um de enologia. ❺ O Marco vai passar duas semanas na montanha com os primos.

Correcção do exercício 2

❶ – il contrario – mai niente ❷ Mi piace – al mare ❸ – avrà – nuoto – settimane ❹ – sarò in montagna – miei zii ❺ Scopriremo – l'equitazione

cação política da Itália, em 1870, se procurou adoptar uma língua comum a todo o território, foram muitas as variantes regionais que entraram no léxico comum, assim como muitas palavras latinas, praticamente inalteradas. É o caso de **mínimo**, **ottimo** *e* **péssimo**.

Segunda vaga: 9ª lição

59 Cinquantanovesima lezione

Un vecchio sogno

1 – Sono in uno stato di eccitazione incredibile,
2 sto per realizzare ① un sogno che ho da anni:
3 sono riuscito ② ad ottenere una borsa di studio
4 e potrò ③ passare un intero anno sabbatico in India.
5 Sono anni che lavoro sulla storia e sulle religioni di questo paese,
6 non mi sembra vero che finalmente vi ④ farò un soggiorno così lungo!
7 – È un vero piacere vedere il tuo entusiasmo!

Notas

① O verbo **stare**, seguido de **per** e de um verbo no infinitivo, exprime o futuro próximo e traduz várias expressões idiomáticas com o sentido de "estar prestes a": **sta per partire**, *está de saída*; **stava per piovere**, *estava prestes a chover*; **stava per uscire**, *preparava-me para sair*.

② O verbo **riuscire**, *conseguir*, *ter sucesso*, é um verbo intransitivo e, como tal, conjuga-se com o auxiliar **essere**.

③ **potrò**, *poderei*, é o futuro irregular do verbo **potere**, *poder*, cuja conjugação completa se encontra no apêndice gramatical.

④ **vi**, *ali*, *lá*, é sinónimo de **ci**, mas usado em contextos mais formais.

Quinquagésima nona lição 59

Um velho sonho

1 – Estou num estado de excitação incrível,
2 estou prestes a realizar um sonho que tenho há anos:
3 consegui arranjar *(obter)* uma bolsa de estudo
4 e vou poder *(poderei)* passar um ano sabático inteiro na Índia.
5 Há *(são)* anos que estudo *(trabalho sobre)* [a] história e *(sobre)* as religiões deste país,
6 [e] nem acredito *(não me parece verdade)* que finalmente lá irei para *(farei)* uma estadia tão longa!
7 – É [para mim] um grande *(verdadeiro)* prazer ver o teu entusiasmo!

59 **8** Non voglio raffreddarti,
9 ma non ti fa paura l'idea di tuffarti in un ambiente così diverso dal tuo?
10 – No, per niente! Anzi mi esalta! □

***

Esercizio 1 – Traducete

❶ Stiamo per ottenere una eccellente borsa di studio. ❷ Maria è riuscita a realizzare un sogno che aveva da tre anni. ❸ L'idea di passare il pomeriggio con loro non mi piace per niente. ❹ No, non mi fa paura! Anzi, mi piace! ❺ È un vero piacere conoscere l'India, la sua storia, le sue religioni!

Esercizio 2 – Completate con le parole che mancano

❶ Estão de saída para um ano sabático em Itália.
. . . . per un . . . . in Italia.

❷ Conseguimos inscrever-nos num curso de enologia.
. . . . a iscriverci . . . . di enologia.

❸ Queremos mergulhar *(-nos)* num ambiente muito diferente do nosso.
. . . . in un ambiente molto diverso . . . .

8 Não quero desanimar-te *(arrefecer-te)*,
9 mas, não te mete *(faz)* medo a ideia de mergulhar num ambiente tão diferente do teu?
10 – Não, de todo! Pelo contrário, enche-me de entusiasmo *(exalta-me)*!

***

Correcção do exercício 1

❶ Estamos prestes a conseguir uma excelente bolsa de estudo. ❷ A Maria conseguiu realizar um sonho que tinha há três anos. ❸ A ideia de passar a tarde com eles não me agrada nada. ❹ Não, não me mete medo! Aliás, agrada-me. ❺ É um grande prazer conhecer a Índia, a sua história, as suas religiões!

❹ Eles vão *(irão)* a França e vão lá ficar *(aí ficarão)* três semanas.
. . . . in Francia e . . . . tre settimane.

❺ Não estamos nada cansados, ao contrário, estamos prontos a partir.
Non siamo stanchi . . . . , ... , siamo pronti a partire.

Correcção do exercício 2

❶ Stanno per partire – anno sabbatico – ❷ Siamo riusciti – ad un corso – ❸ Vogliamo tuffarci – dal nostro ❹ Andranno – vi resteranno – ❺ – per niente – anzi –

Segunda vaga: 10ª lição

60 Sessantesima lezione

Un paesaggio straordinario

1 – Guarda la meraviglia che ho appena comprato ①!
2 È uno degli ultimi modelli di apparecchi fotografici,
3 ed è commercializzato da una settimana solamente.
4 Ha un obiettivo superpotente ②, ipersensibile!
5 Farò delle foto grandiose.
6 – Credo che state per partire per gli Stati Uniti!

Notas

① **Mario è appena arrivato**, *O Mário acabou de chegar*. Quando **appena** acompanha um verbo no pretérito perfeito composto, traduz a expressão portuguesa "acaba de", que poderíamos chamar "o passado próximo". Não se esqueça que **appena** deve ser colocado obrigatoriamente entre o auxiliar e o particípio passado. Em qualquer outra posição traduz-se por "mal": **Mario lo conosco appena**, *O Mário, conheço-o mal* ou *mal o conheço*.

Sexagésima lição 60

Uma paisagem extraordinária

1 – Olha a maravilha que acabei de comprar *(apenas comprei)*!

2 É um dos últimos modelos de máquinas *(aparelhos)* fotográficas,

3 e só está comercializado há uma semana.

4 Tem uma objectiva *(super)* potente [e] hipersensível!

5 Vou tirar *(Farei)* umas fotografias espantosas *(grandiosas)*.

6 – Julgo que [vocês] estão de partida para os Estados Unidos!

▸ ② **Super** e **iper** são elementos de formação de palavras de origem latina e grega, introduzidos na publicidade e nos jornais a partir dos anos 60/70 para criar novos superlativos, e que, hoje em dia, fazem parte da linguagem familiar. Apareceram assim palavras como: **superfacile**, *facílimo*, **iperinteressante**, *interessantíssimo* ou **strapotente**, *fortíssimo*.

60 7 – Sì, faremo la mitica traversata, da “costa a costa”.

8 Lì, la natura è veramente straordinaria ②!

9 Mi occorreva ③ un apparecchio all’altezza di tanta bellezza!

10 A dire il vero, avevo pensato di ④ comprare una cinepresa,

11 ma trovo che le foto mi riescono meglio! □

Notas

③ Podíamos ter dito aqui **avevo bisogno**, mas **mi occorreva** é mais sofisticado. O verbo **occorrere** é um verbo impessoal e como tal emprega-se apenas na 3ª pessoa do singular e do plural: **mi occorre un po’ d’acqua**, *preciso de um pouco de água*, **mi occorrono due bicchieri**, *preciso de dois copos*. ▸

***

Esercizio 1 – Traducete

❶ Guardate la cinepresa che ho appena comprato, è straordinaria! ❷ Gli occorre una nuova macchina fotografica e deve essere superpotente. ❸ Con questo obiettivo ipersensibile faremo delle foto meravigliose! ❹ Sono appena tornati dalla mitica traversata “da costa a costa”. ❺ È l’ultimo modello di macchina fotografica, è una meraviglia!

7 – Sim, faremos a mítica travessia, de "costa a costa".
8 *(Ali,)* A natureza é realmente *(verdadeiramente)* extraordinária!
9 Fazia-me falta uma máquina à altura de tanta beleza!
10 Para dizer a verdade, tinha pensado comprar uma máquina de filmar,
11 mas acho que as fotografias me saem melhor!

④ Quando o verbo **pensare** é seguido de um outro verbo no infinitivo, deve utilizar-se a preposição **di**: **Penso di andare a Roma**, *Penso ir a Roma.*

***

Correcção do exercício 1

❶ Olhem a máquina de filmar que acabei de comprar, é extraordinária! ❷ Precisa de uma nova máquina fotográfica e tem de ser muito potente. ❸ Com esta objectiva hipersensível faremos fotos maravilhosas! ❹ Acabei de chegar da mítica travessia "de costa a costa". ❺ É o último modelo de máquina fotográfica, é uma maravilha!

61 Esercizio 2 – Completate con le parole che mancano

❶ Acabamos de encontrar o Piero.
. . . . incontrato Piero.

❷ Faltava-lhe um casaco vermelho.
. . . . una . . . . . . rossa.

❸ É uma máquina fotográfica hipersensível!
È una . . . . !

❹ Para dizer a verdade, pensava partir amanhã.
. . . . pensavo . . . . domani.

---

61 Sessantunesima lezione

Zainetto o valigione?

1 – Ho appena sentito ① Silvia, ti saluta molto.
2 – Grazie, e cosa racconta? Stanno per partire?
3 – Ipersportivi come al solito,
4 stanno per partire con zaino e sacco a pelo

Nota

① O verbo **sentire**, *ouvir*, é muito usado para traduzir “falar ao telefone”, tanto para fazer como para receber chamadas.

⑤ Acabo de o encontrar e não tinha nenhum projecto para o serão. 61
L' . . . . incontrato e non avevo . . . . . .
. . . . per la serata.

Correcção do exercício 2
❶ Abbiamo appena – ❷ Gli occorreva – giacca – ❸ – macchina fotografica ipersensibile ❹ A dire il vero – di partire – ❺ – ho appena – nessun progetto –

Segunda vaga: 11ª lição

Sexagésima primeira lição 61

[Uma] mochilazita ou [uma] grande mala?

1 – Falei agora com *(Ouvi)* a Silvia, ela manda-te cumprimentos *(saúda-te muito)*.
2 – Obrigada, e o que é que ela conta? Estão de partida?
3 – Hiper desportivos, como de costume.
4 Estão quase a partir, de mochila e saco-cama,

61

5 per un trekking sulle cime del Monte Bianco.
6 Dormiranno nei rifugi e nei campeggi alpini.
7 – Beati loro ②, avranno delle emozioni intensissime.
8 A volte li invidio.
9 Hanno sempre una forma fisica perfetta,
10 e sanno partire con uno zainetto,
11 piuttosto che con un valigione ③ pieno di cose inutili.

Notas

② **Beato te!**, *Sorte a tua!*, **Beati voi!**, **Que sortudos!**, etc. A utilização da palavra **beato**, *beato*, *afortunado*, pode parecer um pouco bizarra, mas é uma expressão usada correntemente.

***

Esercizio 1 – Traducete

❶ Questo valigione per tre giorni? – Sì, ma ho anche uno zainetto! ❷ Il trekking ci darà una forma fisica perfetta. ❸ Hai sentito Silvia? – No, sono due settimane che non la sento. ❹ Ho appena parlato con lui e ho già dimenticato tutto. ❺ Beato lui! Veramente, lo invidio!

5 para uma caminhada nos *(sobre)* picos do Monte Branco.
6 Vão dormir *(Dormirão)* nos abrigos *(refúgios)* e *(nos)* parques de campismo alpinos.
7 – Sorte a deles *(Felizes eles)*, vão ter *(terão)* emoções fortes *(intensíssimas)*.
8 Às vezes invejo-os.
9 Estão *(Têm)* sempre em perfeita forma física,
10 e sabem viajar *(partir)* com uma mochilazita,
11 em vez de uma grande mala cheia de coisas inúteis.

③ **una valigia**, *uma mala*, **un valigione**, *uma grande mala/ um malão*; **una donna**, *uma mulher*, **un donnone**, *uma mulheraça/ um mulherão*, etc. Repare que o sufixo **-one** implica uma mudança de género para as palavras femininas, semelhante ao sufixo *-ão*.

***

Correcção do exercício 1

❶ Esta grande mala para três dias? – Sim, mas tenho também uma mochilazita! ❷ A caminhada dar-nos-á uma forma física perfeita. ❸ Falaste com a Silvia? – Não, há duas semanas que não falo com ela. ❹ Acabei de falar com ele e já me esqueci de tudo. ❺ Sorte a dele! Realmente, invejo-o!

Esercizio 2 – Completate con le parole che mancano

❶ [Vocês] estão de partida com um saco cama e vão dormir em refúgios!
. . . . partire com un . . . . e . . . . nei rifugi!

❷ Acabámos de falar com a Silvia e o Mario ao telefone, eles mandam cumprimentos *(saúdam-vos)*!
Abbiamo . . . . Silvia e Mario, vi . . . . !

❸ Uma semana nos picos do Monte Branco! Que sorte a dela!
Una settimana . . . . del Monte Bianco! . . . . !

❹ Não podes levar esta grande mala!
Non . . . . prendere . . . . !

❺ Aqui está a minha mochila, cheia de coisas utilíssimas.
Ecco il mio . . . . , ... cose . . . . !

62 Sessantaduesima lezione

Dove sarà Claudio?

1 – Ma dove sarà finito ① Claudio?
2 Aveva detto che faceva un salto al porto,

Correcção do exercício 2

❶ State per – sacco a pelo – dormirete – ❷ – appena sentito – salutano ❸ – sulle cime – Beata lei ❹ – puoi – questo valigione ❺ – zainetto – pieno di – utilissime

Segunda vaga: 12ª lição

Sexagésima segunda lição 62

Onde estará [o] Claudio?

1 – Mas por onde andará [o] Claudio?
2 [Ele] tinha dito que ia dar *(fazia)* um salto ao porto [de pesca],

Nota

① O verbo no futuro é usado para exprimir a ideia de uma dúvida ou para transmitir incerteza em resposta a uma pergunta: **Che ora c'è? – Sarà tardi!**, *Que horas são? – Deve ser tarde.*

62 3 per vedere l'arrivo delle barche ② da pesca,
4 ma sono quasi due ore che è uscito e ancora non si vede!
5 – Avrà deciso ③ di imbarcarsi come clandestino su una nave ② per l'America!
6 Scherzo! Secondo me, in vacanze ④ bisogna rispettare il ritmo di ognuno.
7 Passiamo tutto l'anno a guardare l'orologio,
8 a sentirci colpevoli di essere in ritardo!
9 Almeno qui, lasciamoci ⑤ andare!… ah, eccolo!
10 – Ragazzi, guardate la spigola che vi porto per la cena,
11 e queste stelle marine, questi ippocampi… □

Notas

② Ao contrário do português, repare que as palavras italianas para designar embarcações são ambas femininas: **la barca**, *o barco*, **la nave**, *o navio*.

③ Tome nota de mais um emprego do futuro, desta vez, com a ideia de probabilidade: **Sarà stanco dopo questo viaggio!**, *Deve estar cansado depois de uma viagem destas!*

④ O termo **in vacanze** (plural) é muito frequente, uma vez que se usa para falar das **vacanze scolastiche**, *férias escolares*. ▸

3 para ver a chegada dos barcos *(de pesca)*,
4 mas há *(são)* quase duas horas que se foi embora *(saiu)* e ainda ninguém o viu *(não se vê)*!
5 – [Por lá] terá decidido embarcar como clandestino num navio para a América!
6 Estou a brincar *(Brinco)*! Na minha opinião, em férias, é preciso respeitar o ritmo de cada um.
7 Passamos o ano inteiro a olhar para o relógio,
8 a sentirmo-nos culpados por estarmos atrasados!
9 Ao menos aqui, vamos descontrair *(deixemo-nos andar)*!... Ah, ei-lo!
10 – Rapazes, olhem *(olhai)* o robalo que vos trago para o jantar,
11 e estas estrelas-do-mar, [e] estes cavalos marinhos…

▸ Existe também a expressão **in vacanza**, que é usada como sinónimo de **in villeggiatura** e que designa uma temporada de férias mais alargada.

⑤ **Lasciamoci andare** é uma forma do imperativo, usado aqui com uma exortação. Como vimos, o pronome **ci** segue o verbo, unindo-se a ele. O "deixa andar" português quando usado como aqui numa forma reflexiva, pode traduzir-se melhor pelo verbo "descontrair".

Esercizio 1 – Traducete

❶ Avranno deciso di fare un salto al porto. ❷ Ma sì, lasciatevi andare, siete in vacanza! ❸ È sempre in ritardo e non si sente mai colpevole. ❹ Ma dove saranno finiti i bambini? È un'ora che non li sento. ❺ Prendi quella spigola per la cena!

Esercizio 2 – Completate con le parole che mancano

❶ Ele diz que quer embarcar num navio! – Claro que não, está a brincar *(brinca)*!
. . . . che . . . . . imbarcarsi su . . . . ! – Ma no, ... !

❷ Mas por onde é que anda o meu passaporte? Não consigo encontrá-lo!
Ma dove . . . . il mio . . . . ? Non . . . . a . . . . !

❸ Não se sintam *(vos senteis)* culpados por estarem atrasados!
Non . . . . colpevoli di essere . . . .

❹ Amanhã é preciso ver a chegada dos barcos de pesca!
Domani . . . . vedere . . . . delle . . . . . . da pesca !

❺ Meninos, olhem *(olhai)* as estrelas do mar, mas não as comam *(as comeis)*!
Bambini, ... le . . . . , ma non . . . . !

Correcção do exercício 1

❶ Por lá terão decidido dar um salto ao porto. ❷ Vá lá, descontraiam-se, vocês estão de férias! ❸ Está sempre atrasado e nunca se sente culpado. ❹ Mas por onde andam as crianças? Há uma hora que não as ouço. ❺ Leva aquele robalo para o jantar!

Correcção do exercício 2

❶ Dice – vuole – una nave – scherza ❷ – sarà finito – passaporto – riesco – trovarlo ❸ – sentitevi – in ritardo ❹ – bisogna – l'arrivo – barche – ❺ – guardate – stelle marine – mangiatele

O robalo *chama-se* **spigola** *no Sul de Itália e* **branzino** *no Norte, enquanto um* **panino***, que é um pãozinho no sul de Itália, chama-se* **una michetta***, no Norte. A palavra* **broccoli***,* brócolos*, aplica-se a legumes diferentes segundo as regiões... Efectivamente, isto acontece com vários alimentos e a explicação é mais uma vez a assimilação de dialectos regionais que teve lugar com a unificação italiana, conforme referimos na lição 58.*

Segunda vaga: 13ª lição

63 Sessantatreesima lezione

Revisione – Revisão

1 O futuro

Eis o futuro do verbo **essere**, *ser/estar*:

io sarò	eu serei
tu sarai	tu serás
lui/lei sarà	ele/ela será
noi saremo	nós seremos
voi sarete	vós sereis
loro saranno	eles/elas serão

e o futuro do verbo **avere**, *ter*, *haver*:

io avrò	eu terei
tu avrai	tu terás
lui/lei avrà	ele/ela terá
noi avremo	nós teremos
voi avrete	vós tereis
loro avranno	eles/elas terão

E agora, o futuro das três conjugações de verbos regulares:

• 1ª conjugação: **tornare**, *voltar*, *regressar*

io torn-erò	eu voltarei
tu torn-erai	tu voltarás
lui/lei torn-erà	ele/ela voltará
noi torn-eremo	nós voltaremos
voi torn-erete	vós voltareis
loro torn-eranno	eles/elas voltarão

• 2ª conjugação: **decidere**, *decidir*

io decid-erò	eu deciderei
tu decid -erai	tu decidirás
lui/lei decid-erà	ele/ela decidirá
noi decid-eremo	nós decidiremos
voi decid-erete	vós decidireis
loro decid-eranno	eles/elas decidirão

• 3ª conjugação: **partir**, *partir*

io part-irò	eu partirei
tu part-irai	tu partirás
lui/lei part-irà	ele/ela partirá
noi part-iremo	nós partiremos
voi part-irete	vós partireis
loro part-iranno	eles/elas partirão

Há poucos verbos irregulares no futuro; poderá consultá-los no apêndice gramatical.
O futuro também pode ser usado para exprimir uma dúvida: **Saranno già partiti?**, *Será que já partiram?*; ou uma probabilidade: **Sarà stanco dopo questo viaggio**, *Deve estar cansado depois desta viagem.*

2 O futuro próximo

Vou partir dentro de dias pode dizer-se **parto tra qualche giorno** ou **partirò tra qualche giorno**, ou seja, usando o presente ou o futuro, aliás como em português. Pode usar-se a expressão **sto per partire**, *estou de saída*, quando se trata de um acontecimento iminente: **Stavo per uscire di casa quando il telefono ha suonato**, *Estava quase a sair de casa quando tocou o telefone.* Também se pode usar a expressão **sul punto**: **Ero sul punto di partire**, *Estava prestes a partir.*

63 ### 3 O passado próximo

A expressão "acabei de chegar" traduz-se em italiano por: **Sono appena tornato/-a**.

4 O imperativo

Tal como em português, o imperativo pode igualmente transmitir um convite ou uma exortação: **Su, venite con noi!**, *Vá, venham connosco!*; **Ma sì, lasciatevi andare!**, *Vá lá, descontraiam-se!*

5 *Mi piace / mi piacciono*

Mi piace il mare, *Gosto do (agrada-me o) mar*; **mi piacciono i viaggi**, *gosto de (agradam-me as) viagens*. Repare que não é necessário usar qualquer preposição, mesmo no caso de **mi piace** ser seguido de um verbo: **mi piace sognare**, *gosto de (agrada-me) sonhar*.

6 *Occorre*

O verbo **occorre** é um verbo impessoal (usado apenas na 3ª pessoa do singular ou do plural) que pode substituir tanto **ho bisogno**, *preciso*, como **bisogna**, *é preciso*, *faz-me falta*: **mi occorre tempo**,

Dialogo di revisione

1 – Sai che mi piace molto fare progetti per le vacanze!
2 Ho deciso che quest'anno andremo al mare, e faremo barca a vela,
3 che Piero avrà un corso di nuoto e Lisa uno di equitazione.
4 – Beati voi! Io invece passerò quattro settimane in montagna!
5 – Ieri ho sentito Piero,
6 dice che sta per partire per un anno sabbatico in India,
7 e non è per niente spaventato, anzi è piuttosto esaltato!

preciso de tempo; **mi occorrono due valigie**, *preciso de duas malas*; **occorre sbrigarsi**, *temos de nos despachar*. No entanto, deve ser empregue em ocasiões um pouco mais formais.

7 O sufixo *-one*

À semelhança do português, o sufixo **-one** masculiniza a palavra alterada: **una valigia → un valigione**, *uma mala, um malão*; ou **una donna → un donnone**, *uma mulher, um mulherão*.

8 Superlativos

O italiano moderno incorporou alguns prefixos de origem latina e grega, tais como **super**, *super*, **iper**, *hiper* e **stra**, *extra*, na formação de novos superlativos: **è ipersimpatico**, *é simpatiquíssimo*; **è strapotente**, *é fortíssimo/ extra forte*.

9 Frases úteis

Sto per realizzare un progetto meraviglioso!
Non mi spaventa per niente, anzi mi esalta!
Ho appena sentito Marco, ti saluta!
Ma dove saranno finiti i bambini?

Tradução

1 – Sabes que gosto muito de fazer planos para as férias!
2 Decidi que este ano iremos à praia para fazermos vela,
3 e que o Piero terá um curso de natação e a Lisa um de equitação.
4 – Sorte a vossa! Eu vou passar quatro semanas na montanha!
5 – Ontem falei com o Piero,
6 diz que está de partida para um ano sabático na Índia,
7 e que não está nada assustado, pelo contrário, está bastante entusiasmado!

8 – Elena invece è appena tornata da un trekking sul Monte Bianco.
9 – Sai com'è, le occorrono sempre vacanze ipersportive.
10 È tutto il contrario di Claudio che vuole solo lasciarsi andare e guardare l'arrivo delle barche da pesca.

64 Sessantaquattresima lezione

Quanta posta ①!

1 – Guarda la posta che abbiamo ricevuto, Luisa! Dopo due settimane di vacanze,
2 la cassetta delle lettere era piena fino all'orlo!
3 – Fammi ② vedere ③ chi ci ha scritto!
4 Mi piace da pazzi ④ ricevere lettere!
5 – Piano! Mi fai cadere tutto di mano!
6 – Scusami, sono troppo impaziente!

Notas

① A palavra **posta** traduz a palavra portuguesa *correio*: **Devo andare alla posta**, *Tenho de ir ao correio*. No entanto, já não acontece o mesmo com *caixa do correio*, **cassetta delle lettere**. Traduzido literalmente, teríamos: **cassetta**, *caixita* (diminutivo de **cassa**, *caixa*) e **delle lettere**, *das cartas*.

② Quando a 2ª pessoa do imperativo do singular dos verbos **fare**, *fazer*, **dare**, *dar*, **dire**, *dizer*, **andare**, *ir*, **stare**, *estar/ficar*, é seguida por um dos pronomes **mi**, *me*, **ti**, *te*, **le**, *lhe*, **ci**, *nos*, ou por **ne** e **ci**, estes unem-se ao verbo e dobram a consoante: **da**, *dá* → **dalle**, *dá-lhe*; **di**, *diz* → **dimmi**, *diz-me*; **fa**, *faz* → **fatti**, *faz-te*; **va**, *vai* → **vacci**, *vai lá*, etc.

8 – Já a Elena, acabou de chegar de uma caminhada no Monte Branco. **64**
9 – Sabes como ela é, está sempre a precisar de férias hiper desportivas.
10 É o oposto do Claudio, que só quer descontrair-se e observar a chegada dos barcos de pesca.

Segunda vaga: 14ª lição

Sexagésima quarta lição 64

Tanto correio!

1 – Olha o correio que recebemos, Luísa! Ao fim de *(Depois)* duas semanas de férias,
2 a caixa do correio *(das cartas)* estava cheia até acima *(à orla)*!
3 – Deixa-me *(Faz-me)* ver quem nos escreveu!
4 Adoro *(Agrada-me loucamente)* receber cartas!
5 – Devagar! Estás-me a fazer *(Fazes-me)* [deixar] cair tudo das mãos!
6 – Desculpa *(-me)*, estou muito *(demasiado)* impaciente!

③ Mais uma expressão idiomática com o verbo **fare**, *fazer*: **fare vedere**, *deixar ver* ou *mostrar*. **Fammi vedere quella gonna**, *Mostra-me aquela saia*.

④ **da pazzi**, *de loucos*, é uma expressão muito usada em italiano. Também se poderia dizer **mi piace da morire**, *gosto imenso*, ou utilizar a expressão **un sacco**, que já conhece da lição 30, nota 1.

7 Prendi ⑤ la mia borsa, per favore,
8 e dammi ② tutto il pacchetto…
9 Lasciami scoprire chi ha pensato a noi!
10 Dunque ⑥… una lettera della banca, la bolletta del telefono,
11 una pubblicità, la bolletta del condominio, le tasse…
12 Ma che posta è questa! Queste lettere non mi piacciono per niente! □

Notas

⑤ O verbo **prendere**, que já encontrou com o sentido de *tomar* (**prendere un caffè**, *tomar um café*) e de *buscar* (**la prendo subito**, *vou buscá-la já*), também pode ser traduzido por *agarrar*, *segurar*, etc.

⑥ **dunque**, *por conseguinte*, é uma conjunção conclusiva: **Siamo tutti d'accordo, dunque possiamo firmare un contratto**, *Estamos todos de acordo, por conseguinte, podemos assinar um contrato.* Isolada, é muito usada coloquialmente, à semelhança do nosso "sendo assim" ou "portanto".

***

Esercizio 1 – Traducete

❶ Dalle la sua borsa e prendile il suo cappotto. ❷ Nella mia cassetta delle lettere non c'era niente. ❸ Fammi una cortesia, telefonami domani sera. ❹ Le bollette non mi piacciono per niente. ❺ Non riempirgli il bicchiere fino all'orlo!

7 Agarra na minha carteira, por favor,
8 e dá-me o maço *(pacote)* todo…
9 Deixa-me ver *(descobrir)* quem pensou em nós!
10 Então [vejamos]… uma carta do banco, a conta do telefone,
11 *(uma)* publicidade, a conta do condomínio, os impostos…
12 Mas que correio é este! Estas cartas não me dizem *(agradam)* nada!

***

Correcção do exercício 1

❶ Dá-lhe a carteira e agarra-lhe no casaco. ❷ Na minha caixa do correio não havia nada. ❸ Faz-me um favor, telefona-me amanhã à noite. ❹ As contas não me agradam nada. ❺ Não lhe enchas o copo até acima!

Esercizio 2 – Completate con le parole che mancano

❶ Devagar! Não o faças cair!
. . . . . ! Non . . . . . cadere!

❷ Dá-me as cartas todas, deixa-me ver!
. . . . . tutte le lettere, ... vedere!

❸ Recebi os impostos e a conta do condomínio.
Ho ricevuto . . . . e la . . . . del condominio.

❹ Mostra-lhe as fotos do aniversário dela!
. . . . . vedere le . . . . del suo . . . .

65 Sessantacinquesima lezione

Vediamo, vediamo...

1 – Oh, finalmente… ecco una cartolina di Elena:
2 "Carissimi saluti ① da Positano"
3 – e Aldo aggiunge:
4 "Un abbraccio affettuoso".

Nota

① **carissimi saluti** ou **cari saluti** é uma fórmula que poderá usar nos postais que mandar aos seus novos amigos italianos.

❺ Diz-nos tudo o que [vocês] fizeram *(fizestes)* em Itália!
. . . . quello . . .   . in Italia!

Correcção do exercício 2
❶ Piano – farlo – ❷ Dammi – lasciami – ❸ – le tasse – bolletta – ❹ Falle – foto – compleanno ❺ Dicci tutto – che avete fatto –

Segunda vaga: 15ª lição

Sexagésima quinta lição 65

Vejamos, vejamos…

1 – Oh, até que enfim *(finalmente)*… olha *(eis)* um postal da Elena:
2 "Saudades *(Queridíssimas saudações)* de Positano"
3 – e [o] Aldo acrescenta:
4 "Um abraço afectuoso".

5 – Questa, invece ②, è una cartolina che abbiamo ricevuto da Pietro:
6 "Inondati di sole, perduti nella bellezza della natura,
7 impazienti di raccontarvi. A prestissimo."
8 – E qui c'è un avviso del condominio del nostro palazzo ③:
9 "Si informano ④ i Signori condomini che dal **10** al **30** agosto,
10 l'acqua mancherà dalle ore otto alle ore dodici,
11 a causa dei lavori di rinnovo dell'impianto di riscaldamento."
12 – Ci mancava pure ⑤ questa! … Oh, finalmente, una lettera di Gianna… □

Notas

② O uso de **invece**, *pelo contrário*, não implica necessariamente a ideia de oposição, mas apenas de comparação, que poderíamos traduzir por "Já o postal do Pietro…", o que resultaria numa frase algo forçada. Neste caso, uma vez que o uso frequente de **invece** na linguagem familiar italiana é um hábito que não tem correspondência em português, optamos por iniciar a frase pela conjunção "E…", o que traduz a ideia de comparação.

③ É mesmo verdade: **il palazzo** tanto serve para denominar *um palácio* como *um prédio de apartamentos*!

5 – [E] este *(, pelo contrário,)* é um postal que recebemos do Pietro:

6 "Inundados de sol, perdidos na beleza da natureza,

7 [estamos] impacientes para vos contarmos [tudo]. Até breve *(rapidíssimo)*".

8 – E aqui temos *(há)* um aviso do condomínio do nosso prédio *(palácio)*:

9 "Informamos *(informam-se)* os senhores condóminos que de *(do)* **10** a *(ao)* **30** de Agosto,

10 faltará a água das *(horas)* oito às *(horas)* doze horas,

11 devido aos *(por causa dos)* trabalhos de renovação do sistema de aquecimento."

12 – Só faltava [mais] esta! … Oh, finalmente, uma carta da Gianna…

④ Tal como em português, a forma chamada passiva impessoal de um verbo deve conjugar-se de acordo com o complemento directo, conforme este esteja no singular ou no plural: **Si informa la gentile clientela…**, *Informa-se a prezada clientela...* ou **Si informano i signori passeggeri…**, *Informam-se os senhores passageiros...*

⑤ **pure** é um advérbio equivalente a **anche**, *também*, *mesmo*, que já encontrou diversas vezes em lições anteriores. Repare que nesta frase idiomática, a partícula **ci** não corresponde a "nos"; embora pudéssemos dizer "só nos faltava...", na verdade, literalmente, a tradução correcta seria "só faltava aqui…"

65 **Esercizio 1 – Traducete**

❶ Ecco la lettera di Carla. Dice che è impaziente di vederci. ❷ Hai visto l'avviso del condominio? Pare che domani mancherà l'acqua tutto il giorno. ❸ Tra una settimana cominciano i lavori per il riscaldamento. ❹ Luca, scrivi qualcosa sulla cartolina per il nonno! ❺ Ecco, mamma, ho scritto: "Un abbraccio affettuosissimo!".

Esercizio 2 – Completate con le parole che mancano

❶ Perdidos na beleza desta cidade, pensamos muito em vocês!
. . . . nella . . . . di . . . . . . città, ... molto a voi!

❷ Até que enfim um postal da Paola!
. . . . una . . . . di Paola!

❸ Eu só recebi contas!
. . . . solamente . . . . !

❹ Lê aqui: "Informamos os senhores proprietários que vai haver uma festa no prédio"
. . . . . qui!: " . . . . i signori . . . . che ci . . . . una festa nel . . . . !"

❺ Era só o que nos faltava, a festa da Gianna!
. . . . la festa di Gianna!

Correcção do exercício 1

❶ Aqui está a carta da Carla. Diz que está impaciente para nos ver. ❷ Viste o aviso do condomínio? Parece que amanhã a água vai faltar o dia todo. ❸ Daqui a uma semana começam os trabalhos para o aquecimento. ❹ Luca, escreve qualquer coisa no postal para o avô! ❺ Olha, mamã, escrevi: "Um abraço muito afectuoso"!

Correcção do exercício 2

❶ Perduti – bellezza – questa – pensiamo – ❷ Finalmente – cartolina – ❸ Io ho ricevuto – bollette ❹ Leggi – Si informano – condomini – sarà – palazzo ❺ Ci mancava pure –

Segunda vaga: 16ª lição

66 Sessantaseiesima lezione

Grazie di tutto

1 “Car**i**ssimi,
2 Si**a**mo app**e**na rientr**a**ti da un vi**a**ggio piacevol**i**ssimo,
3 cominci**a**to nel migli**o**re d**e**i m**o**di gr**a**zie **a**lla v**o**stra cortes**i**a.
4 C**o**me ci avev**a**te consigli**a**to ①, **u**na v**o**lta part**i**ti da Ven**e**zia,
5 ci si**a**mo dir**e**tti v**e**rso le V**i**lle Palladi**a**ne, per p**o**i raggi**u**ngere Ver**o**na.
6 È st**a**to spl**e**ndido, **a**nche se abbi**a**mo av**u**to un p**i**ccolo incid**e**nte.
7 Erav**a**mo part**i**ti ① da **u**na mezz’**o**ra,
8 qu**a**ndo improvvisam**e**nte l’**a**uto si è ferm**a**ta.

Nota

① Mais dois exemplos do **trapassato prossimo**, *pretérito mais-que-perfeito composto* que, como vimos na lição 46 nota 2, é formado juntando as formas do imperfeito do verbo auxiliar ao particípio passado do verbo a conjugar. Aqui temos o auxiliar **avere** + **consigliare** (frase 4) e o auxiliar **essere** + **partire** (frase 7). É muito fácil desde que memorize bem o imperfeito destes dois verbos auxiliares: **avevo**, **avevi**, **aveva**, **avevamo**, **avevate**, **avevano** e **era**, **eri**, **era**, **eravamo**, **eravate**, **erano**.

Sexagésima sexta lição 66

Obrigado por *(de)* tudo

1 "Queridos *(queridíssimos)* [amigos],
2 Acabámos de chegar de uma viagem muito agradável *(agradabilíssima)*,
3 iniciada da melhor maneira *(no melhor dos modos)* graças à vossa simpatia *(cortesia)*.
4 Como [vocês] nos aconselharam *(nos tínheis aconselhado)*, logo que saímos *(uma vez saídos)* de Veneza,
5 tomámos a direcção das *(dirigimo-nos para as)* Vilas Paladianas, para depois irmos até *(alcançarmos)* Verona.
6 Correu muito bem *(Foi esplêndido)*, apesar de termos tido *(mesmo se tivemos)* um pequeno acidente.
7 Tínhamos saído há uma meia hora,
8 quando inesperadamente o carro parou.

9 Siamo dovuti scendere ② per cercare di capire cosa stava succedendo,
10 ma non c'è stato ③ niente da fare, abbiamo dovuto chiamare ② il carro attrezzi.
11 Ancora mille grazie,
12 e, nella speranza di poter ricambiare appena ④ possibile la vostra ospitalità,
13 un saluto affettuosissimo ⑤.
Enza e Ludovico" □

Notas

② Os verbos **dovere**, *dever*, **potere**, *poder* e **volere**, *querer*, conjugam-se com o auxiliar do verbo que os segue. Assim, vemos que no primeiro exemplo, **siamo dovuti scendere**, *tivemos de descer*, é usado o auxiliar **essere**, e no segundo, **abbiamo dovuto chiamare**, *tivemos de chamar*, é usado o auxiliar **avere**.

③ **non c'è stato**, *não houve*. O verbo **essere**, antecedido pela partícula **ci** adquire o sentido de *existir*, mas também de *estar*: **c'è freddo**, *está frio*; **c'è la signora in casa?**, *a senhora está em casa?*

***

Esercizio 1 – Traducete

❶ Arrivederci, carissimi, e grazie di tutto. ❷ Mille grazie per la vostra splendida ospitalità. ❸ Un saluto affettuosissimo per i miei zii preferiti. ❹ Speriamo di potervi incontrare appena possibile. ❺ Grazie alla vostra cortesia e alla vostra ospitalità il nostro viaggio è stato piacevolissimo.

9 Tivemos de sair *(descer)* para tentar *(procurar)* perceber o que é que estava a acontecer *(acontecendo)*,
10 mas não havia *(houve)* nada a fazer, tivemos de chamar um *(o)* reboque.
11 Mais uma vez *(ainda)* obrigado *(mil agradecimentos)*,
12 e, esperando *(na esperança de)* poder retribuir logo que possível a vossa hospitalidade,
13 um abraço afectuoso *(uma saudação afectuosíssima)*. Enza e Ludovico"

④ **appena possibile**, *logo que possível*. Como vimos na lição 60 nota 1, a preposição **appena**, quando acompanha um particípio passado, traduz a expressão "acabar de" (frase 2).

⑤ As fórmulas usadas no final das cartas e postais são muito simples. **Affettuosi saluti** ou **cari/carissimi saluti**, podem ser utilizadas em todas as relações de amizade. **Distinti saluti** é a fórmula mais usada na correspondência profissional.

***

Correcção do exercício 1

❶ Adeus, queridos, e obrigado por tudo. ❷ Muito obrigado pela vossa esplêndida hospitalidade. ❸ Um abraço afectuoso para os meus tios preferidos. ❹ Esperamos poder encontrar-vos logo que possível. ❺ Graças à vossa simpatia e à vossa hospitalidade, a nossa viagem foi muito agradável.

66 Esercizio 2 – Completate con le parole che mancano

1. Acabo de regressar de Verona.
   .... da Verona.

2. Visitei tudo o que me aconselhaste.
   Ho visitato tutto .... mi ....

3. O meu irmão teve de ir a casa da Carla.
   Mio fratello . ... da Carla.

4. Queria saber o que é que ele estava a ver.
   ...... sapere che cosa ....

Na região do Vêneto e em redor das cidades de Veneza, Verona, Vicência e Pádua, existem mais de 2 000 palacetes rurais, as chamadas "vilas" italianas. Estas residências que, durante a Idade Média, foram simples casas senhoriais situadas em explorações agrícolas, a partir do Renascimento tornam-se progressivamente mais sofisticadas. As mais sumptuosas foram construídas durante os séculos XVI e XVII, obra de arquitectos como Sanmicheli ou Scamozzi e, sobretudo, do seu mestre, Andrea Palladio. Este famoso arquitecto, nascido em Pádua em 1508, foi o último dos grandes arquitectos renascentistas e a sua influência foi incomparável, tan-

❺ Não há nada a fazer, é preciso chamar o reboque.
Non c'è . . . . , ... chiamare il . . . .

Correcção do exercício 2

❶ Sono appena tornato – ❷ – quello che – avevi consigliato ❸ – è dovuto andare – ❹ Volevo – stava guardando ❺ – niente da fare – bisogna – carro attrezzi

to em Itália como no resto do mundo. Palladio desenhou as suas vilas de acordo com critérios inovadores para a época, adaptados ao novo estilo de vida dos proprietários, o que lhes permitia dedicarem-se confortavelmente ao estudo e passear num enquadramento agradável, assim como receber visitantes em condições requintadas. A maior parte destas residências eram rodeadas de jardins soberbos, por vezes animadas de jactos de água, e a decoração interior era frequentemente confiada a pintores de renome como Veronese, Zelotti ou Gualtiero.

Segunda vaga: 17ª lição

67 Sessantasettesima lezione

Passione: natura

1 – Sai, caro, ho sentito Pietro,
2 verrà ① a cena da noi stasera,
3 e finalmente berremo ① il famoso Pinot di cui ci ha tanto parlato!
4 – Penso che vedremo ① anche le centinaia ② di foto che fa di solito!
5 A quanto pare ha visitato vari ③ parchi naturali;

Notas

① **verrà** é o futuro do verbo **venire**, *vir*; **berremo** do verbo **bere**, *beber*, e **vedremo** do verbo **vedere**, *ver*. Como pode constatar, estes três verbos são irregulares no futuro. Não se preocupe, com a prática acabará por assimilar gradualmente todas estas variações. As conjugações completas estão no apêndice gramatical.

② Em italiano, **un centinaio**, *uma centena/um cento*, é masculino no singular, mas o plural é feminino: **delle centinaia**, *umas centenas*.

Paixão pela natureza

1 – Sabes, querido, falei com *(ouvi)* [o] Pietro,
2 virá jantar connosco esta noite,
3 e finalmente beberemos o famoso Pinot de que tanto nos falou!
4 – Penso que veremos também a centena de fotos que costuma fazer *(faz de costume)*!
5 Ao que parece, visitou vários parques naturais;

③ Tal como em português, o adjectivo indefinido **vari**, *vários*, existe apenas no plural; enquanto **ogni** (tal como **qualche**) se refere a um grupo e, como tal, não só é invariável (no feminino e no masculino) como antecede sempre um substantivo no singular. Nesse sentido, corresponde a *cada*: **ogni animale, ogni fiore e ogni albero**, *cada animal, cada flor e cada árvore*). Já na frase 8, **tutti** é o plural de **tutto** (**tutta/e**) embora a palavra **album** (tal como **foto**) não tenha plural! Parece complicado… mas só tem de estar muito atento às concordâncias!

67

6 – sono sicura che ha fotografato ogni animale, ogni ③ fiore e ogni albero che ha incontrato!

7 – Ma non mi avevi detto che era cambiato ④,

8 che aveva deciso di buttar via ⑤ tutti ③ gli album di foto che accumula da anni,

9 e di cui non fa mai niente!

10 – Figurati ⑥ ! Non ci riuscirà mai!

11 Prepariamoci ad una conferenza sulla natura lunga e appassionata!

12 – Meno male che porta anche il Pinot! □

Notas

④ O verbo **cambiare**, *mudar*, quando se refere ao sujeito da frase, conjuga-se com o auxiliar **essere**: **Carla è molto cambiata**, *A Carla mudou muito*. No entanto, quando se refere ao complemento directo, deve usar-se o auxiliar *avere*: **Ho cambiato il pantalone che avevo comprato**, *Troquei as calças que tinha comprado*.

***

Esercizio 1 – Traducete

❶ Figurati! Non berrò mai quel vino! ❷ Meno male che ci sarà una conferenza e centinaia di foto da vedere! ❸ È un parco naturale molto conosciuto! ❹ Ti farò vedere tutti i miei album di foto. ❺ Mi aveva detto che Pietro era cambiato, ma non ci riuscirà mai!

6 – [e] tenho a certeza que fotografou todos os animais, todas as flores e todas as árvores que encontrou!
7 – Mas [ele] não disse *(tinha dito)* que tinha mudado,
8 que decidira *(tinha decidido)* deitar fora todos os álbuns de fotos que acumula há anos,
9 e dos quais nunca faz nada!
10 – Achas?! Não vai conseguir *(nunca o conseguirá)*!
11 Preparemo-nos para uma longa e apaixonada sessão *(conferência)* sobre a natureza!
12 – Felizmente *(menos mal)* que ele também traz o Pinot!

⑤ Há vários verbos que se podem usar seguidos de um advérbio que, por assim dizer, se torna parte integrante desse mesmo verbo. Neste caso, **buttar via**, *deitar fora*.

⑥ Lembra-se desta expressão, tão frequente em italiano? Já a tínhamos encontrado na lição 46, frase 5.

***

Correcção do exercício 1

❶ Achas! Eu nunca beberei esse vinho! ❷ Felizmente haverá uma conferência e centenas de fotos para ver! ❸ É um parque natural muito conhecido! ❹ Mostrar-te-ei os meus álbuns de fotos todos. ❺ Tinha-me dito que o Pietro mudara, mas ele jamais o conseguirá!

67 Esercizio 2 – Completate con le parole che mancano

❶ Apetece-me deitar fora todas estas fotos velhas!
Ho voglia di . . . . tutte . . . . . . vecchie . . . . !

❷ Fez centenas de viagens e vai continuar a fazê-las.
Ha fatto . . . . di viaggi e ne . . . .

❸ Felizmente vai haver vinho!
. . . . che ci . . . . del . . . . !

❹ *(Ela)* Não mudou, não mudará nunca!
Non . . . . , non . . . . mai!

Sabia que ainda antes dos Romanos foram os Enotri, um povo nativo do sul de Itália, quem descobriu a arte de fabricar e conservar o vinho? Os Enotri viviam na região denominada actualmente Basilicata mas, a partir do século V A.C., foram sucessivamente invadidos por Gregos e Romanos. Embora não conseguissem opor-se ao poder bélico dos invasores, acabaram por lhes transmitir o seu saber que, desde então, não mais deixou de se aperfeiçoar. Os Romanos produziam mais de 200 tipos diferentes de vinho e estenderam a cultura da vinha a todas as regiões do império romano. Actualmente, a Itália é um dos maiores produtores de vinho mundiais com mais de 3 000 vinhos de características bem definidas, produzidos em todas as regiões do país e em constante evolução. A classificação dos vinhos italianos abrange os chamados vinhos

❺ Irei a tua casa amanhã e finalmente verei o teu jardim! **67**

. . . . . da te domani, e . . . . . finalmente . . . . . giardino!

Correcção do exercício 2

❶ – buttar via – queste – foto ❷ – centinaia – farà ancora ❸ Meno male – sarà – vino ❹ – è cambiata – cambierà – ❺ Verrò – vedrò – il tuo –

DOCG (Denominazione d'Origine Controllata e Garantita, Denominação de Origem Controlada e Garantida*), provenientes das castas mais prestigiadas, os vinhos* **DOC (Denominazione d'Origine Controllata**, Denominação de Origem Controlada*) que privilegiam as características das regiões de origem e os vinhos* **IGT (Indicazione Geografica Garantita**, Indicação Geográfica Garantida*), que indicam apenas o lugar de proveniência e correspondem, em Portugal, aos vinhos regionais. Finalmente, existem* **i vini da tavola**, os vinhos de mesa *que, embora não cumprindo os critérios estabelecidos para as outras categorias, podem proporcionar boas surpresas.*

Segunda vaga: 18ª lição

68 Sessantottesima lezione

Proteggete la natura!

1 – Sono indignato! Sono fuori di me!
2 Ma com'è possibile maltrattare a tal punto la natura?
3 Fiumi inquinati dagli ① scarichi industriali,
4 spiagge sporche, piene di mozziconi di sigarette e di resti di picnic,
5 foreste bruciate per sventatezza,
6 specie di animali e di piante che spariscono per ② la stupidità della gente ③ !
7 – Dai, Pietro, non esagerare!

Notas

① A preposição **da** é empregue para introduzir o complemento directo, correspondente a *por*: **dagli (da + gli)**, *pelas (por+as)*.

② A preposição **per**, geralmente traduzida por *por*, *para*, *durante*, funciona aqui para exprimir a causa da acção verbal, regendo a chamada expressão preposicional: **Luca grida per il dolore**, *O Luca grita de dor.* **Il bambino piange per la fame**, *A criança chora de fome.*

③ Já vimos na lição 45 que, em italiano, é mais comum usar a palavra **gente** para designar um grupo indeterminado de pessoas: **ho conosciuto della gente simpática**, *conheci uma gente simpática (umas pessoas simpáticas).*

Protegei a natureza!

1 – Estou indignado! Estou fora de mim!
2 Mas como é possível maltratar *(a tal ponto)* a natureza a tal ponto?
3 Rios poluídos *(inquinados)* pelas descargas industriais,
4 praias sujas, cheias de beatas de cigarros e de restos de piquenique,
5 florestas incendiadas por incúria,
6 espécies de animais e de plantas que desaparecem devido à *(pela)* estupidez das pessoas!
7 – Vá lá, Pietro, não exageres!

68

8 La situazione non è così drammatica! Ci sono un sacco di posti ancora intatti,
9 e mi pare ④ che l'interesse per i problemi dell'ambiente è sempre più diffuso!
10 Oramai ⑤ molti gruppi, sia politici che ⑥ spontanei,
11 militano per la salvaguardia del patrimonio naturale!
12 – Sarà ! A me ④ sembra che il malcostume aumenta ogni giorno! □

Notas

④ Compare **mi pare**, *parece-me* com **a me sembra** (frase 12), *a mim parece-me*, respectivamente a forma fraca e forte do pronome pessoal. Se já não se recorda, reveja as lições 35, parágrafo 5; e 41, nota 1.

***

Esercizio 1 – Traducete

❶ Dai, non esagerare, la spiaggia non è così sporca! ❷ Sono fuori di me! Ho trovato la casa piena di mozziconi di sigarette! ❸ È un gruppo politico che ha un grande interesse per i problemi ambientali. ❹ Pietro ha sempre militato per la salvaguardia della natura. ❺ Sarà! Ma a noi sembra che i mari e i fiumi sono molto inquinati.

8 A situação não é [assim] tão dramática! Há um monte de sítios ainda intactos,
9 e parece-me que o interesse pelo problema do ambiente está cada vez *(sempre)* mais difundido!
10 Hoje em dia, [há] muitos grupos, quer políticos quer cívicos *(espontâneos)*,
11 [que] militam pela salvaguarda do património natural!
12 – Pode ser *(Será)*! A mim parece-me que os maus hábitos aumentam a cada dia [que passa].

⑤ **Oramai** é uma variante ortográfica do advérbio **ormai**.

⑥ **sia… che** corresponde a *tanto... como*, mas também podíamos usar a locução **sia… sia**, *quer... quer*, *seja... seja*, etc.

***

Correcção do exercício 1

❶ Vá lá, não exageres, a praia não está assim tão porca! ❷ Estou fora de mim! Encontrei a casa cheia de beatas de cigarro! ❸ É um partido político que manifesta um grande interesse pelos problemas ambientais. ❹ O Pietro militou sempre pela salvaguarda da natureza. ❺ Pode ser! Mas a nós parece-nos que os mares e os rios estão muito poluídos.

Esercizio 2 – Completate con le parole che mancano

❶ As pessoas que não protegem a natureza são realmente estúpidas!
. . . . che non . . . . la natura . veramente . . . . !

❷ Como é que é possível esquecer os problemas do ambiente?
Com'è . . . . i problemi . . . . . ambiente ?

❸ Agora é demasiado tarde!
È troppo . . . . !

❹ Não exageres, Marco, não é deixes os teus brinquedos por todo o lado!
. . . . , Marco, non . . . . i tuoi giocattoli . . . . !

69 Sessantanovesima lezione

Un itinerário di sogno!

1 – Insomma, Pietro, ti sei molto arrabbiato per la mancanza di rispetto verso la natura;
2 ma hai fatto qualcos'altro durante il tuo viaggio?
3 – Carla ed io volevamo attraversare tutta l'Italia in macchina,

❺ Parece-me que ele maltrata o seu automóvel.
. . . . che . . . . la sua auto.

Correcção do exercício 2

❶ La gente – protegge – è – stupida ❷ – possibile dimenticare – dell' – ❸ – tardi oramai ❹ Non esagerare – mettere – dappertutto ❺ Mi sembra – maltratta –

Segunda vaga: 19ª lição

Sexagésima nona lição 69

Um itinerário de sonho!

1 – Em resumo, Pietro, zangaste-te muito devido à *(pela)* falta de respeito pela natureza;
2 mas fizeste mais alguma coisa durante a tua viagem?
3 – [A] Carla e eu queríamos atravessar *(toda)* a Itália inteira de carro,

69 **4** quindi siamo andati in aereo fino a Milano,
5 e lì abbiamo noleggiato ① una macchina.
6 Durante il viaggio ② abbiamo potuto vedere innumerevoli ③ paesaggi ② sfilare attraverso i finestrini ④!
7 Erano tutti diversissimi tra di loro, ma tutti meravigliosi ②:
8 i laghi lombardi, le splendide città storiche del nord, Bergamo, Mantova, Padova…
9 Poi abbiamo incontrato l'indescrivibile dolcezza della campagna toscana e umbra,

Notas

① Ao verbo português *alugar* correspondem dois verbos em italiano: **noleggiare**, se se trata de um automóvel, de uma bicicleta, de um filme, etc. e **affittare**, no caso de um apartamento ou de uma casa. No entanto, coloquialmente, é costume usar-se **affittare** em detrimento de **noleggiare**, que é usado na linguagem escrita e administrativa.

② **il paesaggio**, *a paisagem;* **il viaggio**, *a viagem*. Repare que as palavras italianas terminadas em **-ggio** normalmente são masculinas, ao contrário das palavras correspondentes em português, terminadas em *-gem*, que geralmente são femininas. E não se engane nas concordâncias: **tutti meravigliosi** é o masculino plural correspondente a **paesaggi**! ▸

4 por isso fomos de avião até Milão,
5 e *(ali)* alugámos um carro.
6 Durante a viagem, pudemos ver desfilar inúmeras paisagens através das janelas [do carro]!
7 Eram todas muito diferentes entre si, mas todas maravilhosas:
8 os lagos da Lombardia *(lombardos)*, as esplêndidas cidades históricas do norte, Bergamo, Mantova, Padova...
9 A seguir, descobrimos *(encontrámos)* a indescritível doçura do campo da Toscana *(toscano)* e da Úmbria *(úmbrico)*,

③ **innumerevoli**, *inumeráveis*, é uma palavra bastante formal. Poderíamos usar **numerosi**, *numerosos*, **molti**, *muitos* ou, informalmente, **un sacco**, *uma série*, *uma data de…*

④ Atenção! Neste contexto, **finestrino** não designa uma *janela* (**finestra**) pequena, mas apenas as janelas de uma viatura. Existem efectivamente bastantes palavras que aparentam ser diminutivos e podem induzir em erro: **un canino**, por exemplo, não é o diminutivo de *cão*, **cane**, mas sim *um dente*! E **un orecchino** não é o diminutivo de *orelha*, **orecchio** (masculina, em italiano), é *um brinco*!

69

10 le chiese medievali di marmo bianco e rosa…

11 Poi siamo scesi più giù (5), più al sud, ed è stata la volta dei musei etruschi,

12 dei siti archeologici romani e greci, di Pompei e di Pestum…

13 – Mio Dio, Pietro, smettila, mi fai girare la testa!

Nota

(5) **siamo scesi più giù**, *descemos mais para baixo*. Tome nota de **giù**, *baixo*, que é uma palavra muito frequente na linguagem familiar. Como lhe fizemos notar na lição 67, nota 5, a propósito de **via** (**buttar via**), **giù** vem reforçar o sentido do verbo **scendere**, *descer*. Repare ainda no particípio irregular **sceso**, *descido*.

***

Esercizio 1 – Traducete

❶ Mi sono arrabbiata con Pietro perché non mi ha mandato neppure una cartolina. ❷ Ho noleggiato una super macchina fino a domenica prossima. ❸ Ho visitato innumerevoli chiese e siti archeologici. ❹ Siamo scesi giù in macchina, fino al sud dell'Italia. ❺ Smettetela, ragazzi, mi fate girare la testa!

10 [e] as [suas] igrejas medievais, em mármore branco e rosa…

11 Depois continuámos a descer *(descemos mais baixo)*, mais para sul, e foi a vez [de visitarmos] os *(dos)* museus etruscos,

12 [e] os *(dos)* sítios arqueológicos romanos e gregos, *(de)* Pompei e *(de)* Paestum…

13 – Meu Deus, Pietro, pára, pões-me a cabeça a andar à roda *(fazes-me girar a cabeça)*!

***

Correcção do exercício 1

❶ Zanguei-me com o Pietro porque nem sequer me mandou um postal. ❷ Aluguei um bólide até ao próximo domingo. ❸ Visitei inúmeras igrejas e locais arqueológicos. ❹ Continuámos a descer de carro até ao sul de Itália. ❺ Parem, rapazes, estão-me a pôr a cabeça a andar à roda!

69 **Esercizio 2 – Completate con le parole che mancano**

❶ Que *(quais)* cidades visitaram durante a vossa viagem?
. . . . avete visitato durante . . . . viaggio?

❷ Marco, podes abrir a janela, por favor?
Marco, ... aprire . . . ., ... ?

❸ Luca desceu *(baixo)* para o jardim, queria brincar com o balão.
Luca . . . . in giardino, ... giocare col . . . .

❹ Sabes que a Ida pôs a cabeça do Cláudio a andar à roda!
. . . che Ida . . . . a Claudio!

❺ As cidades medievais do norte agradam-me mais do que os sítios arqueológicos do sul.
Le città . . . . del nord mi piacciono . . . . . . siti . . . . del sud.

Correcção do exercício 2

❶ Quali città – il vostro – ❷ – puoi – il finestrino – per favore ❸ – è sceso giù – voleva – pallone ❹ Sai – ha fatto girare la testa – ❺ – medievali – più dei – archeologici –

Segunda vaga: 20ª lição

70 Settantesima lezione

Revisione – Revisão

1 Os verbos

1.1 O imperativo de *fare*, *dire*, *dare*, *stare*, *andare*

Quando o imperativo dos verbos **fare**, *fazer*, **dire**, *dizer*, **dare**, *dar*, **stare**, *estar/ficar*, **andare**, *ir*, é seguido dos pronomes **mi**, *me*, **ti**, *te*, **lo**, *o*, **la**, *a*, **li**, *os*, **le**, *as*, **lui**, *lhe*, **ci**, *nos*, **ne**, *isso*, estes devem ser ligados ao verbo por uma consoante dupla: **Luca, danne un po' a Luisa**, *Luca, dá um pouco disso à Luisa.*

1.2 A forma impessoal dos verbos

Um verbo na forma passiva impessoal deve concordar com o complemento directo: **Si informa la gentile clientela**, *Informa-se a prezada clientela*, no singular e **Si informano i Signori condomini**, *Informam-se os senhores proprietários*, no plural.

Dialogo di revisione

1 – Sai che Francesco mi ha mandato una cartolina da Venezia?
2 Però diceva solamente "Carissimi saluti"!
3 – Beata te! Io invece ho ricevuto solo bollette: banca, condominio, telefono!
4 – Figurati che ieri sera ho visto Pietro a cena dai Rossi,

1.3 A escolha do auxiliar dos verbos *potere*, *dovere* e *volere*

Quando os verbos **potere**, **dovere** e **volere**, *poder*, *dever* e *querer*, são seguidos de um verbo no infinitivo, deve ser usado o auxiliar desse verbo. Assim, embora o auxiliar de **dovere** seja **avere**, como em **ho dovuto chiamare Luisa**, *tive de chamar a Luísa*, em **sono dovuta andare a Napoli**, *tive de ir a Nápoles* é usado auxiliar do verbo **andare** que é **essere**.

1.4 Os verbos seguidos de advérbios

Certos verbos podem ser usados sozinhos ou seguidos de um advérbio que o reforça ou lhe altera o sentido: **buttar via**, *deitar fora*; **scendere giù**, *descer (para baixo)*.

2 Frases úteis

Piano!
Carissimi saluti!
Un abbraccio affettuoso!
Ci mancava pure questa!
Mille grazie!
Sono fuori di me!

Tradução

1 – Sabes que o Francesco me mandou um postal de Venezia?
2 Mas só dizia "Saudades" *(Saudações cordiais)*!
3 – Sorte a tua! Eu só recebi contas: [do] banco, [do] condomínio, [do] telefone!
4 – Imagina que ontem à noite vi o Pietro [num] jantar em casa dos Rossi,

5 era indignato perché dice che non c'è più rispetto per la natura,
6 che la gente distrugge il patrimonio naturale…
7 Ci ha fatto vedere centinaia e centinaia di foto: piante, fiori, animali di ogni specie.
8 Poi ci ha parlato di tutte le chiese e i musei che ha visitato,
9 e di un incidente che ha avuto sull'autostrada vicino alle ville Palladiane…
10 Per fortuna aveva portato anche un meraviglioso Pinot!

---

71 Settantunesima lezione

Quale facoltà scegliere?

1 – Allora, Alessandra, hai deciso a quale facoltà ti iscrivi?
2 – Che disastro, non riesco a decidere!
3 È un mese che ho la maturità e cambio idea ogni giorno!
4 Un giorno penso che mi piacerebbe ① scegliere una disciplina artistica: storia dell'arte, architettura...

Nota

① A partir desta lição vamos abordar o condicional dos verbos através de inúmeros exemplos. Como sempre, tente memorizar cada uma das formas encontradas. Na próxima lição de revisão, dar-lhe-emos os exemplos das três conjugações dos verbos regulares.

5 estava indignado porque diz que já não há respeito pela natureza,
6 [e] que as pessoas destroem o património natural…
7 Mostrou-nos milhares *(centenas e centenas)* de fotos: plantas, flores [e] animais de todas as espécies.
8 A seguir falou-nos de todas as igrejas e museus que visitou,
9 e de um acidente que teve na auto-estrada perto das vilas Paladianas…
10 Felizmente tinha levado (também) um Pinot maravilhoso!

Segunda vaga: 21ª lição

Septuagésima primeira lição 71

Que faculdade escolher?

1 – Então, Alessandra, decidiste em que faculdade te inscreves?
2 – Que maçada *(desastre)*, não consigo decidir!
3 Há um mês que acabei o 12º ano *(tenho a maturidade)* e mudo de ideias todos os dias!
4 Um dia penso que gostava de *(me agradaria)* escolher uma disciplina artística: história de arte, arquitectura…

71

5 Un **a**ltro gi**o**rno penso che sar**e**bbe ② pi**ù** **u**tile lavor**a**re c**o**me m**e**dico o farmac**i**sta…

6 In eff**e**tti adorer**ei** ① **a**nche f**a**re d**e**gli st**u**di in psicolog**i**a e… perch**é** no in l**e**gge…

7 – H**ai** pens**a**to **a**nche **a**lle possibilit**à** di lav**o**ro che avr**e**sti ②?

8 – C**e**rto, ma qu**e**sto c**o**mplica anc**o**ra di pi**ù** le c**o**se!

9 Non è f**a**cile preved**e**re l'evoluzi**o**ne del merc**a**to del lav**o**ro.

10 Vorr**ei** ③ arriv**a**re alm**e**no f**i**no al M**a**ster,

11 ma preferir**ei** ① verament**e** f**a**re **a**nche un Dottor**a**to.

12 Nel fratt**e**mpo il t**e**mpo p**a**ssa, e **i**o d**e**vo iscr**i**vermi **e**ntro ④ un m**e**se! □

Notas

② Na mesma lição de revisão, lição 77, vai encontrar igualmente o condicional dos verbos auxiliares, **avere** e **essere**.

③ Os verbos irregulares no futuro são também irregulares no condicional, como é o caso de **volere**, *querer*. Pode consultar a conjugação completa no apêndice gramatical. Cuidado! Também existe **volerei**, que é o condicional – regular – do verbo **volare**, *voar*.

④ Já encontrámos **entro** na lição 47, nota 3, com o sentido de prazo: **Devo decidere entro il 31 luglio**, *Tenho de decidir antes de 31 de Julho*.

5 Noutro dia penso que seria mais útil trabalhar como médica ou farmacêutica…
6 No entanto, também adorava *(adoraria)* estudar *(fazer estudos em)* psicologia e… porque não, direito *(em lei)*…
7 – Também pensaste nas hipóteses de trabalho que terias?
8 – Claro, mas isso complica ainda mais as coisas!
9 Não é fácil prever a evolução do mercado de trabalho.
10 Queria *(Quereria)* chegar ao menos até ao mestrado,
11 mas, na realidade, preferia *(preferiria verdadeiramente)* [vir] ainda [a] fazer um doutoramento.
12 E entretanto o tempo vai passando *(passa)* e eu tenho de me inscrever [o mais tardar] daqui a um mês!

71 **Esercizio 1 – Traducete**

❶ Alessandra vorrebbe fare un Master, ma cambia idea ogni giorno. ❷ Adorerebbe essere medico o farmacista, ma non ha ancora la maturità. ❸ Luca si iscriverebbe volentieri in architettura o in storia dell'arte. ❹ Non riesco a prevedere l'evoluzione del mio lavoro. ❺ Non vorrei complicare le cose ancora di più.

Esercizio 2 – Completate con le parole che mancano

❶ Queria *(Quereria)* escolher mas mudo de ideias todos os dias!
.... e cambio idea .... !

❷ Adorava *(Adoraria)* prever a evolução do mercado de trabalho!
.... l'evoluzione del .... del ...... !

❸ Seria útil trabalhar como farmacêutico.
.... lavorare ....

❹ Não consigo decidir, não é fácil!
Non ...., non . ... !

Correcção do exercício 1

❶ A Alessandra gostaria de fazer um Mestrado, mas muda de ideias todos os dias. ❷ Adoraria ser médico ou farmacêutico, mas ainda não acabou o 12º ano. ❸ O Luca inscrever-se-ia de boa vontade em arquitectura ou em história de arte. ❹ Não consigo prever a evolução do meu trabalho. ❺ Não queria complicar ainda mais as coisas.

❺ Tenho de me inscrever [o mais tardar] daqui a três dias!
.... tre giorni!

Correcção do exercício 2

❶ Vorrei scegliere – ogni giorno ❷ Adorerei prevedere – mercato – lavoro ❸ Sarebbe utile – come farmacista ❹ – riesco a decidere – è facile ❺ Devo inscrivermi entro –

Segunda vaga: 22ª lição

72 Settantaduesima lezione

Ancora un concorso!

1 – Per cortesia, potrebbe ① dirmi quali documenti si devono ② presentare,
2 per un'iscrizione in medicina?
3 – Certo! Ci vuole ② un atto di nascita, un certificato di residenza,
4 e uno stato di famiglia ③;
5 più, evidentemente, il diploma di maturità.
6 Per tutti i diplomi occorrono ② gli originali, le fotocopie non sono valide.
7 Comunque Lei sa che nella nostra Università c'è il numero chiuso,

Notas

① **potrebbe**, *poderia*. Encontrará a conjugação completa do condicional do verbo **potere**, *poder*, no apêndice gramatical.

② Aproveitamos para fazer aqui uma revisão das expressões que traduzem a noção de necessidade, correspondente a "ter de", "dever", "é preciso", "são precisos", etc. Em primeiro lugar, **si deve**, **si devono**, fórmulas que devem obrigatoriamente ser seguidas por um verbo e que concordam com o complemento directo: **Si devono presentare i documenti allo sportello n. 6**, *É preciso (Deve) apresentar os documentos no guichet nº6*. Já **ci vuole**, **ci vogliono**, têm de ser seguidas por um substantivo: **Ci vuole un certificato di residenza**, *É preciso um certificado de residência*. **Ci vogliono molti documenti**, *São precisos muitos documentos*. Podemos usar também **è necessário**, **sono necessari/necessarie**, que se empregam como as expressões correspondentes em português, *é necessário*, *são necessários/* ▸

Septuagésima segunda lição 72

Mais um concurso!

1 – Por favor, podia *(poderia)* dizer-me quais os documentos [que] se devem apresentar,
2 para me inscrever *(uma inscrição)* em medicina?
3 – Claro! É preciso uma certidão de nascimento, um comprovativo de morada *(certificado de residência)*,
4 e um "atestado de família";
5 e *(mais)*, evidentemente, a ficha ENES *(o diploma de maturidade)*.
6 Para todos os diplomas são precisos os originais, as fotocópias não são válidas.
7 Além disso, a senhora sabe que na nossa universidade há "numerus clausus"

▸ *necessárias*. Temos ainda **bisogna**, que é invariável, e que se usa apenas antes de verbos: **Bisogna presentare l'originale del diploma**, *É preciso apresentar o original do diploma*. E, finalmente, **occorre**, **occorrono**, fórmulas mais formais, que podem anteceder tanto verbos como substantivos.

③ Os documentos mais importantes para quem reside em Itália são **la carta d'identità** (que desde 2006 tem vindo a ser progressivamente substituída por um cartão electrónico) e il **códice fiscale**, o *cartão de contribuinte*. O **attestato di famiglia**, "atestado de família", é um certificado que descreve a composição do agregado habitacional, a chamada "**famiglia anagrafica**", ou seja, o conjunto de pessoas que residem numa mesma habitação e num mesmo endereço.

72 **8** ed è quindi necessaria ② una idoneità.

9 – E Le dispiacerebbe dirmi che cosa si deve fare per ottenerla?

10 – Per il momento deve fare una semplice domanda sul formulario verde che potrà prendere allo sportello n. **6**.

11 E poi bisogna ② superare il concorso di ammissione…

***

Esercizio 1 – Traducete

❶ Potresti dirmi quali documenti ci vogliono per avere il passaporto? ❷ Per iscriversi in medicina bisogna superare un concorso di ammissione. ❸ Potrei avere uno stato di famiglia e un certificato di residenza? ❹ Ci dispiacerebbe molto perdere questa occasione di conoscere i tuoi amici. ❺ Non occorre nessun concorso.

8 e por isso é necessário uma prova de ingresso *(uma admissão)*.

9 – E importa-se de me dizer o que é que se tem de fazer *(para a obter)* ?

10 – Por agora, só tem de fazer uma *(simples)* requisição no formulário verde que pode *(poderá)* ir buscar ao guiché nº**6**.

11 E a seguir, é preciso passar no concurso de acesso *(admissão)*…

***

Correcção do exercício 1

❶ Poderias dizer-me quais os documentos necessários para obter *(ter)* o passaporte? ❷ Para se inscrever em medicina é preciso passar num concurso de acesso. ❸ Posso obter *(Poderia ter)* um "atestado de família" e um comprovativo de morada? ❹ Lamentaríamos muito perder esta ocasião para conhecer os teus amigos. ❺ Não é preciso nenhum concurso.

Esercizio 2 – Completate con le parole che mancano

❶ Agradar-me-ia muito ter estes documentos todos, o mais tardar até amanhã.
.. .. molto avere tutti questi .... domani.

❷ Podes ir buscar este formulário ao guiché nº3.
.... prendere questo formulario allo .... n. 3.

❸ Lamento, esqueci-me do "atestado de família", mas tenho a certidão de nascimento.
.. .., ho dimenticato lo ...., ma ho l' ....

---

73 Settantatreesima lezione

Roma, 9 ottobre 2004*

1 – Spett**a**bile ① Olietti,
2 Gradir**e**mmo ② ricevere **u**na confezi**o**ne della v**o**stra "off**e**rta promozion**a**le",

* *duemilaquattro*

Notas

① **Spettabile**, literalmente "respeitável", pode ser seguido tanto por um nome de uma empresa como de uma pessoa: **Spettabile Ingegner Reddi**, *Exmo. Senhor Engenheiro Reddi*. Noutras casos, pode-se usar o adjectivo **gentile**, que é um pouco mais informal: **Gentile Professore**, *Caro/Prezado Professor*. ▸

❹ Por agora, não tenho nenhuma informação sobre as admissões.
. . . . non ho . . . . informazione sulle . . . .

❺ Nunca se deve perder a paciência.
. . . . mai perdere la . . . .

Correcção do exercício 2

❶ Mi piacerebbe – documenti entro – ❷ Puoi – sportello – ❸ Mi dispiace – stato di familio – atto di nascita ❹ Per il momento – nessuna – ammissioni ❺ Non bisogna – pazienza

Segunda vaga: 23ª lição

Septuagésima terceira lição 73

Roma, 9 de Outubro de 2004

1 – Exmos. Senhores *(Respeitável Olietti)*,
2 Gostaríamos de receber uma encomenda da vossa "oferta promocional",

② Já deve ter reparado que a primeira pessoa do plural do futuro e do condicional apresentam apenas uma pequena diferença: **gradiremo** (futuro) e **gradiremmo** (condicional). É um bom exemplo da necessidade de se pronunciarem bem as consoantes dobradas, de maneira a que se possam distinguir os dois tempos. Aproveite esta ocasião para treinar, repetindo várias vezes os diferentes verbos: **saremo / saremmo, potremo / potremmo**, etc.

73

3 conten**e**nte ③ s**e**i bott**i**glie di **o**lio di ol**i**va,

4 e un assortim**e**nto d**e**i v**o**stri prod**o**tti sott'**o**lio.

5 Desiderer**e**mmo ② ugualm**e**nte ric**e**vere il v**o**stro nu**o**vo cat**a**logo,

6 e d**e**lle informazi**o**ni pi**ù** prec**i**se s**u**lle modalit**à** di pagam**e**nto.

7 Potr**e**mo ② pag**a**re con c**a**rta di cr**e**dito,

8 o, preferibilm**e**nte, con un ass**e**gno **a**lla cons**e**gna.

Nota

③ **contenente** é o particípio presente, uma forma verbal que em português caiu em desuso, mantendo-se, no entanto, algumas palavras como substantivos ou adjectivos. Em italiano, o particípio presente forma-se como todos os outros tempos a partir da raiz do infinitivo do verbo, à qual se acrescenta **-ante** para os verbos da 1ª conjugação, e **-ente** para os da 2ª e 3ª conjugações: **cant-are**, *cantar*, **cant-ante**, *cantor*; **temere**, *temer*, **tem-ente**, *temente*; **offr-ire**, *oferecer*, **offrente**, *oferente*. Note como as traduções em português são substantivos ou adjectivos e não formas verbais. Neste exemplo, traduzimos **contenente** por *contendo*, o que estritamente é um gerúndio, e portanto correspondente a **contenendo**, cuja formação em italiano estudamos já na lição 49, parágrafo 3. Em todo o caso, o particípio presente também é raro em italiano, sendo usado sobretudo em contextos formais e em linguagem administrativa.

3 contendo seis garrafas de azeite *(óleo de azeitona)*,
4 e um sortido dos vossos produtos à base de azeite *(com óleo)*.
5 Gostaríamos *(Desejaríamos)* igualmente [de] receber o vosso novo catálogo,
6 e informações mais concretas *(precisas)* sobre as modalidades de pagamento.
7 Poderemos pagar com cartão de crédito,
8 ou, de preferência *(preferencialmente)*, com um cheque contra a *(na)* entrega [da encomenda].

73

9 In caso di nostra assenza, vi preghiamo di lasciare la merce al portiere del palazzo.

10 Il nostro recapito ④ completo è: Via Paisiello, 5; scala C, terzo piano, interno C 25.

11 Il codice del citofono è 4579.**

12 Ringraziandovi della vostra attenzione, e nella speranza di una consegna rapida,

13 Distinti saluti ⑤ □

** *quattro cinque sette nove*

Notas

④ **recapito** é um sinónimo de **indirizzo**, *endereço*, *morada*, que só é usado em linguagem administrativa. ▸

***

Esercizio 1 – Traducete

❶ Alla Olietti c'è una interessante offerta promozionale di prodotti sott'olio. ❷ Potrei pagare con la carta di credito, ma l'ho dimenticata. ❸ Non ho preso il codice del citofono di Carla! – Eccolo, l'ho preso io! ❹ Spettabile Rossi, gradirei ricevere delle informazioni sui vostri nuovi prodotti. ❺ RingraziandoLa della Sua attenzione e delle Sue informazioni, Distinti Saluti.

9 Em caso de estarmos ausentes *(nossa ausência)*, solicitamos *(-vos)* que deixem *(de deixar)* a mercadoria no porteiro do prédio.
10 A nossa morada completa é: Via Paisiello, 5; escada C, 3º *(terceiro piso)*, *(apartamento/ interior)* C 25.
11 O código do intercomunicador é 4579.
12 Agradecendo *(-vos)* a *(pela)* vossa atenção, e na expectativa *(esperança)* de uma entrega rápida,
13 Melhores cumprimentos *(Saudações distintas)*

⑤ Em toda a correspondência profissional ou pessoal, **Distinti saluti** é a fórmula de fecho adoptada, sempre que é usado o tratamento por "voi".

***

Correcção do exercício 1

❶ Na Olietti há uma oferta promocional interessante de produtos à base de azeite. ❷ Poderia pagar com o cartão de crédito, mas esqueci-me dele. ❸ Não trouxe o código do intercomunicador da Carla! – Aqui está ele, trouxe-o eu! ❹ Exmos. Senhores, gostaria de receber informações sobre os vossos novos produtos. ❺ Agradecendo a vossa atenção e as vossas informações, Melhores cumprimentos.

Esercizio 2 – Completate con le parole che mancano

❶ A minha morada é: rua Ângelo Emo, 9, escada G, apartamento 39.
Il mio . . . . è . . . Angelo Emo, 9, ... G, ... 39.

❷ Poderias deixar o meu guia de Roma no porteiro do meu prédio.
. . . . lasciare . . . . di Roma al . . . . del mio . . . .

❸ Poderemos pagar a mercadoria apenas contra a entrega.
. . . . pagare la . . . . . solamente . . . .

---

74 Settantaquattresima lezione

Faccio un salto in farmacia

1 – Per cortesia, potrebbe darmi ① qualcosa contro il mal ② di testa?
2 Sono raffreddato e ho anche un po' di febbre.
3 – Potrei darLe delle compresse effervescenti, se vuole.

Notas

① O imperfeito cerimonioso em português, corresponde ao uso do condicional em italiano: **potrebbe darmi**..., *podia dar-me*... ou **mi darebbe**..., *dava-me*...

❹ Os senhores Verdi desejariam ter mais informações. **74**
I . . . . Verdi . . . . avere più
. . . .

❺ Esperando rever-vos muito em breve, melhores cumprimentos.
. . . . di . . . . molto rapidamente,
. . . .

Correcção do exercício 2

❶ – recapito – via – scala – interno – ❷ Potresti – la mia guida – portiere – palazzo ❸ Potremo – merce – alla consegna ❹ – Signori – desidererebbero – informazioni ❺ Sperando – rivedervi – cordiali saluti

Segunda vaga: 24ª lição

Septuagésima quarta lição 74

Dou *(Faço)* um salto à farmácia

1 – Por favor, podia *(poderia)* dar-me alguma coisa para *(contra)* as dores *(o mal)* de cabeça?
2 Estou constipado *(resfriado)* e também tenho *(um pouco de)* febre.
3 – Posso *(Poderia)* dar-lhe uns comprimidos efervescentes, se quiser *(quer)*.

② A palavra *mal* corresponde em italiano a **male**. No entanto, quando é usada em expressões correntes como **mal di testa**, *dor de cabeça*, **mal di stomaco**, *dor de barriga*, etc., o **e** final cai para facilitar a pronunciação.

4 – Sì, va benissimo, grazie. Quante ne ③ devo prendere?
5 – Ne ③ prenda tre al giorno,
6 ma si ricordi che vanno prese ④ sempre a stomaco pieno.
7 – A proposito, mi darebbe ① anche un dentifricio e una scatola di cerotti?
8 – Ecco a Lei. Le occorre altro?
9 – No, grazie. Ah sì, mi scusi, ho bisogno anche di un disinfettante,
10 e di una crema contro le zanzare.
11 Mi sembra che non dimentico niente…
12 – Faccia con comodo ⑤, non c'è fretta! □

Notas

③ Repare no uso da partícula **ne**, enquanto pronome pessoal, que se refere aos comprimidos.

④ Nesta frase, **vanno prese**, (literalmente "são tomadas") *são para tomar*, substitui **devono essere prese**, *devem ser tomadas*, o que torna a frase mais rápida e ligeira, aliás, num processo semelhante ao português. Também podemos dizer: **È cosi che va fatto il caffè**, *É assim que se faz (é feito o) café*. Basta então conjugar o verbo **andare**, seguido do particípio passado do verbo escolhido.

4 – Sim, está óptimo, obrigado. Quantos *(deles)* devo tomar?
5 – *(Deles)* Tome três por dia,
6 mas lembre-se que são para tomar *(tomados)* sempre de estômago cheio.
7 – A propósito, dava-me *(dar-me-ia)* também um tubo de pasta de dentes *(um dentífrico)* e uma caixa de emplastros?
8 – Aqui tem *(para si)*. Precisa de mais alguma coisa?
9 – Não, obrigado. Ah sim, desculpe *(-me)*, também preciso de um desinfectante,
10 e de um repelente *(creme)* contra *(os)* mosquitos.
11 Parece *(-me)* que não [me] esqueço [de] nada…
12 – Esteja à vontade *(Faça com comodidade)*, não há pressa!

⑤ **fare con comodo** é uma expressão idiomática muito usada num registo mais formal. Pode assim empregá-la, sempre que quiser pôr alguém á vontade. Repare ainda no título desta lição, onde temos mais um exemplo do uso idiomático do verbo **fare**: **fare un salto**, *dar um salto*.

74 **Esercizio 1 – Traducete**

❶ Luca è raffreddato! Che cosa potrei dargli? ❷ Devi prendere queste compresse due volte al giorno, sempre a stomaco pieno. ❸ Per cortesia, mi occorrerebbe una scatola di cerotti e una crema contro le zanzare. ❹ Lo sapevo, nessuno ha comprato il dentifricio! ❺ Perfetto! Non abbiamo dimenticato niente: il passaporto, il biglietto dell'aereo, i numeri di telefono degli amici...

Esercizio 2 – Completate con le parole che mancano

❶ A propósito, saberias aconselhar-me um bom espectáculo de teatro?
. . . . consigliarmi un . . . . teatrale?

❷ Não há pressa, Francesco, acaba tranquilamente o teu café.
. . . . , Francesco, ... tranquillamente il tuo caffè.

❸ Aqui estão os seus morangos, menina. Precisa de mais alguma coisa?
. . . . fragole, Signorina. . . . . di . . . . . ?

❹ Tive febre e dores de cabeça o fim-de-semana todo. Já não podia mais!
Ho avuto . . . . . . e . . . . tutto il week-end. . . . . più!

❺ Não se esqueceu de nada, minha senhora? Esteja á vontade!
Non . . dimenticato . . . . . . Signora? . . . . !

Correcção do exercício 1

❶ O Luca está constipado! O que é que eu lhe poderia dar? ❷ Deves tomar estes comprimidos duas vezes ao dia, sempre de estômago cheio. ❸ Por favor, precisava de uma caixa de pastilhas e um repelente contra mosquitos. ❹ Já sabia, ninguém comprou a pasta de dentes! ❺ Óptimo! Não nos esquecemos de nada: o passaporte, o bilhete de avião, os números de telefone dos amigos…

Correcção do exercício 2

❶ A proposito sapresti – buono spettacolo – ❷ Non c'è fretta – finisci – ❸ Ecco le sue – Ha bisogno – altro ❹ – febbre – mal di testa – Non ne potevo – ❺ – ha – niente – Faccia con comodo

Segunda vaga: 25ª lição

75 Settantacinquesima lezione

Vorremmo ① **trasferirci**

1 – Vorr**e**i ① pr**o**prio sap**e**re qu**a**ndo si
decider**a**nno a risp**o**ndermi!
2 – Di che c**o**sa st**a**i parl**a**ndo, P**a**ola?
3 – **O**ggi è gi**à** venerdì,
4 e non ho anc**o**ra ricev**u**to le informazi**o**ni
che av**e**vo chi**e**sto!
5 E pens**a**re che ho telefon**a**to **a**lla b**a**nca
luned**ì** ② sc**o**rso!
6 S**a**i che a Fil**i**ppo piacer**e**bbe v**i**vere vic**i**no
al m**a**re,
7 e qu**i**ndi vorr**e**bbe v**e**ndere qu**e**sta c**a**sa e
compr**a**rne ③ un'**a**ltra.
8 Ho chi**e**sto **a**lla b**a**nca di mand**a**rmi d**e**lle
informazi**o**ni s**u**i pr**e**stiti…

Notas

① O verbo **volere** é muito usado em italiano com o sentido de gostar ou desejar algo, aliás como o seu equivalente português *querer*. Mas lembre-se que, em italiano, se usa o condicional, e não imperfeito como em português.

② Repare que, em italiano, os dias da semana são masculinos e o domingo feminino: **la domenica**, *o domingo*. ▸

Septuagésima quinta lição 75

Queríamos *(Quereríamos)* mudar de casa *(transferir-nos)*

1 – Gostava *(Quereria mesmo)* de saber quando se decidirão a responder-me!
2 – De que é que estás a falar *(falando)*, Paola?
3 – Hoje já é sexta-feira,
4 e ainda não recebi as informações que tinha pedido!
5 Calcula *(E pensar)* que telefonei ao banco segunda-feira passada!
6 Sabes que o Filippo gostaria de *(ao Filippo agradaria)* viver perto do mar,
7 e portanto queria *(quereria)* vender esta casa e comprar *(delas uma)* outra.
8 Pedi ao banco para me mandar *(de mandar-me)* informações sobre empréstimos…

③ **comprarne un'altra**, *comprar uma outra (casa).* A partícula **ne**, que aqui se une ao infinitivo, substitui e torna desnecessária a repetição da palavra **casa**.

9 – Non credi che vi annoiereste, tutto l'anno lontani dalla città?
10 – Secondo me saremmo molto più riposati e di migliore umore.
11 – E pensi che i ragazzi vi seguirebbero?
12 – Penso di no ④, ma sono grandi oramai, hanno già venti anni! □

Nota

④ **penso di no, credo di sì**, etc. Repita estas frases várias vezes, pois o uso das preposições não é exactamente igual nas duas línguas e torna-se necessário memoriza-las. Como vimos na lição 60, os verbos **pensare**, *pensar*, **sperare**, *esperar*, **temere**, *temer*, etc., exigem o uso da preposição **di**.

***

Esercizio 1 – Traducete

❶ Vorremmo comprare una casa vicino al mare. ❷ Le piacerebbe vendere la sua auto e vorrebbe comprarne una molto più potente. ❸ Marco oggi mi sembra di migliore umore. ❹ Non mi piacerebbe per niente vivere in montagna. ❺ Lunedì ho chiesto alla banca delle informazioni sui prestiti.

9 – Não achas *(crês)* que vos aborreceríeis, o ano todo longe da cidade?
10 – Na minha opinião *(Segundo eu)*, estaríamos muito mais repousados e de melhor humor.
11 – E pensas que os rapazes vos seguiriam?
12 – Penso que não, mas agora estão crescidos *(grandes)*, já têm vinte anos!

***

Correcção do exercício 1

❶ Queríamos comprar uma casa perto do mar. ❷ Gostaria de vender o carro e desejaria comprar outro muito mais potente. ❸ O Marco hoje parece-me de melhor humor. ❹ Não me agradaria nada de viver na montanha. ❺ Segunda-feira pedi ao banco informações sobre empréstimos.

Esercizio 2 – Completate con le parole che mancano

❶ Que dia é *(hoje)* ? – Hoje é sábado.
. . . giorno è? – . . . . è sabato.

❷ O que é que estás a fazer, Luca?
Che . . . . , Luca?

❸ São as informações que tinha pedido ao banco na quarta-feira.
. . . . le informazioni che . . . . mercoledì . . . . banca.

❹ Achas que nos vamos aborrecer (aborreceremos) nesta cidade?
Credi che . .   . . in questa città? – . . , credo . .   . . !

76 Settantaseiesima lezione

Animali domestici

1 – Mamma, me lo compreresti un leoncino ① se quest'anno ho la media dell'otto?
2 – Questa poi ②! Ma sarai impazzito?
3 – Così potrei provare a tutti i miei compagni che sono più forte di un leone!

Notas

① **leoncino**, *leãozinho*, derivado de **leone**, *leão*, e **cagnolino**, *cãozinho*, derivado de **cane**, *cão*, são dois diminutivos irregulares.

⑤ Acabo de encontrar a Ida e disse-me que foi à Turquia a semana passada.
.. .. Ida, e mi .. .. che la settimana .... in Turchia.

Correcção do exercício 2
❶ Che – Oggi – ❷ – cosa stai facendo – ❸ Sono – avevo chiesto – alla – ❹ – ci annoieremo – No – di no ❺ Ho appena incontrato – ha detto – scorsa è andata –

Segunda vaga: 26ª lição

Septuagésima sexta lição 76

Animais domésticos

1 – Mamã, comprar-me-ias um leãozinho se [eu] este ano tivesse *(tenho)* média de oito?
2 – Essa agora! Mas estarás maluquinho *(terás enlouquecido)*?
3 – Assim poderia provar a todos os meus colegas que sou mais forte que um leão!

▸ ② **Questa poi!** é uma expressão muito comum com que irá sem dúvida impressionar os seus amigos italianos!

4 – Ma va là ③!
5 – E per un **ca**ne, un bel bull-dog, sar**e**sti d'acc**o**rdo?
6 – Cos**ì** giocher**e**sti a chi abb**a**ia m**e**glio?
7 – Non mi prend**e**re in g**i**ro ④, m**a**mma! **I**o un anim**a**le lo v**o**rrei davv**e**ro!
8 – Lo so, h**a**i ragi**o**ne. Ma l'abbi**a**mo gi**à** d**e**tto m**o**lte v**o**lte:
9 gli anim**a**li s**o**ffrono n**e**lle c**a**se ⑤.
10 – Ma Lu**i**gi ha d**u**e g**a**tti e un cagnol**i**no ①,
11 Luc**i**a ha tre ucc**e**lli. S**o**lo **i**o non ho ni**e**nte!
12 – B**a**sta, Ricc**a**rdo, per fav**o**re! È in**u**tile ins**i**stere con qu**e**ste st**o**rie di anim**a**li! □

Notas

③ **Ma va là!** è outra expressão idiomática muito comum na linguagem familiar.

④ **prendere in giro** é a forma mais corrente para traduzir "*gozar com*". Existe ainda o verbo **burlarsi**, que caiu em desuso e é raramente empregue. ▸

***

Esercizio 1 – Traducete

❶ Figurati che Riccardo vorrebbe avere un leoncino! – Questa poi! ❷ Sono più forte di mio fratello perché ho avuto la media dell'otto. ❸ Mamma dice che non vuole, ma io vorrei un cagnolino! ❹ Basta Luca! Hai chiamato a casa di Marco già cinque volte. ❺ Ma va là! Non ci credo affatto alle tue storie!

4 – Poupa-me!
5 – E [se for] um cão, um *(belo)* buldogue, estarias de acordo?
6 – Para brincares *(Assim brincarias)* a quem ladra melhor?
7 – Não gozes comigo, mamã! Eu queria mesmo um animal!
8 – [Eu] sei disso, tens razão. Mas já *(o)* dissemos muitas vezes:
9 os animais sofrem num apartamento *(nas casas)*.
10 – Mas [o] Luigi tem duas gatas e um cãozinho,
11 [a] Lúcia tem três pássaros. Só eu não tenho nada!
12 – Basta, Riccardo, por favor! É inútil insistires *(insistir)* com esta conversa *(estas histórias)* de animais!

⑤ Como vimos na lição 40, nota 1, os Italianos dizem sempre **casa**.

***

Correcção do exercício 1

❶ Imagina que o Riccardo queria ter um leãozinho! – Essa agora! ❷ Sou mais forte que o meu irmão porque tive média de oito. ❸ A Mamã diz que não quer, mas eu queria um cãozinho! ❹ Basta, Luca! Já telefonaste para casa do Marco cinco vezes. ❺ Qual quê! Não acredito nada na tua conversa!

76 Esercizio 2 – Completate con le parole che mancano

❶ O Luca dizia a todos os seus colegas que era mais forte do que um leão.
Luca . . . . . . a tutti i . . . . compagni che . . . più forte . . . .

❷ Meninos, chega! É inútil gritar!
Bambini, ... ! È . . . . !

❸ Esta agora! Gozaram com ele o dia todo!
. . . . ! Lo hanno . . . . tutto il . . . . . . !

❹ Luisa, estarias de acordo em comprar um cão? – Preferia um gato.
Luisa, ... per comprare un . . . . ? – . . . . un . . . . . .

***

Entre os seis e os catorze anos, todas as crianças italianas são obrigadas a frequentar a escola, iniciando os seus estudos na **Scuola Elementare** *onde permanecem cinco anos. Após este primeiro ciclo de estudos, passam para a* **Scuola Media**, *que dura três anos, ao fim dos quais obtêm um diploma com que se podem inscrever no liceu, escolhendo entre o* **Liceo Classico** *ou o* **Liceo Scientifico**. *A seguir ao liceu, o caminho natural é a Universidade, mas também existem os* **Instituti Tecnici** *que possibilitam uma entrada mais*

⑤ O Marco larga o emprego e parte para a Índia com uma mochila! – Estará louco? 76

Marco lascia il . . . . e parte per l'India con . . . . ! – . . . . impazzito?

Correcção do exercício 2

❶ – diceva – suoi – era – di un leone ❷ – basta – inutile gridare ❸ Questa poi – preso in giro – giorno ❹ – saresti d'accordo – cane – Preferirei – gatto ❺ – suo lavoro – uno zaino – Sarà –

***

rápida no mercado de trabalho. Os estudos universitários permitem atingir três graus de escolaridade: a **Laurea breve**, licenciatura, *que exige três anos de estudos, o* **Master**, mestrado, *que dura mais dois anos, e o* **Dottorato**, doutoramento, *que se deve fazer num mínimo de três anos. As notas são dadas de 0 a 10 em todos os ciclos, excepto na Universidade onde as classificações vão de 0 a 30.*

Segunda vaga: 27ª lição

77 Settantasettesima lezione

Revisione – Revisão

1 Os verbos

1.1 O condicional dos verbos auxiliares

Eis o presente do condicional dos verbos **essere** e **avere**:

io sarei	*eu seria*
tu saresti	*tu serias*
lui/lei sarebbe	*ele/ela seria*
noi saremmo	*nós seríamos*
voi sareste	*vós seríeis*
loro sarebbero	*eles/elas seriam*

io avrei	*eu teria*
tu avresti	*tu terias*
lui/lei avrebbe	*ele/ela teria*
noi avremmo	*nós teríamos*
voi avreste	*vós teríeis*
loro avrebbero	*eles/elas teriam*

E agora o presente do condicional das três conjugações regulares:

1.2 A 1ª conjugação

– **desiderare,** *desejar*

io desider-erei	*eu desejaria*
tu desider-eresti	*tu desejarias*
lui/lei desider-erebbe	*ele/ela desejaria*
noi desider-eremmo	*nós desejaríamos*
voi desider-ereste	*vós desejaríeis*
loro desider-erebbero	*eles/elas desejaria*

1.3 A 2ª conjugação

– **decidere**, *decidir*

io decider-erei	*eu decidiria*
tu decider-eresti	*tu decidirias*
lui/lei decider-erebbe	*ele/ela decidiria*
noi decider-eremmo	*nós decidiríamos*
voi decider-ereste	*vós decidiríeis*
loro decider-erebbero	*eles/elas decidiriam*

1.4 A 3ª conjugação

– **preferire**, *preferir*

io prefer-irei	*eu preferiria*
tu prefer-iresti	*tu preferirias*
lui/lei prefer-irebbe	*ele/ela preferiria*
noi prefer-iremmo	*nós preferiríamos*
voi prefer-ireste	*vós preferiríeis*
loro prefer-irebbero	*eles/elas prefeririam*

Encontrará a conjugação dos verbos irregulares no Apêndice gramatical.

2 O particípio presente

O particípio presente dos verbos regulares forma-se a partir da raiz do infinitivo do verbo, à qual se acrescenta **-ante** para os verbos da 1ª conjugação, e **-ente** para os da 2ª e 3ª conjugações: **parl-are → parl-ante**, *falar / falante*; **scriv-ere → scriv-ente**, *escrever*; **fin-ire → fin-ente**, *acabar*. Note que, quando há tradução em português, estas palavras são substantivos ou adjectivos e não formas verbais. No entanto, o particípio presente também é raro em italiano, sendo usado sobretudo em contextos formais e em linguagem administrativa, apesar de várias dessas formas permanecerem actualmente como substantivos ou adjectivos: **studente**, *estudante*; **insegnante**, *professor*; **cantante**, *cantor*.

77 3 A forma passiva

Além da voz passiva, que se forma, tal como em português, com o verbo auxiliar **essere**, existe uma segunda forma conjugada com o verbo **andare**, *ir*: **Le compresse vanno prese due volte al giorno**, *Os comprimidos devem ser tomados duas vezes ao dia*. Como se vê pela tradução, o verbo **andare** adquire o sentido de *dever ser*.

Dialogo di revisione

1 – Alessandra vorrebbe iscriversi in psicologia, ma non sa che possibilità di lavoro avrebbe.
2 – Potrebbe iscriversi anche in medicina, ma dovrebbe fare un concorso.
3 – Si è già informata per i documenti che deve presentare: ci vuole un atto di nascita e un certificato di residenza.
4 – Ah, sai che ho ordinato un sacco di prodotti sott'olio,
5 – e che potremo pagare alla consegna con un assegno?
6 – Io invece ho dimenticato di comprare il dentifricio e le compresse per il mal di testa!
7 – Non c'è fretta, ne abbiamo ancora.
8 – A proposito, ho sentito Paola, dice che a Filippo piacerebbe vivere al mare.
9 Vorrebbero vendere la loro casa e comprarne una vicino al mare!
10 – Tutto l'anno lontano dalla città! Ma saranno impazziti!

4 Frases úteis

Faccio un salto
Spettabile Olietti
Distinti saluti
Questa poi!
Ma va là!
Faccia con comodo!
Con c'è fretta! etc.

Tradução

1 – A Alessandra queria inscrever-se em psicologia, mas não sabe que hipóteses de trabalho teria.
2 – Poderia inscrever-se também em medicina, mas teria de fazer um concurso.
3 – Ela já se informou sobre os documentos que tem de apresentar: é preciso uma certidão de nascimento e um atestado de residência.
4 – Ah, sabes que encomendei uma serie de produtos à base de azeite,
5 – e que poderemos pagar com um cheque, na entrega?
6 – Mas eu esqueci-me de comprar a pasta de dentes e os comprimidos para a dor de cabeça!
7 – Não há pressa, ainda temos alguns.
8 – A propósito, falei com a Paola, diz que o Filippo gostaria de viver na praia.
9 Queriam vender a casa deles e comprar uma perto do mar!
10 – O ano todo longe da cidade! Mas devem estar loucos!

Segunda vaga: 28ª lição

78 Settantottesima lezione

Un progetto interessante

1 – Che c**o**sa ne p**e**nsi, Gi**u**lio, del prog**e**tto d**e**lla n**o**stra nu**o**va s**e**de?
2 – Mi p**a**re che s**i**a ① abbast**a**nza bu**o**no,
3 **a**nche se ho pot**u**to guard**a**rlo ② s**o**lo m**o**lto rapidam**e**nte.
4 **I**eri s**e**ra non av**e**vo m**o**lto t**e**mpo, ma **o**ggi dovr**e**i av**e**rne di pi**ù**.
5 – A me s**e**mbra che **a**bbia ③ par**e**cchi asp**e**tti interess**a**nti:
6 pr**i**ma di t**u**tto è m**o**lto funzion**a**le, gr**a**zie **a**lla buona ripartizi**o**ne d**e**gli sp**a**zi.
7 In sec**o**ndo lu**o**go è m**o**lto centr**a**le, il quarti**e**re è viv**a**ce,

Notas

① Após 77 lições, já abordámos todos os modos verbais excepto o conjuntivo. Este modo suscita frequentemente o receio de formas complicadas e difíceis de memorizar. Nada de mais falso! Vai ver que o conjuntivo é afinal bastante simples de aprender… e, embora tenha tendência a desaparecer na linguagem familiar, continua a ser usado em situações mais formais, no meio profissional e também na escrita.

Sia, *seja*, é a terceira pessoa do singular do presente do conjuntivo do verbo **essere**, *ser*. Encontrará a conjugação completa na lição 84. Todos os verbos que exprimem uma opinião – tais como, **mi pare che**, *parece-me*, **credo che**, *acho que*, **temo che**, *temo que*, etc. – devem obrigatoriamente ser seguidos pelo conjuntivo, embora na linguagem falada este seja habitualmente substituído pelo presente do indicativo. ▸

Um projecto interessante

1 – O que é que pensas *(dele)*, Giulio, do projecto da nossa nova sede?
2 – Parece-me que é *(seja)* bastante bom,
3 embora só tenha podido vê-lo muito rapidamente.
4 Ontem à noite não tive muito tempo, mas hoje devo *(deverei dele)* ter *(mais)*.
5 – A mim parece-me que tem *(tenha)* vários aspectos interessantes.
6 Antes de mais *(primeiro que tudo)*, é muito funcional, graças à boa repartição dos espaços;
7 em segundo lugar, é muito central, o bairro é movimentado

▸ ② Quando um dos verbos **potere**, *poder*, **volere**, *querer*, **dovere**, *dever*, antecede um verbo no infinitivo (ex. **ho potuto guardare**), acompanhado de um pronome pessoal do complemento directo ou indirecto (**mi**, *me*, **ti**, *te*, **lo**, *o*, **la**, *a*, **gli**, *lhe/s*, **ci**, *nos*, **vi**, *vos*, **li**, *os*, **le**, *as*), o pronome pode ser colocado a seguir ao infinitivo: **ho potuto guardalo**, ou antes do verbo, **l'ho potuto guardare**, *pude olhá-lo*. A escolha é sua!

③ Para a conjugação completa do presente do conjuntivo de **avere**, *ter*, consulte a lição 84. No caso do verbo **dovere**, *dever*, a sua conjugação completa encontra-se no apêndice gramatical.

8 e c'è **u**na ferm**a**ta d**e**lla metropolit**a**na a di**e**ci m**e**tri.
9 Vi arr**i**vano **a**nche par**e**cchie l**i**nee di **a**utobus,
10 e, sopratt**u**tto, c'è un gr**a**nde parch**e**ggio sotterr**a**neo a cinqu**a**nta m**e**tri.
11 In t**e**rzo lu**o**go s**e**mbra incredibilm**e**nte p**o**co c**a**ro!
12 – Cr**e**do che quest'**u**ltimo p**u**nto d**e**bba **e**ssere esamin**a**to m**o**lto attentam**e**nte! □

***

Esercizio 1 – Traducete

❶ Credo che il progetto della nuova sede debba essere studiato molto attentamente. ❷ Mi sembra che ci siano molti aspetti positivi. ❸ È molto centrale, è molto funzionale, e c'è una fermata della metropolitana a qualche metro. ❹ Pare che ci sia anche un grande parcheggio sotterraneo. ❺ Perché è così poco caro?

8 e há uma estação de metropolitano a dez metros.
9 Existem *(Ali chegam)* também várias linhas de autocarro,
10 e, sobretudo, há um grande parque de estacionamento subterrâneo a cinquenta metros.
11 Em terceiro lugar, parece incrivelmente barato *(pouco caro)*!
12 – Acho *(Creio)* que este último ponto deve *(deva)* ser examinado muito atentamente!

***

Correcção do exercício 1

❶ Acho que o projecto da nova sede deve ser estudado muito atentamente. ❷ Parece-me que existem muitos aspectos positivos. ❸ É muito central, é muito funcional, e há uma paragem de metropolitano a poucos metros. ❹ Parece que também há um grande parque de estacionamento subterrâneo. ❺ Porque é que é tão barato?

Esercizio 2 – Completate con le parole che mancano

❶ Apresentaste o teu novo projecto ao teu chefe?
Hai presentato . . . . progetto . . . . .
. . . . ?

❷ Sim, mas ele não o pôde ver, não teve tempo.
Sì, ma . . . ., non . .
.. . . . . il tempo

❸ Parece que tem de mudar de casa daqui a seis meses.
Pare che . . . . traslocare . . . .

❹ Penso que compraram uma casa num bairro muito central.
Credo che . . . . comprato . . . . in un quartiere . . . .

---

79 Settantanovesima lezione

Bisogna che riflettiamo ancora

1 – Sai, Antonio, ho riflettuto parecchio sul progetto di cui abbiamo parlato ieri.

❺ O que é que achas dos preços que me deram? Parecem-me muito baratos *(pouco caros)*.

... . dei prezzi che mi .... ?
Mi sembrano ....

Correcção do exercício 2

❶ – il tuo nuovo – al tuo capo ❷ – non ha potuto guardarlo – ha avuto – ❸ – si debba – tra sei mesi ❹ – abbiano – una casa – molto centrale ❺ Che ne pensi – hanno dato – molto poco cari

Segunda vaga: 29ª lição

Septuagésima nona lição 79

É preciso [continuar a] reflectir
(que reflictamos ainda)

1 – Sabes, Antonio, reflecti bastante sobre o projecto de que falámos ontem.

79

2 Mi chiedo se presenti ① davvero tanti lati positivi,

3 e se non richieda ② invece una riflessione più accurata.

4 La mia diffidenza è stata risvegliata innanzitutto dal costo, eccessivamente basso:

5 bisogna che si chiarisca ③ al più presto questo punto.

6 Sarò eccessivamente prudente,

7 ma temo che ci siano brutte sorprese in vista.

8 Sono un po' perplesso anche rispetto alla posizione:

9 sai, non sono convinto che gli uffici debbano sempre essere in centro,

10 perché l'accesso in macchina è estremamente complesso.

11 Sono invece totalmente d'accordo con te:

12 questo edificio è veramente molto funzionale! □

Notas

① A seguir às "perguntas indirectas" tais como **mi domando se**, **mi chiedo se**, *interrogo-me*, etc., devia ser usado o conjuntivo, mas, uma vez mais, na linguagem familiar, é o presente do indicativo que o substitui. Encontrará o exemplo do presente do conjuntivo dos verbos regulares da 1ª conjugação na lição 84. ▸

2 Pergunto *(-me)* [a mim próprio] se apresenta realmente tantos aspectos *(lados)* positivos,
3 e se não requer *(requeira)* antes uma reflexão mais aprofundada *(apurada)*.
4 A minha desconfiança foi suscitada *(desperta)*, antes de mais nada, pelo orçamento *(custo)*, demasiado *(excessivamente)* baixo:
5 é preciso esclarecer *(que se esclareça)* o mais depressa possível este ponto.
6 Estarei a ser *(Serei)* excessivamente prudente,
7 mas temo que tenhamos alguma surpresa má *(que hajam más surpresas à vista)*.
8 Estou um pouco perplexo também quanto à localização *(posição)*:
9 sabes, não estou [nada] convencido que os escritórios devam estar sempre no centro,
10 porque o acesso automóvel *(de carro)* é extremamente complicado *(complexo)*.
11 [Num ponto] *(Ao contrário)* estou totalmente de acordo contigo:
12 este edifício é realmente muito funcional!

② Para os verbos regulares da 2ª conjugação, consulte igualmente a lição 84.

③ Já encontrámos **bisogna**, *é preciso*, seguido de um verbo no infinitivo (lição 72, nota 2). Aqui aparece com o conjuntivo do verbo **chiarire**, *esclarecer*, que é um verbo regular da 3ª conjugação. Na lição 84 encontrará o verbo **partire**, que serve de exemplo a este grupo de verbos.

Esercizio 1 – Traducete

❶ Mi chiedo se non ci siano brutte sorprese in vista. ❷ Non sono d'accordo con Lei, questo edificio non mi pare così funzionale. ❸ Bisogna che tu chiarisca questi punti. ❹ Mi pare che Giulio sia eccessivamente prudente. ❺ Mi chiedo quali siano gli aspetti del progetto che risvegliano la sua diffidenza.

Esercizio 2 – Completate con le parole che mancano

❶ É a senhora de quem te falei ontem. Parece-me que é *(seja)* muito simpática.
. la signora . . . . . ti . . . . ieri. Mi sembra che . . . .

❷ É preciso que acabes este trabalho até amanhã de manhã.
. . . . che tu . . . . questo lavoro . . . . . domani matina.

❸ Parece *(Pareceria)* que o acesso automóvel ao centro é muito difícil.
. . . . che . . . . in macchina . . . . molto difficile.

❹ Parece-me que não têm *(tenham)* vontade de vir ao cinema connosco.
Mi sembra che . . . . di venire al cinema . . . .

❺ Não sei porque é que ainda não assinaram o contrato. Parece que ainda estão a pensar *(reflectem ainda)*.
. . . . . perché non . . . . il contratto. Pare che . . . . ancora.

Correcção do exercício 1

❶ Interrogo-me se não teremos alguma má surpresa. ❷ Não estou de acordo consigo, este edifício não me parece muito funcional. ❸ É preciso que esclareças estes pontos. ❹ Parece-me que o Giulio é *(seja)* excessivamente prudente. ❺ Pergunto a mim próprio quais são os aspectos do projecto que suscitam a sua desconfiança.

Correcção do exercício 2

❶ È – di cui – ho parlato – sia molto simpatica ❷ Bisogna – finisca – entro – ❸ Sembrerebbe – l'accesso – in centro sia – ❹ – non abbiano voglia – con noi ❺ Non so – hanno ancora firmato – riflettano –

Segunda vaga: 30ª lição

80 Ottantesima lezione

È ora di discutere

1 – Giulio è convinto che io sia la persona più sbadata dell'universo,
2 che non pensi mai a quello che può succedere…
3 Non ho ancora firmato per l'acquisto della mia nuova macchina,
4 e già mi ha detto che avrei dovuto ① riflettere di più, scegliere meglio…
5 Mi fa veramente innervosire!
6 – Forse pensava che tu avessi ② troppa fretta.

Notas

① Tal como em português, o condicional em italiano tem dois tempos: o presente – que já conhece – e o composto, chamado em italiano **il condizionale passato**, e que vamos abordar hoje. É formado pelo presente do condicional do verbo auxiliar, seguido do particípio passado do verbo a conjugar: **sarei venuto**, *teria vindo*.

Está na hora de conversar *(discutir)*

1 – [O] Giulio está convencido que eu sou *(seja)* a pessoa mais distraída do mundo *(universo)*,
2 que nunca penso naquilo que pode acontecer *(suceder)*…
3 Ainda nem *(não)* assinei [o contrato] para a compra *(aquisição)* do meu automóvel novo,
4 e já me disse que [eu] devia ter reflectido *(deveria reflectir)* mais [e] escolhido *(escolher)* melhor…
5 Francamente, [ele] enerva-me *(Faz-me verdadeiramente enervar)*!
6 – Se calhar, pensou que tiveste *(pensava que tivesses)* pressa a mais.

▸ ② **avessi** é o imperfeito do conjuntivo do verbo **avere**, *ter*, cuja conjugação completa se encontra na lição 84. Este tempo é usado porque a frase principal contém um verbo que exprime uma opinião, e que está no imperfeito: **pensava che avessi**, *pensava que tivesses*. No entanto, em linguagem familiar, é muito frequente usar-se o imperfeito do indicativo: **pensava che avevi**, *pensava que tinhas*.

7 – Dovr**e**i d**i**rgli che ho av**u**to tr**o**ppa fr**e**tta qu**a**ndo ho accett**a**to di spos**a**rlo!
8 – Mi s**e**mbri pr**o**prio di catt**i**vo um**o**re!
9 – Le s**u**e cr**i**tiche s**o**no cos**ì** ingi**u**ste! Non le sopp**o**rto!
10 Potr**e**i critic**a**rlo anch'**i**o a l**u**ngo, se vol**e**ssi ③…
11 – F**o**rse è **o**ra che discuti**a**te ④ un po' t**u**tti e d**u**e… □

Notas

③ Tal como em português, usa-se o imperfeito do conjuntivo sempre que uma frase hipotética começada por **se** esteja dependente de uma frase cujo verbo principal está no condicional: **Partirei subito, se potessi**, *Se pudesse, partiria imediatamente.*

④ Também é necessário usar o conjuntivo a seguir a certas expressões como **è ora che**, *está na hora de.* Encontraremos mais exemplos nas próximas lições.

***

Esercizio 1 – Traducete

❶ Riccardo mi ha detto che avrebbe voluto un cane, ma sua madre gli ha detto di no. ❷ Se tu riflettessi di più, Riccardo, prima di fare delle sciocchezze! ❸ È ora che parliamo un po', non credi, Giulio? ❹ Oggi i bambini sono stati terribili, mi hanno fatto proprio innervosire. ❺ Carlo crede che io sia sbadatissima. Ma non è vero!

7 – Devia [era] *(Deveria)* dizer-lhe que tive pressa a mais quando aceitei casar-me com ele *(desposá-lo)*!
8 – Pareces *(-me)* mesmo de mau humor!
9 – As suas críticas são tão injustas! Não as suporto!
10 Eu também podia *(poderia)* criticá-lo *(demoradamente)*, se quisesse…
11 – Se calhar está na hora de conversarem *(que discutam)* um pouco os dois…

***

Correcção do exercício 1

❶ O Riccardo disse-me que gostaria de ter um cão, mas a mãe disse-lhe que não. ❷ Se reflectisses mais, Riccardo, antes de fazeres disparates! ❸ Está na hora de falarmos *(que falemos)* um pouco, não achas, Giulio? ❹ Hoje as crianças foram terríveis, fiquei mesmo enervada. ❺ O Carlo acha que eu sou *(seja)* distraidíssima. Mas não é verdade!

81 **Esercizio 2 – Completate con le parole che mancano**

❶ Acabo de comprar um carro novo e pergunto a mim mesma se não deveria ter esperado.
. . . . una nuova macchina e mi chiedo se . . . .

❷ Deverias dizer-lhe *(à Maria)* que não temos pressa.
. . . . che non . . . .

❸ O Giulio é muito prudente. Diz que nunca se sabe aquilo que pode acontecer.
Giulio è molto prudente. Dice che . . . . mai . . . .

❹ Se tu quisesses, Riccardo, poderias fazer muito mais.
. . . . , Riccardo, ... molto di più.

81 Ottantunesima lezione

Resti in linea!

1 – Pronto!
2 – Buongiorno, sono il Dottor Balbi,
3 vorrei parlare con la Dottoressa ① D'Amico, per favore.

Nota

① Algumas palavras formam o feminino pela junção do sufixo **-essa** ao masculino. As mais comuns são exactamente **Dottoressa**, *Senhora Dra.*, e **Professoressa**, *Sra. Professora.* Não se esqueça que, em Itália, todas as pessoas com um grau universitário têm direito a serem chamadas por Doutor e, mesmo que a licenciatura for em arquitectura, engenharia, advocacia, etc., o título apropriado é **Dottor/Dottoressa**.

❺ Hoje o Paolo parece-me mesmo de mau humor. Não o critiques!
. . . . Paolo mi sembra . . . . di . . . .
. . . . . . Non . . . . !

Correcção do exercício 2

❶ Ho appena comprato – non avrei dovuto aspetetare ❷ Dovresti dirle – abbiamo fretta ❸ – non si sa – quello che può succedere ❹ Se tu volessi – potresti fare – ❺ Oggi – proprio – cattivo umore – lo criticare

Segunda vaga: 31ª lição

Octogésima primeira lição 81

Não desligue *(Permaneça em linha)*!

1 – Estou!
2 – Bom dia, fala *(sou)* o Dottore Balbi,
3 gostaria de *(quereria)* falar com a Dottoressa D'Amico, por favor.

4 – Mi dispi**a**ce, la Dottor**e**ssa è app**e**na and**a**ta via ②.

5 – Ah, e sapr**e**bbe ③ d**i**rmi qu**a**ndo p**o**sso trov**a**rla?

6 – Pr**o**vi a richiam**a**re tra un'**o**ra,

7 mi ha d**e**tto che sar**e**bbe torn**a**ta ④ per le d**u**e.

8 – La ringr**a**zio, a pi**ù** t**a**rdi!
(…)

9 – Buongi**o**rno, s**o**no di nu**o**vo il Dott**o**r B**a**lbi.

10 – Ah, sì, mi dispi**a**ce m**o**lto, ma la Dottor**e**ssa non è anc**o**ra rientr**a**ta dal pr**a**nzo.

11 – Purtr**o**ppo s**o**no costr**e**tto ad assent**a**rmi **a**nche **i**o,

12 non cr**e**do che potr**ò** richiam**a**rla nel pomer**i**ggio. P**o**sso lasci**a**rLe un mess**a**ggio?

13 – C**e**rto, d**i**ca p**u**re ⑤ … Ah, **e**ccola, r**e**sti in l**i**nea, gli**e**La p**a**sso! □

Notas

② **andare via** traduz o nosso *ir-se embora*. Tal como em português, o verbo **partire** é usado apenas quando se trata de uma viagem: **Paolo è partito per l'Inghilterra**, *O Paolo partiu para Inglaterra*. Nos outros casos, devem-se utilizar os verbos **uscire**, **andare** ou a expressão **andare via: È andata a fare delle spese**, *Foi fazer compras*, ou **È uscita per fare delle spese**, *Saiu para fazer compras*.

③ O presente do condicional do verbo **sapere**, *saber*, é irregular, perdendo o **e** da terminação (**saprebbe** em vez de **saperebbe**). Encontrará a conjugação completa no apêndice gramatical. ▸

4 – Lamento, a Dottoressa acabou de sair.
5 – Ah, saberia dizer-me quando posso encontrá-la?
6 – Experimente ligar daqui a uma hora,
7 [ela] disse-me que estaria de volta às duas.
8 – Obrigado *(Agradeço-lhe)*, até mais tarde!
(...)
9 – Bom dia, fala *(sou)* de novo o Dottore Balbi.
10 – Ah, sim, lamento muito, mas a Dottoressa ainda não voltou do almoço.
11 – Infelizmente, eu também vou ser *(sou)* obrigado a ausentar-me *(também eu)*,
12 Não creio que possa *(poderei)* voltar a ligar-lhe à tarde. Posso deixar-lhe uma mensagem?
13 – Claro, faça o favor de dizer *(diga por favor)* … Ah, ei-la, não desligue, vou passar *(passo-lha)*!

④ **sarebbe tornata** é o tempo composto do condicional, que deve ser usado obrigatoriamente quando se fala, no passado, sobre um acontecimento que ainda não se realizou: **Ieri Carlo mi diceva che sarebbero partiti tra una settimana**, *O Carlo ontem dizia-me que partiriam / estariam de partida daqui a uma semana.*

⑤ **pure** tem normalmente o significado de *também*, mas aqui é usado para dar um sentido cortês à frase. Podemos usá-lo em muitas expressões tais como **entri pure**, **vada pure**, **si accomodi pure**, *então entre*, *(por favor) siga*, *(por favor) instale-se*, etc.

81 **Esercizio 1 – Traducete**

❶ Pronto, buongiorno, vorrei parlare col Dottor Balbi, per favore. ❷ Glielo passo subito, resti in linea. ❸ Saprebbe dirmi quando posso trovare Suo marito? ❹ La Dottoressa Balbi non è in ufficio in questo momento. ❺ Le dica, per favore, che proverò a richiamarla domani mattina.

Esercizio 2 – Completate con le parole che mancano

❶ A Dra. D'Amico acabou de sair, mas estará no escritório esta tarde.
.. .. D'Amico è ...., ma .... in ufficio questo ....

❷ Pode dizer ao Sr. engenheiro Balbi que sou obrigado a ausentar-me [durante] toda a manhã?
... . al ...... Balbi che .... ad .... tutta la mattinata.

❸ O Paolo disse-me que só estariam de volta esta noite.
Paolo .. .. che .... solamente stasera.

❹ Poderiam tê-lo dito *(Teriam podido dizê-lo)* antes.
.... potuto .... prima.

❺ Eu tinha a certeza que lhe tinhas *(terias)* contado tudo!
... siccura che le .... !

Correcção do exercício 1

❶ Está. Bom dia, gostaria de falar com o Dottor Balbi, por favor. ❷ Não desligue, vou passar *(-lho)* imediatamente. ❸ Saberia dizer-me quando posso encontrar o seu marido? ❹ A Dottoressa Balbi neste momento não se encontra no escritório. ❺ Diga-lhe, por favor, que tentarei voltar a ligar-lhe amanhã de manhã.

Correcção do exercício 2

❶ La Dottoressa – appena andata via – sarà – pomeriggio ❷ Può dire – Dottor – sono costretto – assentarmi – ❸ – mi ha detto – sarebbero tornati – ❹ Avrebbero – dircelo – ❺ Ero – avresti raccontato

Segunda vaga: 32ª lição

82 Ottantaduesima lezione

Mi faresti un favore ①?

1 – Amore ② mi faresti una grandissima cortesia ①?
2 – Ma certo, tesoro ②, se me lo domandi così!
3 Cosa posso fare per te?
4 – Mi compreresti La Repubblica tornando ③ dall'ufficio?
5 – Come no! Solo questo?
6 – Se non ti secca, potresti comprare anche un giornalino ④ per i bambini?
7 E se, per caso, ti trovassi ⑤ in un momento di gentilezza estrema,
8 potresti comprare anche una rivista per tua suocera?

Notas

① **favore** e **cortesia** são totalmente equivalentes neste tipo de expressões. Ao contrário do português, não existe nenhuma característica de estilo ou de sentido que os diferencie.

② Repare que não se usa o adjectivo possessivo nas expressões de ternura: **amore**, **cara**, **tesoro**, excepto em **amore mio!**, *meu amor!* que é usado como uma exclamação.

③ **tornando** é o gerúndio do verbo **tornare**, *voltar*, *regressar* que, tal como em português, apresenta uma acção a decorrer. Também se poderia dizer **quando torni dall'ufficio**, usando o verbo no presente do indicativo, uma vez que em italiano não existe o futuro conjuntivo, que usamos na nossa tradução. ▸

Octogésima segunda lição 82

Far-me-ias um favor?

1 – Amor, far-me-ias um grande favor?
2 – Claro que sim *(Mas claro)*, amor *(tesouro)*, se mo pedes assim!
3 O que é que posso fazer por ti?
4 – Compras-me *(Comprar-me-ias)* [o] La Repubblica quando voltares *(voltando)* do escritório?
5 – Com certeza! Só isso?
6 – Se não te importas, podias *(poderias)* comprar também um livrinho para as crianças?
7 E se, por acaso, te encontrasses num momento de extrema gentileza,
8 podias *(poderias)* comprar também uma revista para a tua sogra?

▸ ④ Tome nota de mais um diminutivo com um sentido especial: **un giornalino** não é um "jornalzinho" mas um "jornal para crianças"!

⑤ **trovassi** é o imperfeito do conjuntivo do verbo **trovare**, *encontrar*. Pode consultar na lição 84 o verbo **arrivare** como exemplo do imperfeito do conjuntivo dos verbos da 1ª conjugação.

9 – Ma **c**e**r**to, c**a**ra ②, non c'è ness**u**n probl**e**ma!
10 E potr**e**i **a**nche aggi**u**ngere un f**a**scio di fi**o**ri per il m**i**o **a**ngelo ador**a**to!
11 – D**a**i, C**a**rlo, è in**u**tile port**a**rla per le l**u**nghe ⑥!
12 Che c**o**sa vu**o**i chi**e**dermi in c**a**mbio?

Nota

⑥ **portarla per le lunghe** é uma expressão idiomática que também poderíamos ter traduzido por: *Vá lá, Carlo, deixa-te de rodeios!*

***

Esercizio 1 – Traducete

❶ Prego, Signora, dica pure, che cosa posso fare per Lei? ❷ Tornando dall'ufficio potresti comprare il pane, per favore? ❸ Se non vi secca, potreste lasciare la finestra aperta per cortesia? ❹ Papà, non mi hai ancora comprato i miei giornalini di questa settimana! ❺ Dimmi, amore, cosa posso fare per far piacere a mia suocera?

9 – *(Mas)* Claro, querida, não há problema nenhum! 82
10 E [até] posso *(poderia)* acrescentar também um ramo de flores para o meu anjo adorado!
11 – Vá lá, Carlo, é inútil disfarçares!
12 O que é que me queres pedir em troca?

***

Correcção do exercício 1

❶ Por favor, minha senhora, em que é que a posso ajudar *(o que é que posso fazer por si)*? ❷ Quando voltares *(Voltando)* do escritório podes comprar pão, por favor? ❸ Se não vos incomoda, podiam *(poderiam)* deixar a janela aberta, por favor? ❹ Papá, ainda não me compraste os meus livrinhos desta semana! ❺ Diz-me, amor, o que é que posso fazer para agradar à minha sogra?

82 **Esercizio 2 – Completate con le parole che mancano**

❶ Tiveram um pequeno acidente na auto-estrada, no regresso *(regressando)* de Milano.

. . . . un piccolo incidente . . . . ,
. . . . da Milano.

❷ Querida, podias *(poderias)* mostrar-me o último número da revista de psicologia?

. . . . , potresti . . . . l'ultimo numero . . . . .
. . . . di psicologia?

❸ Vá lá, Luca, é inútil estar com rodeios! O que é que fizeste *(ainda)* ?

. . . , Luca, è inutile . . . . !
Che . . . . ancora?

❹ Não há nenhum problema, minha senhora! Podemos *(Poderemos)* fazer tudo o que a Senhora pede!

. . . . , Signora! . . . .
fare tutto quello che Lei . . . . !

***

La Repubblica, A República, *é um dos jornais diários mais vendidos em Itália apesar de ser dos mais recentes. O mais antigo é o* **Il Messaggero**, o Mensageiro, *de Roma, que cerca de 1880 já era muito popular, com uma tiragem notável, para a época, de 20 000 exemplares diários, feito este que se devia ao uso de linguagem e conteúdos muito simples, quase infantis. Efectivamente, os outros jornais cobriam aspectos muito específicos da vida cultural, nomeadamente da politica e da literatura. Eram publicações especializadas, destinadas a um publico muito sofisticado e, consequentemente, muito restrito. No entanto, a partir dos primeiros anos do século XX, a situação económica e social em Itália começou a*

⑤ O Luca deu-me o balão dele, e pediu-me em troca a camisola do Roma. 82

Luca . . . . suo pallone, e . . . . la maglietta . . . . . Roma.

Correcção do exercício 2

❶ Hanno avuto – sull'autostrada – tornando – ❷ Cara – mostrarmi – della rivista – ❸ Dai – portarla per le lunghe – hai fatto – ❹ Non c'è nessun problema – Potremo – domanda ❺ – mi ha dato il – mi ha chiesto in cambio – della –

***

melhorar e o nível de vida subiu substancialmente, permitindo a um número crescente de italianos o acesso ao ensino e à cultura. É durante esse período que nascem os grandes jornais de hoje, entre os quais, o **La Stampa**, A Estampa, *de Turim, e o* **Il Corriere della Sera**, *o* Correio da Tarde, *de Milão. Há ainda o* **Il Sole 24 Ore**, O Sol 24 horas, *que é o jornal de referência em assuntos económicos. Entre os semanários mais difundidos destaca-se o* **L'Espresso**, O Expresso, *e o* **Panorama**, Panorama.

Segunda vaga: 33ª lição

83 Ottantatreesima lezione

I capricci del tempo

1 – Se sabato ci fosse ① un po' di sole, potremmo andare al mare,
2 che ne dici, Giorgio?
3 – Volentieri, ma non ci conterei molto, sono tre giorni che non smette di piovere!
4 – Proprio per questo! Sarebbe ora che la finisse ②!
5 – Comunque a me basta che non faccia freddo e che non ci sia troppo vento,
6 anche se il cielo è un po' grigio, non importa.
7 – Sono d'accordo. Ti ricordi la crociera nel mediterraneo di tre anni fa?
8 Eravamo sicuri che avremmo avuto ③ un caldo terribile,
9 che avremmo dovuto utilizzare ③ chili di creme solari,

Notas

① **Ci fosse** é o imperfeito do conjuntivo do verbo **essere** (**esserci**). Encontrará a conjugação completa na lição 84.

② Neste contexto, podemos empregar indiferentemente **finire** ou **smettere** com o sentido de "parar". O exemplo da conjugação do imperfeito do conjuntivo dos verbos regulares do tema em i está igualmente na lição 84, utilizando o verbo **partire**.

Octogésima terceira lição 83

Os caprichos do tempo

1 – Se no sábado estivesse *(um pouco de)* sol, podíamos *(poderíamos)* ir à praia,
2 O que é que dizes *(disso)*, Giorgio?
3 – Está bem *(De boa vontade)*, mas não contaria muito com isso, há três dias que não pára de chover!
4 – Por isso mesmo! [Já] está *(Estaria)* na hora de parar *(que a acabasse)* [de chover]!
5 – De qualquer maneira, a mim, desde *(basta)* que não faça frio e que não haja demasiado vento,
6 mesmo se o céu estiver *(é)* um pouco cinzento, não [me] importo *(importa)*.
7 – Estou de acordo. Lembras-te do [nosso] cruzeiro de há três anos, no Mediterrâneo?
8 Tínhamos a certeza *(Estávamos seguros)* que íamos ter *(teriamos tido)* um calor horrível *(terrível)*,
9 que teríamos de pôr *(devido utilizar)* quilos de protector *(creme)* solar,

▸ ③ Vimos na lição 81, nota 4 que, neste tipo de frases, é obrigatória a utilização do tempo composto do condicional, o **condizionale passato**.

83 **10** e invece abbiamo avuto freddo tutta la settimana.

11 – E ci siamo anche bagnati tutta la settimana!

12 – E invece l'anno successivo, in montagna, c'era un sole che spaccava le pietre ④! □

Nota

④ Esta expressão idiomática é bastante frequente e refere-se às altas temperaturas que atingem a Itália durante a estação quente.

***

Esercizio 1 – Traducete

❶ Se mamma fosse d'accordo, prenderei un enorme gelato al cioccolato con la panna. ❷ Pensavamo che sarebbero restati al mare fino alla sera. ❸ L'anno scorso c'era un sole che spaccava le pietre. ❹ Ha fatto freddo e ha piovuto tutto il giorno. ❺ Se avessi tempo, farei una crociera di sei mesi.

10 e afinal tivemos frio a semana toda.

11 – E também apanhámos chuva *(tomámos banho)* a semana toda!

12 – *(E)* Já no ano seguinte *(sucessivo)*, na montanha, havia um sol abrasador *(que partia pedras)*!

***

Correcção do exercício 1

❶ Se a mamã estivesse de acordo, eu comeria um gelado enorme de chocolate com natas. ❷ Pensávamos que teriam ficado na praia até à noite. ❸ O ano passado havia um sol abrasador. ❹ Fez frio e choveu o dia todo. ❺ Se eu tivesse tempo, faria um cruzeiro de seis meses.

Esercizio 2 – Completate con le parole che mancano

❶ Não posso mais! Está a chover *(Chove)* há uma semana!
Non . . . . più! . . . . una settimana!

❷ Gosto do céu cinzento, não suporto o calor!
. . . . il cielo . . . . . . , non sopporto . . . . !

❸ Não estou de acordo contigo, este projecto poderia ser muito interessante!
Non . . . . con . . , questo progetto . . . . molto interessante!

84 Ottantaquattresima lezione

Revisione – Revisão

1 O conjuntivo

Eis o presente do conjuntivo dos verbos **essere** e **avere**.

(che) io sia	*(que) eu seja/esteja*
(che) tu sia	*(que) tu sejas*
(che) lui/lei sia	*(que) ele/ela seja*
(che) noi siamo	*(que) nós sejamos*
(che) voi siate	*(que) vós sejais*
(che) loro siano	*(que) eles/elas sejam*

❹ Se eu tivesse sabido que a Carla estava na festa, teria ido de certeza!

Se . . . . che Carla . . . alla festa, ... certamente!

❺ Se eu não tivesse medo de engordar, comeria doces todos os dias.

Se non . . . . . . paura di ingrassare, ... dei . . . . i giorni.

Correcção do exercício 2

❶ – ne posso – Piove da – ❷ Mi piace – grigio – il caldo ❸ – sono d'accordo – te – potrebbe essere – ❹ – avessi saputo – era – sarei venuto – ❺ – avessi – mangerei – dolci tutti –

Segunda vaga: 34ª lição

Octogésima quarta lição 84

(che) io abbia	*(que) eu tenha/haja*
(che) tu abbia	*(que) tu tenhas*
(che) lui/lei abbia	*(que) ele/ela tenha*
(che) noi abbiamo	*(que) nós tenhamos*
(che) voi abbiate	*(que) vós tenhais*
(che) loro abbiano	*(que) eles/elas tenham*

E os exemplos das três conjugações:

• 1ª conjugação: **arrivare**, *chegar*

(che) io arriv-i	*(que) eu chegue*
(che) tu arriv-i	*(que) tu chegues*
(che) lui/lei arriv-i	*(que) ele/ela chegue*
(che) noi arriv-iamo	*(que) nós cheguemos*
(che) voi arriv-iate	*(que) vós chegais*
(che) loro arriv-ino	*(que) eles/elas cheguem*

• 2ª conjugação: **temere**, *temer*

(che) io tem-a	*(que) eu tema*
(che) tu tem-a	*(que) tu temas*
(che) lui/lei tem-a	*(que) ele/ela tema*
(che) noi tem-iamo	*(que) nós temamos*
(che) voi tem-iate	*(que) vós temais*
(che) loro tem-ano	*(que) eles/elas temam*

• 3ª conjugação: **partire**, *partir*

(che) io part-a	*(que) eu parta*
(che) tu part-a	*(que) tu partas*
(che) lui/lei part-a	*(que) ele/ela parta*
(che) noi part-iamo	*(que) nós partamos*
(che) voi part-iate	*(que) vós partais*
(che) loro part-ano	*(que) eles/elas partam*

2 O imperfeito do conjuntivo

Eis o imperfeito do conjuntivo dos verbos **essere** e **avere**:

(che) io fossi	*(que) eu fosse/estivesse*
(che) tu fossi	*(que) tu fosses*
(che) lui/lei fosse	*(que) ele/ela fosse*
(che) noi fossimo	*(que) nós fossemos*
(che) voi foste	*(que) vós fosseis*
(che) loro fossero	*(que) eles/elas fossem*

(che) io avessi	*(que) eu tivesse/houvesse*
(che) tu avessi	*(que) tu tivesses*
(che) lui/lei avesse	*(que) ele/ela tivesse*
(che) noi avessimo	*(que) nós tivéssemos*
(che) voi aveste	*(que) vós tivésseis*
(che) loro avessero	*(que) eles/elas tivessem*

E para acabar, o imperfeito do conjuntivo dos três verbos regulares: **84**

• 1ª conjugação: **arrivare**, *chegar*

(che) io arriv-assi	*(que) eu chegasse*
(che) tu arriv-assi	*(que) tu chegasses*
(che) lui/lei arriv-asse	*(que) ele/ela chegasse*
(che) noi arriv- assimo	*(que) nós chegássemos*
(che) voi arriv-aste	*(que) vós chegásseis*
(che) loro arriv-assero	*(que) eles/elas chegassem*

• 2ª conjugação: **temere**, *temer*

(che) io tem-essi	*(que) eu temesse*
(che) tu tem-essi	*(que) tu temesses*
(che) lui/lei tem-esse	*(que) ele/ela temesse*
(che) noi tem-essimo	*(que) nós temêssemos*
(che) voi tem-este	*(que) vós temêsseis*
(che) loro tem-essero	*(que) eles/elas temessem*

• 3ª conjugação: **partire**, *partir*

(che) io part-issi	*(que) eu partisse*
(che) tu part-issi	*(que) tu partisses*
(che) lui/lei part-isse	*(que) ele/ela partisse*
(che) noi part-issimo	*(que) nós partíssemos*
(che) voi part-iste	*(que) vós partísseis*
(che) loro part-issero	*(que) eles/elas partissem*

O emprego do conjuntivo é indispensável:
a) a seguir a todos os verbos que exprimem uma opinião, tais como **credo che**, **credevo che**, *creio/acho que*, *achava que*, **penso che**, **pensavo che**, *penso que, pensava que*, etc.
b) a seguir a uma questão indirecta, tal como **mi chiedo se**, *interrogo-me se.*
c) a seguir a **bisogna che**, *é preciso que.*
d) depois de expressões como **è ora che**, *está na hora de.*

3 O condicional composto

É obrigatório o uso do **condizionale passato** quando se quer falar de um acontecimento futuro que se situa no passado: **Pensavo che sarebbe venuto**, *Pensava que ele viria (teria vindo).*

4 Os pronomes pessoais

Quando um dos pronomes pessoais do complemento directo ou indirecto (**mi**, *me*, **ti**, *te*, **lo**, *o*, **la**, *a*, **gli**, *lhe/s*, **ci**, *nos*, **vi**, *vos*, **li**, *os*, **le**, *as*) acompanha os verbos **potere**, *poder*, **volere**, *querer*, **dovere**, *dever*, **sapere**, *saber*, seguidos de um outro verbo no infinitivo, o pronome pode ser colocado a seguir ao infinitivo ou antes do verbo: **Il giornale? Mi dispiace, ma non posso comprarlo / non lo posso comprare**, *O jornal? Lamento, mas não posso comprá-lo / não o posso comprar.*

Dialogo di revisione

1 – Dottor Balbi, a me pare che questo progetto sia molto buono,
2 avremmo una sede vicina ad un parcheggio, ci sono degli autobus e la metropolitana.
3 – Sì, certo, ma mi chiedo se sia veramente così interessante;
4 penso che si debba riflettere molto e bisogna che si chiarisca il problema del costo.
5 – Dottor Balbi, c'è Sua moglie in linea.
6 – Me La passi pure, grazie.
7 – Giulio, ho appena firmato per la mia nuova macchina…
8 – Ma Ida, ti avevo detto che avresti dovuto riflettere ancora e scegliere con più calma.
9 – Non ti sopporto, Giulio, trovi sempre che io abbia troppa fretta.
10 – Ma no, amore, non volevo criticarti …
11 A proposito, ti volevo dire che se sabato ci fosse un po' di sole,
12 potremmo fare un salto al mare!

Vorrei parlare col Dottor Balbi!
La Dottoressa è appena andata via!
Dica pure!
Non lo sopporto!
Mi fa veramente innervosire!
La ringrazio, a più tardi!
Mi faresti una cortesia!

Tradução

1 – Senhor Dr. Balbi, a mim parece-me que este projecto é *(seja)* muito bom;
2 teremos a *(uma)* sede perto de um parque de estacionamento, [e] há autocarros e metro.
3 – Sim, claro, mas duvido *(interrogo-me)* que seja realmente tão interessante;
4 penso que se deve *(deva)* reflectir muito e é preciso esclarecer *(que se esclareça)* o problema do orçamento *(custo)*.
5 – Senhor Dr. Balbi, a sua mulher está ao telefone.
6 – Passe-me a chamada, por favor, obrigado.
7 – Giulio, acabei de assinar [o contrato] para o meu carro novo…
8 – Mas Ida, tinha-te dito que devias *(deverias)* ter pensado melhor *(reflectido mais)* e escolhido *(escolher)* com mais calma.
9 – [Eu] não te aturo *(suporto)* , Giulio, [tu] achas sempre que eu tenho *(tenha)* pressa a mais.
10 – Mas não, amor, não queria criticar-te…
11 A propósito, queria dizer-te que, se no sábado estivesse um pouco de sol,
12 podíamos *(poderemos)* dar *(fazer)* um salto à praia *(ao mar)*!

Segunda vaga: 35ª lição

85 Ottantacinquesima lezione

Vieni alla nostra festa?

1 – Ah, la cugina Ada! Che piacere sentirti dopo tanto tempo!
2 … mi telefoni perché stai preparando una sorpresa per i tuoi genitori …
3 … vuoi organizzare un grande pranzo di famiglia per il loro anniversario di matrimonio,
4 e quindi inviti tutti: le sorelle, i fratelli, gli zii, i cugini…
5 Ma è un'idea splendida!
6 Certamente…! Sarò felicissima di essere con voi!
7 Sarebbe dunque per domenica **27***! Benissimo!
8 Aspetta, però ①, mi sa ② che capita ③ in un brutto momento!

* *ventisette*

Notas

① Nesta frase, poderíamos ter empregue **ma** em lugar de **però**, mas só se fosse no princípio da frase: **ma, aspetta...**, *mas, espera*…. Lembre-se que **però** pode ser colocado em qualquer posição, até mesmo no final da frase: **Mi sa che capita in un brutto momento, però…**

Octogésima quinta lição 85

Vens à nossa festa?

1 – Ah, *(a)* prima Ada! Que prazer ouvir-te ao fim *(depois)* de tanto tempo!
2 ...Telefonas-me porque estás a preparar *(preparando)* uma surpresa para os teus pais...
3 ...queres organizar um grande almoço de família para o aniversário de casamento deles,
4 e portanto convidas toda a gente *(todos)*: as irmãs, os irmãos, os tios, os primos...
5 *(Mas)* É uma ideia fantástica *(esplêndida)*!
6 Claro...! Vou adorar *(Estarei felicíssima por)* estar convosco!
7 Portanto, seria no domingo, 27! Muito bem!
8 Mas espera, quer-me parecer *(sabe-me)* que [isso] calha *(acontece)* numa altura *(momento)* muito má!

▸ ② **mi sa**, (literalmente "sabe-me") pertence ao verbo **sapere**, *saber*, e é uma expressão muito comum em linguagem familiar, equivalente em português a *cheira-me*, *palpita-me*, ou, num registo menos corriqueiro, a *quer-me parecer*, *tenho a impressão*, etc.

③ O verbo **capitare** traduz-se por *acontecer*, *suceder*. A não confundir com **capire**, *compreender* que já encontrou em lições anteriores.

9 Sai che il termine ultimo per la dichiarazione delle tasse è il 30** di questo mese,

10 e mi restano da verificare i conti di almeno quindici clienti… un lavoro enorme!

11 Ma ti assicuro che farò del mio meglio e se riesco ④ a finire entro ⑤ sabato,

12 ti prometto che domenica sarò ④ alla vostra festa! □

** *trenta*

Notas

④ Em italiano não existe o futuro imperfeito do conjuntivo, mas há várias alternativas para a concordância entre duas orações, em frases condicionais que se referem ao futuro. Podemos dizer: **se riesco a finire… vengo alla festa** (indicativo presente); ou **se riesco a finire… verrò alla festa** (indicativo, presente e futuro); também podemos usar o futuro nas duas frases, como em **se riuscirò a finire… verrò alla festa**. Em português, todas estas opções traduzem-se por: *se conseguir acabar, irei à festa* (futuro imperfeito do conjuntivo / futuro do indicativo).

⑤ Mais um exemplo da utilização de **entro**, *até*, *antes de*, *o mais tardar*, que já conhecemos das lições 47 (nota 3) e 71 (nota 4).

***

Esercizio 1 – Traducete

❶ Mi sa che ho dimenticato la dichiarazione delle tasse. ❷ Sai quando era il termine ultimo? ❸ Bisogna presentare tutto entro il 15. ❹ Se riesco a non avere una multa, ti offro lo champagne! ❺ Ada sta preparando un grande pranzo di famiglia. Ci andrò certamente.

9 Sabes que o último dia para a declaração de impostos *(taxas)* é a **30** deste mês,
10 e falta-me verificar as contas de pelo menos quinze clientes… um trabalho insano *(enorme)*!
11 Mas garanto-te *(asseguro-te)* que vou tentar *(farei o meu melhor)* e, se conseguir *(consigo)* acabar até sábado,
12 prometo-te que [no] domingo [lá] estarei na vossa festa!

***

Correcção do exercício 1

❶ Tenho a impressão que me esqueci da declaração de impostos. ❷ Sabes quando era o último dia? ❸ É preciso apresentar tudo até ao dia 15. ❹ Se conseguir não ter uma multa, ofereço-te o champanhe. ❺ A Ada está a preparar um grande almoço de família. Lá irei, claro.

86 **Esercizio 2 – Completate con le parole che mancano**

❶ Assegurou-me que tentará reembolsar-nos do nosso cheque antes do fim do mês.
Mi ha assicurato che . . . . per rimborsarci . . nostro . . . . la fine del mese.

❷ O aniversário dele seria portanto no próximo domingo.
Il suo . . . . dunque . . . .

❸ Se [ele] me telefonar *(telefona)* antes das cinco, telefonar-te-ei imediatamente.
. . . . telefona entro . . . . ti . . . . immediatamente.

❹ É uma altura má, estou a fazer a minha declaração de impostos.
È un . . . . , sto . . . . la . . . . per le . . . . . .

86 Ottantaseiesima lezione

Andiamo a ballare?

1 – Carla, ti iscriveresti con me ad un corso di danza?
2 Guarda questa pubblicità: tango, valzer, rock and roll, danza africana, danza del ventre…
3 Ogni giovedì sera, dalle venti alle ventidue; ci divertiremmo da pazzi!

❺ Podias ter-me falado *(Terias podido falar-me)* disso ontem! Farei o que puder!
. . . . parlarmene ieri! . . . . quello che . . . . . !

Correcção do exercício 2
❶ – farà del suo meglio – il – assegno entro – ❷ – compleanno sarebbe – domenica prossima ❸ Se mi – le cinque – chiamerò – ❹ – brutto momento – facendo – dichiarazione – tasse ❺ Avresti potuto – Farò – posso

Segunda vaga: 36ª lição

Octogésima sexta lição 86

Vamos dançar?

1 – Carla, inscrever-te-ias comigo num curso de dança?
2 Olha este anúncio: tango, valsa, rock and roll, dança africana, dança do ventre…
3 Todas as quintas [à] noite, das oito *(vinte)* às dez *(vinte e duas)*; divertir-nos-íamos à grande *(de loucos)*!

4 – Ah, se potessi, lo farei ① molto volentieri!
5 – E perché non potresti? Cosa hai da fare?
6 – Lo sai che mi sono iscritta ad un corso di perfezionamento per il mio lavoro.
7 Mi prende tre sere per settimana, più tutto quello che c'è da leggere!
8 Se lo aggiungi al lavoro, non è poco!
9 – A maggior ragione! Ti farebbe benissimo distrarti, muoverti un pochino!
10 Stai seduta ② tutto il giorno!
11 – Sì, ma la sera sono troppo stanca. Ho voglia solo di andare a letto!
12 – Mi deludi!
13 – Mi dispiace, Aldo, non insistere! Veramente non me la sento ③. □

Notas

① **se potessi** (imperfeito do conjuntivo), **lo farei** (condicional). Nas frases hipotéticas iniciadas pela conjunção "se" em que se usa o imperfeito do conjuntivo, tal como em português, o segundo verbo deve estar imperativamente no condicional, enquanto em português se usa por vezes o imperfeito do indicativo para simplificar: **se lo sapesse, non sarebbe contenta**, *se ela soubesse, não gostava/gostaria*.

② Já encontrou o verbo **stare** em expressões como **Come stai?**, *Como estás?*, **Sto bene grazie!**, *Estou bem, obrigado!* (lição 37, nota 2) e **Questi pantaloni le stanno benissimo**, ▸

4 – Ah, se pudesse, fá-lo-ia de bom grado!
5 – E porque é que não podes *(poderias)*? O que é que tens para fazer?
6 – Sabes que me inscrevi num curso de aperfeiçoamento no meu emprego *(para o meu trabalho)*.
7 Ocupa-me *(Toma-me)* três noites por semana, fora *(mais)* tudo o *(aquilo)* que há para ler!
8 Se acrescentares *(o juntas)* ao trabalho, não é pouco!
9 – Mais uma razão *(A maior razão)*! Far-te-ia muito bem distrair-te, mexer-te um pouco *(pouquinho)*!
10 Estás sentada o dia inteiro!
11 – Sim, mas à noite estou demasiado cansada. [Já] só tenho vontade de ir para a cama!
12 – Desiludes-me!
13 – Lamento *(Desagrada-me)*, Aldo, não insistas! De verdade que não me apetece *(Verdadeiramente não ma sinto)*.

▸ *Estas calças ficam-lhe muito bem* (lição 51, frase 1). Também já sabe que o verbo **stare** é usado para traduzir a conjugação perifrástica em frases como *estou a ler/estou lendo*, **sto leggendo**. Aqui encontramos uma nova forma de empregar este verbo, para designar um "estado" : **sto seduto**, *estou sentado*, **sto in piedi**, *estou de pé*, etc.

③ Mais uma expressão idiomática, muito usada coloquialmente para traduzir "não me apetece". Repare que é necessário usar o pronome **la** antes do verbo.

86 **Esercizio 1 – Traducete**

❶ Mi deludi, Ida, avrei proprio voluto vederti! ❷ Sono sicuro che se potesse ti aiuterebbe molto volentieri. ❸ Sono stanchissima, da tre mesi finisco di lavorare ogni giorno alle nove. ❹ Vorrei muovermi di più, sto seduto tutto il giorno. ❺ Balleresti un tango con me? – Con piacere!

Esercizio 2 – Completate con le parole che mancano

❶ Se fizesse menos calor, sairia de bom grado.
Se . . . . meno . . . . volentieri.

❷ Se [eu] soubesse dançar a valsa, não me iria inscrever *(inscreveria)* num curso de dança.
Se . . . . ballare il . . . . . . non . . . . a un corso di danza.

❸ Porque é que não hão-de vir *(virieis)* connosco? O que é que têm *(tendos)* para fazer?
Perché non . . . . con noi? Cosa . . . . ?

❹ Olha tudo o que tenho para ler! – Sai comigo, precisas de te distrair!
. . . . . . tutto quello che ho . . . . ! – . . . . con me, ... di distrarti!

❺ Tenho vontade de me mexer um bocadinho, estou sentada desde manhã.
Ho voglia di . . . . un pochino, ... da stamattina.

Correcção do exercício 1

❶ Desiludes-me, Ida, gostaria mesmo de te ter visto *(teria querido mesmo ver-te)*! ❷ Tenho a certeza que se [ele/ela] pudesse, te ajudaria de boa vontade! ❸ Estou cansadíssima, há três meses que acabo de trabalhar todos os dias às nove. ❹ Gostava de me mexer *(Quereria mexer-me)* mais, estou sentado o dia todo. ❺ Queres dançar *(Dançarias)* um tango comigo? – Com [todo o] prazer!

Correcção do exercício 2

❶ – facesse – caldo uscirei – ❷ – sapessi – valzer – mi iscriverei – ❸ – verreste – avete da fare ❹ Guarda – da leggere – Esci – hai bisogno – ❺ – muovermi – sto seduta –

Segunda vaga: 37ª lição

87 Ottantasettesima lezione

Se potessi essere con voi…

1 Car**i**ssimi z**i**i,
2 s**o**no veram**e**nte dispiaciut**i**ssima di non pot**e**r **e**ssere con v**o**i il **27***.
3 C**o**me dic**e**vo ad **A**da, ho d**e**gli imp**e**gni di lav**o**ro m**o**lto urg**e**nti,
4 che **o**ccupano, oram**a**i da un m**e**se, t**u**tte le m**i**e ser**a**te.
5 Ho cerc**a**to di trov**a**re un po' di t**e**mpo per v**o**i,
6 ma purtr**o**ppo non ce l'ho f**a**tta ①, e mi dispi**a**ce molt**i**ssimo.
7 Se pot**e**ssi ②, passer**e**i qu**e**sta giorn**a**ta con v**o**i con infin**i**to piac**e**re.
8 Vi **a**uguro di t**u**tto cu**o**re che la f**e**sta s**i**a riuscit**i**ssima,

* *ventisette*

Notas

① De acordo com o nosso princípio pedagógico de que é necessário encontrar várias vezes um exemplo linguístico para o poder assimilar, não apresentamos nada de novo nesta lição. Repetimos sim, algumas das expressões que já foram introduzidas em lições anteriores, para que as possa memorizar mais facilmente. Eis a primeira: **ce la faccio**, *consigo*, **non ce la faccio**, *não consigo* (lição 54, nota 5). ▸

Octogésima sétima lição 87

Se pudesse estar convosco…

1 Queridos tios,
2 Estou muito triste *(verdadeiramente desoladíssima)* por não poder estar convosco no [dia] 27.
3 Como disse *(dizia)* à Ada, tenho compromissos de trabalho muito urgentes,
4 que [me] ocupam, desde há um mês, as *(minhas)* noites todas.
5 Tentei reservar *(encontrar)* um pouco de tempo para vós,
6 mas infelizmente não consegui, [o que] *(e)* lamento muito.
7 Se pudesse, passaria com imenso *(infinito)* prazer este dia convosco.
8 Desejo-vos de todo o coração que a festa seja um sucesso,

▸ ② Como lhe dissemos anteriormente, é absolutamente necessário que decore as formas do imperfeito do conjuntivo. Embora possa haver quem, numa linguagem coloquial, o substitua pelo imperfeito do indicativo, não o aconselhamos a seguir esse exemplo. Também é imprescindível memorizar as formas do condicional que, como lhe temos feito notar, é mais usado em italiano do que em português.

9 e sopratt**u**tto molt**i**ssimi **a**nni di felicit**à**.
10 Vi prom**e**tto che app**e**na ③ avr**ò** ④ un po' di t**e**mpo verr**ò** a trov**a**rvi.
11 Sp**e**ro che mi racconter**e**te le meravigli**o**se st**o**rie di fam**i**glia,
12 che non mi st**a**nco di ascolt**a**re e **a**ltre anc**o**ra.
13 La v**o**stra affezion**a**ta nip**o**te □

Notas

③ Já encontrou **appena** em contextos e com significados muito diferentes, que vamos passar em revista: **Lo conosco appena**, *Mal o conheço*; **Carla è appena andata via**, *A Carla acabou de sair*; **Gliene parlo appena ritorna**, *Falo-lhe nisso logo que volte*.

④ Como vimos na lição 85, não existindo o futuro no conjuntivo, o italiano usa o futuro do indicativo nos dois verbos desta frase condicional.

Esercizio 1 – Traducete

❶ Carla pensava che avrebbe potuto finire ieri sera. ❷ Sabato prossimo i miei zii festeggiano il loro anniversario di matrimonio. ❸ Mi dispiace, ma non ce la faccio proprio a venire con voi al ristorante. ❹ Se fossero sicuri di vendere la loro casa in città, ne comprerebbero subito una al mare. ❺ Se questo fine settimana ci sarà il sole e un bel cielo blu, partirò sicuramente.

9 e, sobretudo, muitos *(muitíssimos)* anos de felicidade.
10 Prometo-vos que, logo que tiver *(terei)* um pouco de tempo, irei ter convosco *(a encontrar-vos)*.
11 Espero que me contem *(contareis)* as maravilhosas histórias da [nossa] família,
12 que não me canso de ouvir, e ainda [muitas] outras.
13 Com afeição, a vossa *(afectuosa)* sobrinha

Correcção do exercício 1

❶ A Carla pensava que poderia ter acabado *(teria podido acabar)* ontem à noite. ❷ No próximo sábado, os meus tios festejam o *(seu)* aniversário de casamento. ❸ Lamento, mas não consigo mesmo ir convosco ao restaurante. ❹ Se tivessem a certeza de vender a casa deles na cidade, comprariam imediatamente uma na praia. ❺ Se este fim-de-semana estiver sol e um belo céu azul, de certeza que vou viajar *(partirei)*.

Esercizio 2 – Completate con le parole che mancano

❶ Desejamo-vos, de todo o coração, longos anos de felicidade.
. . . . di tutto . . . . . lunghi anni . .
. . . .

❷ Até domingo, estou ocupada todas as noites.
. . . . sono occupata . . . .

❸ O meu tio conta-nos histórias que nunca me canso de ouvir.
. . . . racconta delle storie che . . . . .
. . . . di ascoltare.

❹ Espero ter *(que terei)*, em breve, o prazer de vos ir visitar *(vir encontrar-vos)*.
. . . . . che . . . . presto il piacere di . . . .
. . . .

88 Ottantottesima lezione

Mio nonno nacque…

1 – Zio Andrea, se non ti dispiace, raccontami ancora di tuo padre e di tuo nonno!
2 – Erano altri tempi!
3 Figurati che mio nonno nacque ① a Napoli, nel **1899***.

* *milleottocentonovantanove*

Nota

① **nacque**, *nasceu*; **fu**, *foi*, **finì**, *acabou*. Finalmente, eis o pretérito perfeito simples! Embora seja muito raramente usado no dia a dia (excepto em certas zonas do Sul de Itália), poderá ▸

5 Se [eles] soubessem que vinhas a nossa casa, ficariam *(seriam)* encantados.

.. .. che vieni .. ..
felicissimi.

Correcção do exercício 2

1 Vi auguriamo – cuore – di felicità 2 Fino a domenica – tutte le sere 3 Mio zio ci – non mi stanco mai – 4 Spero – avrò – venire a trovarvi 5 Se sapessero – da noi sarebbero –

Segunda vaga: 38ª lição

Octogésima oitava lição 88

O meu avô nasceu…

1 – Tio Andrea, se não te importas, conta-me outra vez [a história] do teu pai e do teu avô!
2 – Eram outros tempos!
3 Imagina que [o] meu avô nasceu em Nápoles, em 1899.

encontrá-lo ainda em obras literárias e em documentos oficiais e administrativos. Por isso, nesta fase de aprendizagem, é importante que o consiga reconhecer, mas podemos deixá-lo para uma fase posterior de aperfeiçoamento da língua.

4 Piccol**i**ssimo ②, a s**e**i **a**nni, fu ③ mand**a**to a stud**i**are in coll**e**gio, d**a**i gesu**i**ti.
5 S**a**i, a quell'**e**poca, soprattu**tt**o nel sud, le bu**o**ne scu**o**le **e**rano r**a**re,
6 e chi pot**e**va, mand**a**va i f**i**gli in coll**e**gio.
7 Ricev**e**vano un'eccell**e**nte formazi**o**ne, ma la disciplina **e**ra sever**i**ssima.
8 Si consider**a**va che la discipl**i**na form**a**sse ④ il car**a**ttere…, non c**o**me **o**ra!
9 Ma lasci**a**mo p**e**rdere ⑤! Fin**ì** i su**o**i st**u**di a vent**u**n **a**nni,
10 e immediatam**e**nte il p**a**dre lo chiam**ò** pr**e**sso di sé,
11 perch**é** lo aiut**a**sse ⑥ a dir**i**gere la l**o**ro f**a**bbrica.
12 D**u**e **a**nni pi**ù** t**a**rdi gli fu prop**o**sta in m**o**glie la n**o**nna Lu**i**sa,
13 e a ventiqu**a**ttro **a**nni **e**bbe ⑦ il pr**i**mo f**i**glio, m**i**o p**a**dre! □

Notas

② Ao contrário do português, **piccolo**, *pequeno*, é empregue apenas para designar a idade e nunca a estatura de uma pessoa. Nesse sentido, emprega-se **basso**, *baixo*.

③ Encontrará a conjugação completa do pretérito perfeito simples do verbo **essere**, *ser/estar*, na lição 91.

④ Porquê o conjuntivo? Simplesmente porque a oração principal tem um verbo que exprime uma opinião (lição 84). E, como este se encontra no imperfeito, torna-se necessário que o verbo da oração subordinada esteja também no imperfeito, mas do conjuntivo.

⑤ **lasciamo perdere!** è uma expressão idiomática que pode ser traduzida, mais literalmente, por *Deixemos isso!*, e que corresponde a expressões como: *Isso agora... não interessa nada / não vem ao caso / não é para aqui chamado*, etc. ▸

4 Ainda criança *(Muito pequeno)*, com seis anos, foi mandado estudar num colégio de jesuítas.
5 Sabes, naquela época, sobretudo no Sul, as boas escolas eram raras,
6 e quem podia mandava os filhos para um colégio [interno].
7 Recebiam uma formação excelente, mas a disciplina era muito severa.
8 Pensava-se *(Considerava-se)* que a disciplina moldasse *(formasse)* o carácter…, não como agora!
9 Mas isso não vem ao caso *(deixemos perder)*! Acabou os seus estudos aos vinte e um anos,
10 e o pai chamou-o imediatamente para junto de si,
11 para que o ajudasse a dirigir a *(sua)* fábrica.
12 Dois anos mais tarde foi-lhe apresentada *(proposta)* a avó Luísa,
13 e aos vinte e quatro anos teve o primeiro filho – o meu pai!

⑥ **perché**, com o sentido de *para que*, *a fim de que*, é uma conjunção que tem de ser seguida pelo conjuntivo.

⑦ A conjugação completa do pretérito perfeito simples do verbo **avere**, *ter/haver*, encontra-se na lição 91, parágrafo 1.

88 **Esercizio 1 – Traducete**

❶ Mia nonna nacque a Roma, il 9 luglio 1930. ❷ Mia madre ebbe il primo figlio a 35 anni, e mio padre a 40. ❸ Aveva telefonato al suo avvocato perché la aiutasse a risolvere quel difficile problema. ❹ Mio nonno pensava che la disciplina aiutasse a formare il carattere. ❺ In quei tempi non c'erano buone scuole nel sud.

Esercizio 2 – Completate con le parole che mancano

❶ O meu tio era muito jovem quando foi mandado para o colégio interno.

Mio . . . era . . . . quando . . mandato . . . .

❷ [A] avó Luísa casou-se aos vinte e sete anos e, um ano mais tarde, teve o primeiro filho.

. . . . . Luisa si sposò . . . . , e un anno . . . . il primo figlio.

❸ Quem é que podia adivinhar que a viagem dele seria *(teria sido)* tão pequena?

. . . . pensare che il suo viaggio . . . . così breve?

❹ Isso agora não interessa nada! É inútil falar daquilo que poderíamos ter feito *(teríamos podido fazer)*!

. . . . ! È . . . . di quello che . . . . fare!

❺ Esperava que o meu conhecimento da língua russa me ajudasse a encontrar um trabalho melhor.

. . . . che la conoscenza della língua russa mi . . . . a trovare un . . . . lavoro.

Correcção do exercício 1

❶ A minha avó nasceu em Roma, a 9 de Julho de 1930. ❷ A minha mãe teve o primeiro filho aos 35 anos, e o meu pai, aos 40. ❸ Ela tinha telefonado ao advogado para que a ajudasse a resolver aquele problema difícil. ❹ O meu avô pensava que a disciplina ajudasse a moldar o carácter. ❺ Naqueles tempos não havia boas escolas no Sul [de Itália].

Correcção do exercício 2

❶ – zio – piccolissimo – fu – in collegio ❷ Nonna – a ventisette anni – più tardi ebbe – ❸ Chi poteva – sarebbe stato – ❹ Lasciamo perdere – inutile parlare – avremmo potuto – ❺ Speravo – aiutasse – migliore –

A afirmação de que as boas escolas eram raras no Sul de Itália pode parecer um pouco estranha, mas, neste início do século XXI, a Itália continua a ser considerada um Estado muito recente. Efectivamente, dividida durante séculos em pequenos Estados e vítima de ocupações estrangeiras, a Itália obteve a sua unidade política apenas em 1870, na sequência das guerras do **Risorgimento**. *Foi um passo decisivo mas, no plano social, estava tudo por fazer: magistratura, hospitais, escolas e, sobretudo, a consolidação do sentimento de unidade nacional e – não menos crucial –, da própria língua italiana. De facto, esta imprescindível infra-estrutura social e comunitária desenvolveu-se principalmente no século passado.*

Segunda vaga: 39ª lição

89 Ottantanovesima lezione

Che cosa farò?

1 – Se sapessi ① già tutto quello che succederà nella mia vita!
2 Sai, nonno, ho due grandi aspirazioni: viaggiare, e riuscire nel cinema.
3 Se partissi ① l'anno prossimo, per esempio?
4 O se cominciassi ① una scuola di recitazione in autunno? Pensi che ce la farei?
5 – Penso che se questi sono i tuoi veri desideri, Alessandra,
6 se ti impegni a fondo, ci riuscirai sicuramente.
7 Non devi mai preoccuparti di quello che dicono gli altri,
8 ma devi riflettere molto, moltissimo su di te!

Nota

① O conjuntivo emprega-se sempre nas frases hipotéticas ou condicionais (iniciadas por "se") que exprimem uma acção duvidosa, potencial, possível, potencial ou desejável, tal como aqui, em que Alessandra exprime as suas dúvidas e esperanças em relação ao futuro. Mas lembre-se que, nas frases ▸

Octogésima nona lição 89

O que é que [eu] vou fazer?

1 – Se [eu] já soubesse tudo o que vai acontecer *(acontecerá)* na minha vida!

2 Sabes, avô, tenho duas grandes aspirações: viajar e ter sucesso no cinema.

3 Se fosse viajar *(partisse)* no próximo ano, por exemplo?

4 Ou se entrasse numa *(começasse uma)* escola de teatro *(representação)* no Outono? Achas que consigo *(conseguirei)*?

5 – Acho que se estes são os teus verdadeiros desejos, Alessandra,

6 se te empenhares *(empenhas)* a fundo, de certeza que conseguirás.

7 Não deves preocupar-te nunca com o que dizem os outros,

8 mas deves reflectir muito, muitíssimo [mesmo], sobre ti [própria].

▸ hipotéticas, que exprimem certezas ou uma sequência de factos inevitáveis, o italiano emprega o presente do indicativo, como vimos na lição 85, frases 11 e 12: **Se riesco a finire entro sabato, verrò certamente alla festa**, *Se conseguir acabar até sábado, irei de certeza à festa.*

9 Questo ti eviterà di dire, un giorno:
10 "Ah, se avessi avuto ② prima questa idea!
11 Ah, se fossi stata ② più attenta… "
12 – Se non avessi avuto ③ te, nonnino, come avrei fatto ③!

Notas

② **avessi avuto**, *tivesse tido*, é o pretérito mais-que-perfeito do conjuntivo. Não desanime, este vai ser o último tempo verbal que abordaremos neste livro! E é também um dos mais simples porque se forma exactamente como em português, conjugando o verbo auxiliar no imperfeito do conjuntivo, seguido do particípio passado do verbo a conjugar. A conjugação completa está na lição 91.

***

Esercizio 1 – Traducete

❶ Se Ida sapesse cosa vuole fare nella vita sarebbe meraviglioso! ❷ Giulio, se andassimo in montagna per il fine settimana, cosa ne diresti? ❸ Carlo si preoccupa sempre molto di quello che dicono gli altri. ❹ E se mi iscrivessi ad un corso di danza africana? ❺ Se fossi stato più attento, Marco, non avresti perduto il tuo portafogli.

9 Isso *(te)* evitará que digas *(de dizer)*, no futuro *(um dia)*: 89
10 "Ah, se tivesse tido esta ideia mais cedo!
11 Ah, se tivesse estado mais atenta..."
12 – Se não [te] tivesse tido [a ti], avozinho, [não sei] o que teria feito!

▸ ③ Tal com em português, quando, em frases hipotéticas, se fala em acontecimentos que tiveram lugar no passado, o italiano emprega o pretérito mais-que-perfeito do conjuntivo na primeira oração e o pretérito composto do condicional na oração subordinada: **Se avessi avuto tempo, sarei uscito**, *Se tivesse tido tempo, teria saído.*

Correcção do exercício 1

❶ Seria maravilhoso se a Ida soubesse o que quer fazer na vida! ❷ Giulio, que dirias se fossemos à serra no fim-de-semana? ❸ O Carlo preocupa-se sempre muito com o que os outros dizem. ❹ E se me inscrevesse num curso de dança africana? ❺ Se tivesses estado mais atento, Marco, não terias perdido o teu porta-moedas.

Esercizio 2 – Completate con le parole che mancano

❶ Se eu tivesse tido a possibilidade de aprender alemão, certamente tê-lo-ia feito.
. . . . la possibilità di . . . . il tedesco, ... certamente.

❷ Se tivéssemos chegado a horas, teríamos visto um espectáculo magnífico!
. . . . in orario, ... uno spettacolo magnifico!

❸ Deves empenhar-te a fundo, se quiseres *(queres)* ter sucesso na vida.
Devi . . . . , se . . . . nella vita.

90 Novantesima lezione

Capita ① a tutti!

1 – Che cosa succede ①, Anna, sei pallidissima!
2 – Sono sconvolta! Non trovo più il mio bracciale di perle!
3 Ci tengo ② moltissimo, è quello che mi aveva regalato la nonna Anna!

Notas

① Os verbos **capitare** e **succedere** são sinónimos que pode usar a seu gosto para traduzir tanto a expressão "passa-se qualquer coisa" como "acontece alguma coisa". Já o verbo **passare** é empregue como em português: **Sono passato da via Verdi**, *Passei pela rua Verdi*.

❹ Preferiria evitar viajar demais, se fosse possível. 90
. . . . evitare di viaggiare . . . . . . , se . . . . . possibile.

❺ Se não tu estivesses aqui, amor, o que seria de mim *(como faria)* ?
Se . . . . qui, ... , come . . . . . ?

Correcção do exercício 2

❶ Se avesse avuto – imparare – lo avrebbe fatto – ❷ Se fossimo stati – avremmo visto – ❸ – impegnarti a fondo – vuoi riuscire – ❹ Preferirei – troppo – fosse – ❺ – non fossi – amore – farei

Segunda vaga: 40ª lição

Nonagésima lição 90

Acontece a qualquer pessoa *(a todos)*!

1 – O que é que se passa, Anna, estás tão pálida *(palidíssima)*!
2 – Estou arrasada! Já não encontro a minha pulseira de pérolas!
3 Gosto tanto dela, é a que me tinha oferecido a avó Anna!

▸ ② O verbo **tenere** é usado com o sentido de "apego". Poderíamos ter traduzido: "Estou muito apegada a ela".

4 Dove può essere?
5 – Secondo me l'hai dimenticato da qualche parte,
6 ti è successo ① già tante volte!
7 – Oh, non ti ci mettere ③ anche tu, sono già abbastanza nervosa!
8 Ma forse hai ragione, forse l'ho lasciato ieri sera da Rita!
9 L'avevo tolto per aiutarla a sbucciare la frutta ② per la macedonia ④.
10 Ma no, se lo avesse trovato, mi avrebbe telefonato subito!
11 – E se ti dicessi che nella tasca di un cappotto ho trovato uno strano oggettino?
12 – Direi che capita ① a tutti di essere distratti! □

Notas

③ **Non ti ci mettere anche tu!** é uma expressão idiomática muito usada coloquialmente. ▸

***

Esercizio 1 – Traducete

❶ Sai che cosa mi è successo? Figurati che in metropolitana ho trovato un bracciale di perle! ❷ Ragazzi, non vi ci mettete anche voi, per favore, oggi sono nervosissima! ❸ Marco mangia la frutta solo se gliela sbuccia la sua mamma. ❹ Faceva così caldo che appena sono arrivati, hanno tolto la giacca. ❺ Se avessero avuto sue notizie, mi avrebbero chiamato immediatamente.

4 Onde é que poderá *(pode)* estar?
5 – Quanto a mim, esqueceste-te dela em qualquer parte,
6 já te aconteceu tantas vezes!
7 – Oh, não impliques *(não te metas nisso)*, também tu, já estou nervosa o suficiente!
8 Mas se calhar tens razão, se calhar deixei-a ontem à noite em casa da Rita!
9 Tinha-a tirado para a ajudar a descascar a fruta para a salada de frutas.
10 Mas não, se ela a tivesse encontrado, ter-me-ia telefonado logo!
11 – E se te dissesse que no bolso de um casaco encontrei um objecto estranho?
12 – Diria que distrair-se pode acontecer a qualquer pessoa *(estar distraída)*!

▸ ④ Ao contrário do português, o italiano emprega a palavra **macedonia**, *macedónia*, em relação a fruta e nunca em relação a legumes. Neste último caso deve usar-se o termo **insalata**, *salada*.

***

Correcção do exercício 1

❶ Sabes o que me aconteceu? Imagina que encontrei uma pulseira de pérolas no metropolitano! ❷ Rapazes, não impliquem, por favor, hoje estou nervosíssima! ❸ O Marco só come a fruta se a mãe lha descascar. ❹ Estava tanto calor que logo que chegaram, tiraram o casaco. ❺ Se eles tivessem tido notícias dele/dela, ter-me-iam telefonado logo.

90 **Esercizio 2 – Completate con le parole che mancano**

❶ Estou nervosa porque perdi a minha carteira e todos os meus documentos.
. . . . perché ho . . . . la mia borsa e tutti i miei . . . .

❷ Estou muito agarrado/a a este livro. O meu avô tinha-mo oferecido pelos meus dezoito anos.
. . . . a questo libro. Mio nonno . . . . per il mio diciottesimo . . . .

❸ Como sobremesa, escolhi *(tomei)* uma salada de fruta magnífica.
Come dessert . . . . una magnifica . . . .

❹ Sucede-me muitas vezes encontrar amigos na rua.
. . . . di incontrare degli amici per strada.

❺ O Giorgio é tão distraído que voltou a esquecer-se da declaração de impostos! É a terceira vez que lhe acontece!
Giorgio è . . . . che ha ancora dimenticato la . . . . !
È la . . . . che gli . . . . !

Correcção do exercício 2

❶ Sono sconvolta – perduto – documenti ❷ Tengo moltissimo – me lo aveva regalato – compleanno ❸ – ho preso – macedonia ❹ Mi capita molto spesso – ❺ – così distratto – dichiarazione delle tasse – terza volta – succede

Segunda vaga: 41ª lição

91 Novantunesima lezione

Revisione – Revisão

1 O pretérito perfeito simples

Verbos **essere** e **avere**:

io fui	*eu fui*	**io ebbi**	*eu tive*
tu fosti	*tu foste*	**tu avesti**	*tu tiveste*
lui/lei fu	*ele/ela foi*	**lui/lei ebbe**	*ele/ela teve*
noi fummo	*nós fomos*	**noi avemmo**	*nós tivemos*
voi foste	*vós fostes*	**voi aveste**	*vós tivestes*
loro furono	*eles/elas foram*	**loro ebbero**	*eles/elas tiveram*

2 A concordância dos tempos nas frases hipotéticas ou condicionais

A concordância dos tempos nas frases hipotéticas deve ser rigorosamente cumprida, em italiano, se bem que as regras são claras e, felizmente, não há excepções. Existem três casos diferentes:

Dialogo di revisione

1 – Luigi, sai che Ada sta preparando una festa per l'anniversario di matrimonio dei suoi genitori e ci invita?
2 – Benissimo, ci andiamo!
3 – Sarei felicissima di andarci, ma ho un sacco di lavoro da finire entro sabato,
4 e figurati che Carla mi propone di iscrivermi ad un corso di danza con lei!

• A probabilidade é considerada como de realização possível. Como em italiano não existe o futuro do conjuntivo, que seria o modo correcto uma vez que se trata de uma acção potencial, o italiano emprega o presente ou o futuro do indicativo, tanto na oração principal como na oração subordinada: **se posso**, **vengo**, *se puder*, *vou*; **se potro**, **verrò**, *se puder*, *irei*.
• A probabilidade é vista como incerta. Na oração principal, deve usar-se obrigatoriamente o imperfeito do conjuntivo e, na subordinada, o presente do condicional: **se potessi**, **verrei**, *se pudesse*, *viria*.
• A probabilidade é impossível de realizar. Na oração subordinada deve usar-se sempre o mais-que-perfeito do conjuntivo e, na oração principal, o pretérito composto do condicional: **se avessi potuto**, **sarei venuto**, *se tivesse podido*, *teria vindo*.

3 Frases úteis

Che ti succede? Che cosa succede?
Lasciamo perdere!
Se sapessi che cosa mi è capitato!
Devo finire tutto entro sabato!
Se potessi, verrei molto volontieri!
Non ti ci mettere anche tu!

Tradução

1 – Luigi, sabes que a Ada está a preparar uma festa pelo aniversário de casamento dos pais e nos convida?
2 – Óptimo, vamos!
3 – Gostaria imenso de lá ir, mas tenho muito trabalho para acabar até sábado,
4 e imagina que a Carla me propôs inscrever-me num curso de dança com ela!

5 Guarda, ho scritto un bigliettino a zio Carlo per scusarmi: "Sono veramente dispiaciutissima di non poter essere con voi sabato,
6 ma verrò a trovarvi non appena avrò un po' di tempo. La vostra affezionata nipote".
7 – I tuoi zii sono simpaticissimi, anche se sembrano un po' di altri tempi.
8 – Ma, sai che non trovo più la mia guida dell'Italia del Sud!
9 – Forse l'hai dimenticata da Giorgio! Ti capita spesso di dimenticare le cose!
10 – No, se l'avesse trovata, mi avrebbe telefonato!

92 Novantaduesima lezione

Partì ① in giugno

1 La **po**rta si richi**u**se ① pesante**men**te di**e**tro di **lu**i.
2 Cre**det**te ① di **es**sere **li**bero, final**men**te **li**bero,
3 ma av**e**va **o**ra **u**na l**u**nga st**o**ria da port**a**re con sé.

Nota

① Nesta lição encontramos mais alguns exemplos do pretérito perfeito simples: **partì**, *partiu*, pertence ao verbo **partire**, *partir / ir de viagem*; **credette**, *acreditou*, pertence a **credere**, *acreditar / crer*; e **sentì**, *sentiu*, pertence a **sentire**, *sentir*. **Si richiuse**, *fechou-se*, pertence ao verbo reflexo **richiudersi**, *fechar-se*, cujo pretérito perfeito simples, irregular, poderá ▸

5 Olha, escrevi um bilhetinho ao tio Carlo, a desculpar-me: "Estou muito triste por não poder estar convosco no sábado,
6 mas irei procurar-vos logo que tiver um pouco de tempo livre. A vossa afeiçoada sobrinha."
7 – Os teus tios são simpatiquíssimos, apesar de parecerem ligeiramente antiquados.
8 – Mas, sabes que não encontro o meu guia do Sul de Itália!
9 – Se calhar esqueceste-te dele em casa do Giorgio! A ti acontece-te muito esqueceres-te das coisas!
10 – Não, se o tivesse encontrado, ter-me-ia telefonado!

Segunda vaga: 42ª lição

Nonagésima segunda lição 92

Partiu em Junho

1 A porta fechou-se pesadamente atrás de si.
2 [Ele] pensou que estava livre, finalmente livre,
3 mas [que] agora tinha uma longa história a carregar *(levar)* consigo.

consultar no apêndice gramatical. Como dissemos anteriormente, o pretérito perfeito simples, em italiano, é actualmente usado quase exclusivamente em obras literárias e, sendo assim, optámos por criar um texto diferente do habitual… No entanto, esperamos que aprecie este vislumbre das leituras mais sérias que poderá ter de enfrentar no futuro!

4 Immagini disordinate cominciarono ① a sfilare dinanzi ai suoi occhi.
5 Incontri, speranze, delusioni, colpi duri, desideri, paure…
6 Una vita che stava buttando via?
7 Una vita che stava cercando di far nascere?
8 Una morsa allo stomaco, una sensazione di nausea,
9 eppure un'incredibile leggerezza,
10 un'irrefrenabile voglia di saltellare ② come un bambino.
11 Sentì ① i suoi occhi riempirsi di lacrime, chissà se dolci o tristi.
12 Era partito. Fu ③ nel giugno del **1975*** ④. □

* *millenovecentosettantacinque*

Notas

② **saltellare**, *saltitar*, deriva do verbo **saltare**, *saltar*. Usa-se o mesmo sufixo em verbos como **cantarellare**, *cantarolar*, que deriva de **cantare**, *cantar*.

③ A nossa tradução não é literal apenas por uma questão de estilo. Repare que **fu**, *foi*, é a terceira pessoa do singular do pretérito perfeito simples do verbo **essere** que se encontra na passada lição 91.

④ Repare nestas duas expressões: **in giugno**, *em Junho*; **nel giugno del 1975**, *em Junho de 1975*. Efectivamente, sempre que o nome de um mês for seguido do ano, devem usar-se os artigos correspondentes (que formam contracções com a preposição), uma vez que se trata de uma data precisa.

4 Imagens desordenadas começaram a desfilar diante dos seus olhos.

5 Encontros, esperanças, desilusões, revezes *(duros golpes)*, desejos, medos…

6 [Era] uma vida que estava a deitar fora?

7 [ou] uma vida que tentava *(estava a tentar)* fazer renascer?

8 [Sentia] um nó no estômago [e] uma sensação de náusea,

9 mas também uma extraordinária *(incrível)* leveza,

10 [e] um desejo incontrolável *(irreprimível)* de correr *(saltitar)* como uma criança.

11 Sentiu os olhos encherem-se-lhe de lágrimas, nem sabia *(quem sabe)* se doces, se amargas *(tristes)*.

12 Partiu. Corria o *(Foi em)* [mês de] Junho de 1975.

93 **Esercizio 1 – Traducete**

❶ Viaggiarono a lungo e attraversarono innumerevoli città. ❷ Avrei chiuso la porta, se tu me lo avessi chiesto. ❸ Sto buttando via un sacco di vecchie cose: giornali, libri, scarpe, borse... ❹ Provammo un'infinita leggerezza e un'immensa voglia di ballare. ❺ Per favore Marco, smettila di saltellare, mi fai venire mal di testa!

Esercizio 2 – Completate con le parole che mancano

❶ A avó Luisa viveu a vida toda neste apartamento.
La . . . . . Luisa . . . . . tutta . . . . . vita in . . . .

❷ Estava tão emocionado que os seus olhos se encheram de lágrimas.
. . . . emozionato che . . . . . occhi . . . . di . . . .

❸ Fomos muito felizes no colégio.
. . . . . molto felice . . . .

93 Novantatreesima lezione

Avrei bisogno del tuo aiuto

1 – Paolo, credo proprio che ho bisogno del tuo aiuto!
2 – Con piacere! Che cosa posso fare per te?

Correcção do exercício 1
❶ Viajaram demoradamente e atravessaram inúmeras cidades. ❷ Teria fechado a porta, se me tivesses pedido. ❸ Estou a deitar fora uma data de coisas velhas: jornais, livros, sapatos, carteiras… ❹ Sentimos uma leveza infinita e uma enorme vontade de dançar. ❺ Por favor, Marco, pára de saltitar, estás-me a fazer dores de cabeça!

❹ Tive muito medo. Tinha um nó no estômago e uma sensação de náusea.
. . . . molta . . . . . . Avevo una . . . .
. . . . e una sensazione di . . . .

❺ Sentiu-se tão livre que teve vontade de cantar.
Si . . . . . così . . . . . . che . . . . di cantare.

Correcção do exercício 2
❶ – nonna – abitò – la sua – questa casa ❷ Era così – i suoi – si riempirono – lacrime ❸ Fummi – in collegio ❹ Ebbi – paura – morsa allo stomaco – nausea ❺ – sentì – libero – ebbe voglia –

Segunda vaga: 43ª lição

Nonagésima terceira lição 93

Precisava *(Precisaria)* da tua ajuda

1 – Paolo, acho que preciso mesmo da tua ajuda!
2 – Claro *(Com prazer)*! O que é que eu posso fazer por ti?

93 3 – Non riesco a far funzionare il programma di scrittura ① che ho appena comprato!
4 Questi computer ① sono troppo sofisticati per me!
5 – Ma no, basta conoscere due o tre segreti!
6 – Beato te che li conosci!
7 Ieri mi ci sono messa ② con la più grande pazienza di questo mondo ③,
8 ma dopo tre ore di tentativi inutili
9 volevo solo buttar giù ④ dalla finestra il computer e le istruzioni per l'uso.
10 – Vedrai che in un pomeriggio riesco a spiegarti le cose essenziali.
11 Che cosa trovi difficile?
12 – Tutto! Anche accenderlo e spegnerlo!

□

Notas

① O vocabulário italiano adoptou recentemente muitos termos ingleses, principalmente no campo científico e técnico, de que a linguagem informática é apenas um exemplo. Apesar de existirem alguns termos em italiano, criados dentro do seu próprio campo lexical, como **programma di scrittura**, *programa de texto*, ou **tastiera**, *teclado*, a maior parte das vezes são empregues os termos correspondentes em inglês: ***software***, ***computer***, etc. ▸

3 – Não consigo trabalhar com *(fazer funcionar)* o programa de texto que acabei de comprar!
4 Estes computadores são demasiado sofisticados para mim!
5 – Olha que não *(Mas não)*, basta conhecer dois ou três segredos!
6 – Sorte a tua que os conheces!
7 Ontem estive metida nisto com toda a *(a maior)* paciência *(deste mundo)*,
8 mas depois de três horas de tentativas inúteis
9 [já] só queria atirar *(abaixo)* pela janela o computador e as instruções de uso.
10 – Verás que numa tarde consigo explicar-te as coisas essenciais.
11 O que é que *(Que coisa)* achas difícil?
12 – Tudo! Até ligá-lo *(acendê-lo)* e desligá-lo *(apagá-lo)*!

▸ ② **mi ci sono messa** é uma frase idiomática que utiliza o verbo **mettere** com o sentido de *dedicar-se/ debruçar-se sobre um assunto.*

③ **la più grande... di questo mondo**, *a maior... do mundo.* É uma diferença subtil, mas que deve anotar.

④ Já encontrámos **buttar via**, *deitar fora (longe).* Aqui, mais uma pequena variação sobre o mesmo tema: **buttar giù**, *atirar fora (abaixo).*

93 **Esercizio 1 – Traducete**

❶ Beati voi che avete tanti amici stranieri! ❷ Ma è facile imparare le lingue straniere, con un po' di pazienza! ❸ Temeva che avrebbe avuto bisogno del loro aiuto. ❹ Non so se un giorno riuscirò a far funzionare questo computer! ❺ È una donna sofisticata ed elegante, troppo bella per me!

Esercizio 2 – Completate con le parole che mancano

❶ O que é que podemos fazer por si, minha Senhora?
. . . . fare per . . . , Signora?

❷ Precisava *(Precisaria)* de uma informação! – Com todo o gosto, se eu souber!
. . . . di una informazione! – . . . . , se posso.

❸ Estou a aprender italiano. Dediquei-me muito seriamente.
. . . . l'italiano. . . . . molto seriamente.

❹ Qual é o teu segredo para ficares tão jovem? – Rir frequentemente! O mais frequentemente possível!
. . . . . il tuo . . . . per restare . . . . giovane? – . . . . spesso! . . . . possibile!

❺ Não consigo desligar o computador! Apetece-me atirá-lo pela janela!
Non . . . . . . a . . . . il . . . . Ho voglia di . . . . finestra!

Correcção do exercício 1

❶ Sorte a vossa que têm *(tendes)* tantos amigos estrangeiros! ❷ Mas é fácil aprender línguas estrangeiras, com um bocadinho de paciência! ❸ Temia precisar *(que precisasse)* da ajuda deles. ❹ Não sei se algum *(um)* dia conseguirei trabalhar com este computador! ❺ É uma mulher sofisticada e elegante, demasiado bela para mim!

Correcção do exercício 2

❶ Che cosa possiamo – Lei – ❷ Avrei bisogno – Con piacere – ❸ Sto imparando – Mi ci sono messo – ❹ Qual è – segreto – così – Ridere – Il più spesso – ❺ – riesco – spegnere – computer – buttarlo giù dalla –

Segunda vaga: 44ª lição

94 Novantaquattresima lezione

Mi sembra difficile

1 – Al**lo**ra, **co**me si ac**cen**de **que**sto ag**ge**ggio?
2 – **Ba**sta che **pre**mi ① su **que**sto **ta**sto.
3 – E **co**me si fa per a**pri**re un **nuo**vo docu**men**to?
4 – **Fai** scivo**la**re la **frec**cia **fi**no a **que**sta i**co**na e **poi pre**mi.
5 – E **poi co**me lo chi**u**do?
6 – **Pre**mi contemporanea**men**te su **que**sti **du**e **ta**sti… **ec**co, co**sì**, **bra**va ②!
7 – E se **pre**mo su **que**sto **ta**sto **co**sa suc**ce**de?
8 – At**ten**ta ③! Con **quel**lo can**cel**li! A**bi**tuati a sal**va**re **spes**so!

Notas

① Como já referimos, na linguagem familiar, usa-se muitas vezes o indicativo em vez do conjuntivo. Aqui está mais um exemplo, em que, num contexto mais formal, deveríamos dizer **basta che premi**.

② O adjectivo **bravo** é muito usado em italiano para felicitar alguém, mas não se esqueça que se deve sempre fazer a concordância em género e em número! Teremos assim: **bravo**, **brava**, **bravi**, **brave**, e para os superlativos, **bravissimo**, **bravissima**, **bravissimi**, **bravissime**. ▸

Parece-me difícil

1 – Então, como se acende esta coisa *(aparelho)*?
2 – Basta que carregues *(carregas)* nesta tecla.
3 – E como se faz para abrir um documento novo?
4 – Fazes deslizar a seta até este ícone e depois carregas.
5 – E a seguir como é que o fecho?
6 – Carregas simultaneamente nestas duas teclas… assim, desta maneira, boa!
7 – E se carregar *(carrego)* nesta tecla, o que é que acontece?
8 – Cuidado! Com essa apagas *(cancelas)*! Habitua-te a salvar frequentemente!

③ Neste contexto, também se podia ter utilizado **attenzione**, *atenção*, mas normalmente prefere-se usar o adjectivo e torna-se assim necessário fazer a concordância com o sujeito: **attento**, **attenta**, **attenti**, **attente**, *atento*, *atenta*, *atentos*, *atentas*.

9 Le precauzi**o**ni non b**a**stano m**a**i!

10 – Cr**e**di che dom**a**ni avr**ò** gi**à** dimentic**a**to t**u**tto qu**e**llo che mi h**a**i spieg**a**to?

11 – Cr**e**do di no, ma dovr**e**sti esercit**a**rti un po' t**u**tti i gi**o**rni.

12 Ric**o**rdati che i progr**e**ssi v**e**ngono f**a**tti ④ s**o**lo se si ha pazi**e**nza! □

Nota

④ Actualmente, é bastante comum empregar-se o verbo **venire**, *vir*, como auxiliar, em lugar do verbo **essere**, *ser/estar*. Neste caso, **vengono fatti** em vez de **sono fatti**, *são feitos*. Esta substituição faz-se apenas nos tempos simples: **Questa casa viene venduta (è venduta) con tutti i mobili**, *Esta casa é vendida com todos os móveis*.

***

Esercizio 1 – Traducete

❶ Come si spegne questo aggeggio? Non ci capisco niente! ❷ Per accenderlo basta premere su questo tasto! ❸ Ecco, brava! Vedi che è facile! ❹ Sono molto contenta del computer che ho appena comprato! ❺ Gliel'ho spiegato mille volte, ma non vuole ricordarsi.

9 As precauções nunca são demais!
10 – Achas que amanhã já [me] terei esquecido [de] tudo aquilo que me explicaste?
11 – Acho que não, mas devias *(deverias)* treinar *(exercitar-te)* um bocadinho *(pouco)* todos os dias.
12 Lembra-te *(Recorda-te)* que só se fazem progressos se houver *(se se tem)* paciência!

***

Correcção do exercício 1

❶ Como é que se desliga este aparelho? Não percebo nada disto! ❷ Para o ligar basta carregar nesta tecla! ❸ Assim, boa! Vês como é fácil! ❹ Estou muito contente com o computador que acabei de comprar! ❺ Expliquei-lhe isto mil vezes, mas ela não se quer lembrar.

Esercizio 2 – Completate con le parole che mancano

❶ Afinal de contas, estou a começar a achá-lo simpático!
Tutto sommato, comincio a . . . .

❷ Cuidado *(Atenta)*! Com esta tecla apagas tudo!
. . . . ! Con questo . . . . tutto!

❸ Acho que não, acho que a Carla não tem vontade de sair esta noite!
Credo . . . . ., credo che Carla . . . .
di uscire . . . . !

❹ Desculpe, como se faz para ir ao teatro Verdi? – Basta tomar a primeira à esquerda!
. . . . . , come . . . . per andare al teatro Verdi?
– . . . . la prima a sinistra!

95 Novantacinquesima lezione

Posso entrare?

1 – Permesso ①?
2 – Prego, entri pure ②! Mi dica!

Notas

① **Permesso?**, *Dá licença?*, ou **Posso?**, *Posso?* são duas fórmulas que pode usar, indiferentemente, ao pedir licença para entrar num local em que faça alguma cerimónia.

❺ Parece-me que tens uma certa disposição para a dança!
Mi sembra che . . . . per la danza!

Correcção do exercício 2

❶ – trovarlo simpatico ❷ Attenta – tasto cancelli – ❸ – di no – non ha voglia – stasera ❹ Scusi – si fa – Basta prendere – ❺ – hai una certa disposizione –

Segunda vaga: 45ª lição

Nonagésima quinta lição 95

Posso entrar?

1 – Dá-me licença *(Permite-me)*?
2 – Faça favor, entre! Diga *(-me)*!

② Neste tipo de frases, **pure** não tem um significado especial, servindo apenas para reforçar a ideia transmitida pelo verbo (à semelhança do uso de "então" ou "lá" em português): **si sieda pure**, *(então) sente-se*, **faccia pure**, *(então) faça (lá)*, etc. Já lho tínhamos assinalado na lição 81, nota 5.

95 **3** – Non vorrei disturbarla ③, sarò rapidissimo.
4 Volevo chiederLe ③ se oggi posso andar via un'ora prima del solito.
5 Stamattina volevo scendere giù ④ un attimo a comprare le sigarette,
6 ma per la fretta sono scivolato ⑤ nelle scale,
7 e adesso ho il ginocchio e la mano destra che mi fanno sempre più male ⑥.
8 Vorrei avere il tempo di passare dal medico prima di rientrare ⑦.
9 – Mi dispiace molto! Spero ⑧ che non ci sia nulla di grave!
10 Ma sarebbe dovuto andarci stamattina stessa!
11 Non serve a niente aspettare ⑧ in queste situazioni!
12 In ogni caso Le firmo subito il suo permesso. □

Notas

③ A fórmula de cortesia que utiliza o pronome **Lei**, *o senhor / a senhora*, corresponde ao pronome pessoal feminino na terceira pessoa do singular. Assim, as partículas pronominais que se adicionam ao verbo são **la**, *a/o* (para o complemento directo) e **le**, *lhe* (para o complemento indirecto). É por isso que, neste texto, não podemos inferir se o patrão é homem ou mulher, visto que as duas partículas se usam para ambos os sexos! Vejamos um exemplo: **Lei è un amico, quando la vedo le dico la verità**, *O senhor é um amigo, quando o vejo, digo-lhe a verdade*. Mas também: **Lei come sta? Non la vedo e non le parlo da molto tempo**, *Como está a senhora? Não a vejo e não lhe falo há muito tempo.* ▸

3 – Não queria incomodá-lo, serei rapidíssimo.
4 Queria perguntar-lhe *(pedir-lhe)* se hoje posso sair uma hora antes do costume.
5 Esta manhã queria descer *(abaixo)* para comprar cigarros,
6 mas com a pressa escorreguei nas escadas,
7 e agora tenho o joelho e a mão direita que me doem *(me fazem mal)* cada vez mais.
8 Queria *(Quereria)* ter tempo para passar no médico antes de voltar para casa *(reentrar)*.
9 – Lamento muito! Espero que não seja nada de grave!
10 Mas devia *(deveria)* ter lá ido esta manhã mesmo!
11 Não serve de nada esperar nestas situações!
12 Em todo o caso, vou-lhe assinar já a sua licença.

④ **scendere**, **scendere giù**, **andare giù**, podem ser usados para "descer". Escolha à vontade!

⑤ Certos verbos que exprimem movimento como **scivolare**, **salire**, etc., têm como verbo auxiliar **essere**, *ser*, mas o verbo **scendere** pode ser conjugado tanto com **essere** como com **avere**. Tome nota do partícipio passado de **scendere**, que é irregular: **sceso/-a**, *descido/-a*.

⑥ **mi fanno male**, *doem-me*. É mais uma expressão que utiliza o verbo **fare** e que deve anotar.

⑦ Tome nota também deste verbo, **rientrare**, que é usado com o significado de "voltar para casa".

⑧ Repare na diferença de utilização em italiano, entre os verbos **sperare**, *esperar (ter esperança, confiar)* e **aspettare**, *esperar (aguardar)*.

95 **Esercizio 1 – Traducete**

❶ Pensavo che non ci fosse nulla di grave e, per fortuna, fu così. ❷ In ogni caso devi andare dal medico per il tuo ginocchio! ❸ Ci potremmo vedere una mezz'ora prima del solito, domani? ❹ Mamma, non ho finito i compiti e la testa mi fa sempre più male. ❺ Luca voleva scendere giù in giardino a giocare, ma è scivolato nelle scale.

Esercizio 2 – Completate con le parole che mancano

❶ Podias *(Poderias)* responder a esta carta e mandá-la esta manhã mesmo?
. . . . rispondere a . . . . e mandarla . . . . ?

❷ [Ela] Disse-me que desceria para comprar cigarros.
Mi . .   . . che . . . . a comprare le sigarette.

❸ Dá licença? – Faça favor, minha senhora, entre!
. . . . ? – Prego, Signora, ... !

❹ Devia *(Deveria)* ter ido jantar a casa da Paola ontem à noite, mas não pude.
. . . . a cena . . Paola ieri sera, ma non . .   . .

❺ Não queria *(quereria)* incomodar-te! – Não me incomodas nada. Diz lá!
Non . . . . ! – Non . .   . . per niente.   . . . . . pure.

Correcção do exercício 1

❶ Pensava que não fosse nada de grave e, por sorte, assim foi. ❷ Em todo o caso, deves ir ao médico para [ver] o teu joelho! ❸ Podíamo-nos ver uma hora antes do costume, amanhã? ❹ Mamã, não acabei os deveres e a cabeça dói-me cada vez mais. ❺ O Luca queria descer ao jardim para brincar, mas escorregou nas escadas.

Correcção do exercício 2

❶ Potresti – questa lettera – stamattina stessa ❷ – ha detto – sarebbe scesa giù – ❸ Permesso – entri pure ❹ Sarei dovuto andare – da – ho potuto ❺ – vorrei disturbarti – mi disturbi – Dimmi –

Segunda vaga: 46ª lição

96 Novantaseiesima lezione

Vorrei domandarti se…

1 – Mario, vorrei chiederti qualcosa, ma non oso…
2 – Dai, parla! Niente di serio, almeno?
3 – Sì e no… non saprei come dirti…
4 – Quante storie! Ti prometto che resterò cortese,
5 e che non mi arrabbierò dinanzi a nessuna assurdità.
6 – Be', ecco, la settimana scorsa ho conosciuto una ragazza splendida!
7 Mi piace moltissimo! Veramente la donna dei miei sogni!
8 Alta, ben fatta, capelli lunghi e biondi,
9 uno sguardo malizioso, una bocca sensuale…
10 – Mica ① male ! Congratulazioni! … Ma io, che c'entro ②?

Notas

① A palavra **mica** (literalmente "migalha") costuma ser usada em expressões negativas para reforçar a sua expressividade. Nesses casos, funciona como um sinónimo – mais informal – de **per niente**, *de todo*: **non è mica tardi**, ou **non è tardi per niente**, *não é de todo tarde*. Nas frases interrogativas, **mica** é sinónimo de **forse**, *se calhar* ou **per caso**, *por acaso*: **Non hai mica visto il mio libro?**, *Por acaso, não viste o meu livro?* ▸

Queria *(Quereria)* perguntar-te se…

1 – Mario, queria *(quereria)* pedir-te uma coisa, mas não me atrevo *(ouso)* …
2 – Vá lá, fala! Nada de grave *(sério)*, ao menos?
3 – Sim e não… não sei *(saberia)* como te dizer...
4 – [Mas] que conversa *(Quantas histórias)*! Prometo *(-te)* que fico calmo *(continuarei cortês)*,
5 e que não me vou zangar *(zangarei)* diante de algum disparate *(nenhuma absurdidade)*.
6 – Bem [aqui está], a semana passada conheci uma rapariga fantástica *(esplêndida)*!
7 Agrada-me imenso! [É] realmente a mulher dos meus sonhos!
8 Alta, bem feita, cabelos compridos e louros,
9 um olhar malicioso, uma boca sensual…
10 – Nada mal! Parabéns!... Mas eu, o que é que eu tenho a ver com isso *(como aí entro)*?

▸ ② Mais uma expressão coloquial, que num contexto menos informal equivale a **Non ho niente a che vedere**, *Não tenho nada a ver com isso.*

11 – S**a**i che **i**o mi tr**o**vo un po' mingherl**i**no, e risp**e**tto a l**e**i…

12 Mi chied**e**vo ③ se tu pot**e**vi prest**a**rmi ④ la t**u**a m**o**to, mag**a**ri ⑤ ri**e**sco a impression**a**rla…

Notas

③ O verbo **chiedere**, *pedir*, usado aqui reflexivamente **chiedersi**, *interrogar-se*, pode traduzir-se informalmente por *querer saber*.

④ Ainda um exemplo de como, coloquialmente, se pode substituir o conjuntivo pelo imperfeito do indicativo. A fórmula correcta seria **Mi chiedevo se tu potessi prestarmi la tua moto**. ▸

***

Esercizio 1 – Traducete

❶ Come, Marco è caduto giocando al pallone! Niente di serio, spero! ❷ Dai, dimmi chi è quella ragazza bionda che non smetteva di guardarti! ❸ Luca voleva sapere se gli potevo prestare i miei giornalini. ❹ Scusatemi, ma veramente non capisco che c'entro in questa storia! ❺ Quante storie per dieci minuti di ritardo!

11 – Sabes que [eu] me acho um pouco lingrinhas, e comparado com ela… 96

12 Queria saber se me podias emprestar *(-me)* a tua moto, talvez consiga *(se calhar consigo)* impressioná-la…

⑤ **magari**, que é uma palavra muito usada pelos italianos, deriva do grego ***makárie*** que significa *Oh, afortunado!* Em italiano usa-se para exprimir um desejo intenso e difícil de realizar. **Magari riesco a impressionarla** pode traduzir-se por: "Oxalá consiga impressiona-la!" Noutro contexto, **magari** pode ser sinónimo de **forse**, *talvez*, *se calhar*: **Magari saranno arrivate**, *Talvez tenham chegado* ou *Se calhar, chegaram*.

Correcção do exercício 1

❶ O quê, o Marco caiu a jogar à bola! Nada de grave, espero! ❷ Vá lá, diz-me quem é aquela rapariga loura que não parava de olhar para ti! ❸ O Luca queria saber se lhe podia emprestar as minhas revistas. ❹ Desculpem, mas realmente não percebo qual é o meu papel nesta história! ❺ Tanta conversa por dez minutos de atraso!

97 Esercizio 2 – Completate con le parole che mancano

❶ Nada mal. A tua amiga! É loura, alta, bem feita.
. . . . tua amica! È bionda, ... , ...

❷ Se chegar *(chego)* de moto e com um ramo de flores, se calhar impressiono-a!
. . . . in moto e con un . . . . . . di fiori, ... l'impresionerò!

❸ O concerto agradou-me imenso! Foi realmente fantástico!
Il concerto mi . . . . ! È . . . . . veramente . . . . !

❹ A proposta deles não tem nada a ver com o nosso projecto.
. . loro proposta non . . . . col nostro . . . .

97 Novantasettesima lezione

Grazie lo stesso

1 – Salve Piero! Allora com'**è** andata ①?
2 – Un dis**a**stro, Mario, un dis**a**stro! Non mi è servita a niente la tua moto!

Nota

① Mais uma expressão coloquial, utilizando o verbo **andare**: **Come va con Mario?**, *Como está o Mário?*, **Com'è andato il tuo viaggio?**, *Como correu a tua viagem?*

❺ Mas o que é que eu tenho a ver com o homem dos seus sonhos?
Ma io . . . . con l'uomo . . . . ?

Correcção do exercício 2

❶ Mica male la – alta – ben fatta ❷ Se arrivo – fascio – magari – ❸ – è piacuto moltissimo – stato – splendido ❹ La – ha niente a che vedere – progetto ❺ – che c'entro – dei suoi sogni

Na próxima lição continuaremos a apresentar algumas das expressões coloquiais que irá encontrar mais frequentemente nas suas conversas em italiano. Pode usá-las sempre que quiser, mas não se esqueça que deve evitá-las em situações mais formais e na escrita de textos.

Segunda vaga: 47ª lição

Nonagésima sétima lição 97

Obrigado na mesma

1 – Olá Piero! Então como correu *(foi)*?
2 – Um desastre, Mário, um desastre! Não me serviu de nada a tua moto!

3 **I**eri s**e**ra l'av**e**vo v**i**sta sed**u**ta al bar con un'am**i**ca.
4 Ho girell**a**to ② lì dav**a**nti c**o**me un cret**i**no per mezz'**o**ra,
5 fac**e**ndo f**i**nta di non riusc**i**re a parcheggi**a**re.
6 P**o**i finalm**e**nte ho os**a**to chi**e**dere se pot**e**vo sed**e**rmi con l**o**ro.
7 In realt**à** sembr**a**vano cont**e**nte di ved**e**rmi.
8 Abbi**a**mo chiacchier**a**to del pi**ù** e del m**e**no,
9 si è f**a**tto t**a**rdi, abbi**a**mo chi**e**sto il c**o**nto,
10 ho pag**a**to per t**u**tti, ho lasci**a**to **u**na gr**o**ssa m**a**ncia… e ni**e**nte, non le ho chi**e**sto ③ ni**e**nte!
11 – Sb**a**glio, Pi**e**ro, o è il t**u**o cellul**a**re che su**o**na?
12 – Sì… sì… sì… certo… certo… sì… sì… (…)
13 **E**ra l**e**i! Mi chied**e**va se ci vedi**a**mo ④ dom**a**ni s**e**ra!!!

Notas

② **girellare** é uma variação do verbo **girare**, *girar*, *rodopiar* que, neste contexto, significa *andar às voltas* ou *para a frente e para trás*. Com o mesmo sentido de indecisão ou procrastinação existe ainda o verbo **gironzolare**, que é bastante comum.

③ Temos visto nestas últimas lições que o verbo **chiedere** é muito usado em italiano, nem sempre com o sentido, mais estrito em português, do verbo *pedir*. Aqui, traduzimos por *dizer*, que tem um sentido mais lato.

3 Ontem à noite vi-a sentada num café *(no bar)* com uma amiga.
4 Rodopiei ali à frente como um cretino durante meia hora,
5 a fazer de conta que não conseguia estacionar.
6 Depois, por fim, atrevi-me a perguntar se podia sentar-me com elas.
7 Pareciam realmente contentes de me ver.
8 Conversámos de tudo e de nada *(do mais e do menos)*,
9 fez-se tarde, pedimos a conta,
10 [eu] paguei por todos, deixei uma grande gorjeta… e nada, não lhe disse *(pedi)* nada!
11 – Engano-me, Piero, ou é o teu telemóvel que está a tocar *(toca)* ?
12 – Sim… sim… sim… claro… claro… sim… sim… (…)
13 Era ela! Queria saber se nos víamos *(vemos)* amanhã à noite!!!

▸ ④ Aqui temos mais uma vez um caso em que o indicativo substitui o conjuntivo. No entanto, a frase **Mi ha chiesto se potessimo vederci domani** soa excessivamente formal. A meio caminho, poderíamos dizer **Mi ha chiesto di vederci domani**, *Pediu-me para nos vermos amanhã.*

97 **Esercizio 1 – Traducete**

❶ Ciao, Carla, com'è andato il tuo colloquio, sei stata assunta? ❷ Faceva finta di essere calmo, ma in realtà era arrabbiatissimo. ❸ Era Carla che voleva sapere se ci vediamo sabato prossimo. ❹ Quel ragazzo è un disastro, non osa mai chiedere niente. ❺ Girellava davanti al bar come un cretino, e dopo mezz'ora finalmente è riuscito a parlare!

Esercizio 2 – Completate con le parole che mancano

❶ Engano-me ou ficou bastante contente por te ver?
Mi . . . . o . . . . . . piuttosto contenta di . . . . ?

❷ Telefonou para o meu telemóvel e conversámos demoradamente, de tudo e de nada.
Mi . . . . sul mio . . . . e abbiamo . . . . a lungo, ... e . . . .

❸ O senhor Rossi preferia *(preferiria)* que a senhora voltasse a telefonar esta tarde.
Il . . . . . . Rossi . . . . che Lei . . . . questo pomeriggio.

❹ Queria que fôssemos todos jantar a casa da tia Luisa.
Voleva che . . . . tutti a cena . . . . . Luisa.

❺ Achava/Pensava que ela era/fosse a mulher que ele sempre esperou encontrar.
. . . . che . . . / . . . . . la donna che aveva sempre . . . .

Correcção do exercício 1

❶ Olá, Carla, como correu o teu colóquio, foste contratada? ❷ Fazia de conta que estava calmo, mas na verdade estava zangadíssimo. ❸ Era a Carla que queria saber se nos vemos no próximo sábado. ❹ Aquele rapaz é um desastre, nunca se atreve a dizer nada. ❺ Andava às voltas à frente do café como um cretino, mas ao fim de meia hora conseguiu finalmente falar!

Correcção do exercício 2

❶ – sbaglio – è stata – vederti ❷ – ha chiamato – cellulare – chiacchierato – del più – del meno ❸ – Dottor – preferirebbe – richiami – ❹ – andassimo – da zia – ❺ Mi sembrava – era/fosse – sperato di incontrare

Segunda vaga: 48ª lição

98 Novantottesima lezione

Revisione – Revisão

Embora actualmente seja pouco frequente, o pretérito perfeito simples continua a usar-se em obras literárias. Eis as conjugações dos verbos regulares:

1 O pretérito perfeito simples

• 1ª conjugação

cominciare	*começar*
io cominci-ai	*eu comecei*
tu cominci-asti	*tu começaste*
lui/lei cominci-ò	*ele/ela começou*
noi cominci-ammo	*nós começámos*
voi cominci-aste	*vós começastes*
loro cominci-arono	*eles/elas começaram*

• 2ª conjugação

credere	*crer/acreditar/achar*
io cred-ei(etti)	*eu acreditei*
tu cred-esti	*tu acreditaste*
lui/lei cred-è(ette)	*ele/ela acreditou*
noi cred-emmo	*nós acreditámos*
voi cred-este	*vós acreditastes*
loro cred-erono(ettero)	*eles/elas acreditaram*

As formas **credetti**, **credette**, e **credettero** são exactamente equivalentes às outras três e igualmente usadas.

• 3ª conjugação

sentire	*sentir*
io sent-ii	*eu senti*
tu sent-isti	*tu sentiste*
lui/lei sent-ì	*ele/ela sentiu*
noi sent-immo	*nós sentimos*
voi sent-iste	*vós sentistes*
loro sent-irono	*eles/elas sentiram*

2 Conjuntivo ou indicativo?

Qual o modo verbal a escolher em frases como, por exemplo: **Mi ha chiesto se volevo/se volessi andare al cinema com lui**, *Perguntou-me se eu queria ir ao cinema com ele*, ou **Mi sembrava che avesse/che aveva presentato un progetto interessante**, *Achei que ele tinha apresentado um projecto interessante* – A resposta é que depende das circunstâncias. Em situações formais – tanto no italiano escrito como quando o interlocutor é tratado cerimoniosamente –, deve-se usar o conjuntivo. Em todas as outras situações, mais amigáveis e informais, pode-se usar o modo indicativo. No entanto, o uso do conjuntivo será sempre o mais correcto e, além disso, irá impressionar toda a gente com os seus conhecimentos!

3 Variações dos verbos

O sufixo **-ellare** atribui a certos verbos como **saltare**, *saltar*, ou **girare**, *girar*, um sentido de repetição, como em **saltellare**, *saltitar* e **girellare**, *rodopiar*.

4 A voz passiva com o verbo *venire*

No italiano moderno e principalmente na imprensa, tornou-se relativamente comum o uso do verbo **venire** em vez de **essere** como auxiliar da voz passiva, em frases como: **I progressi vengono fatti se si ha pazienza**, *Se houver paciência, fazem-se progressos.* **I libri di Umberto Eco vengono tradotti e pubblicati in tutto il mondo**, *Os livros de Umberto Eco são traduzidos e publicados em todo o mundo.*

Bravissima!
Dica pure!
Mi dispiace molto!
Quante storie... Dai, parla!
Mica male!
Come si fa?
in ogni caso
per la fretta
facendo finta

Dialogo di revisione

1 – Mica male, la tua nuova amica, Piero! Congratulazioni!
2 – Sì, ma io sono un disastro! Abbiamo chiacchierato, abbiamo chiacchierato, e non sono riuscito a chiederle niente!
3 Sono anche caduto dalla moto e ho la mano che mi fa sempre più male!
4 – Dai, quante storie, sono sicuro che non c'è nulla di grave alla tua mano,
5 e che Lisa ti telefonerà entro domani sera!
6 A proposito, mi aiuteresti a far funzionare il mio nuovo computer?
7 È un aggeggio troppo sofisticato per me, non riesco neanche ad accenderlo.
8 Figurati che ieri mi ci sono messo per più di tre ore,
9 e alla fine avevo voglia solo di buttarlo dalla finestra!
10 – Vedrai che in un giorno riesco a spiegarti tutto e anche a darti due o tre segreti.
11 – Beato te, niente ti sembra difficile con un computer!
12 Io vorrei essere nato nel 1901*, quando si scriveva solo a mano.

* *millenovecento**uno***

Tradução

1 – Nada mal, a tua nova amiga, Piero! Parabéns!
2 – Sim, mas eu sou um desastre! Conversámos, conversámos, mas não consegui combinar nada!
3 Ainda caí da moto e tenho a mão que me dói cada vez mais!
4 – Vá lá, tanta conversa, tenho a certeza que não tens nada de grave na mão,
5 e que a Lisa te vai telefonar amanhã à noite!
6 A propósito, ajudas-me a trabalhar com o meu computador novo?
7 É um aparelho demasiado sofisticado para mim, não consigo sequer ligá-lo.
8 Imagina que ontem estive a tentar durante mais de três horas,
9 e por fim já só me apetecia atirá-lo pela janela!
10 – Verás que num dia consigo explicar-te tudo e ainda ensinar-te dois ou três truques (segredos).
11 – Sorte a tua, não há nada que te pareça difícil num computador!
12 Eu gostava de ter nascido em 1901, quando se escrevia apenas à mão!

Segunda vaga: 49ª lição

99 Novantanovesima lezione

Non vedo l'ora ① di essere in Italia!

1 – Ciao, Robert! Ida mi ha detto che stai imparando ② l'italiano!
2 – Sì, non vedo l'ora di andare in Italia!
3 – E come mai ③ l'Italia ti piace tanto?
4 – Non lo so. Mi piace tutto:
5 la natura, i monumenti, la cucina, le donne...
6 – Capisco! Mi fai ripensare al mio primo viaggio in Italia, dieci anni fa ④.
7 Avevo appena ⑤ conosciuto Ida,
8 che era venuta a Parigi per fare un corso di francese.
9 Quando è tornata in Italia,
10 ero così innamorato di lei che l'ho seguita subito,
11 e mi sono innamorato anche dell'Italia! □

Notas

① **Ida non vedeva l'ora di uscire**, *A Ida estava mortinha por sair.* Já encontrámos esta expressão idiomática na lição 54, nota 4.

② **stai imparando**, *está a aprender/aprendendo* é a conjugação perifrástica que se constrói com o verbo **stare**, *estar*, seguido do gerúndio do verbo que se pretende conjugar, e que pode rever na lição 44, nota 2.

Nonagésima nona lição 99

Estou mortinho por ir a Itália!

1 – Olá, Robert! A Ida disse-me que estás a aprender italiano!
2 – Sim, estou mortinho por ir a Itália!
3 – Mas porque é que *(E como nunca)* gostas tanto de Itália?
4 – Não sei. Gosto de tudo:
5 da *(a)* natureza, dos *(os)* monumentos, da *(a)* cozinha, das *(as)* mulheres…
6 – Percebo! Fazes-me lembrar a *(recordar da)* minha primeira viagem a Itália, há dez anos.
7 Acabava de conhecer a Ida,
8 que tinha vindo a Paris *(para)* fazer um curso de francês.
9 Quando [ela] regressou a Itália,
10 [eu] estava tão apaixonado *(por ela)* que fui atrás dela *(a segui)* imediatamente,
11 e apaixonei-me também por Itália!

▸ ③ **Come mai!** é uma expressão idiomática muito comum que, empregue isoladamente, poderíamos traduzir por *Como é possível!* Nesta frase do texto, ela é usada para enfatizar a curiosidade da pergunta, o que poderíamos traduzir por: *Mas porque razão gostas tanto de Itália?*

④ **dieci anni fa**, *(aconteceu) há dez anos*, não deve ser confundido com **sono dieci anni**, *(desde) há dez anos*. Pode rever os exemplos da lição 37, nota 1.

⑤ Na lição 60, nota 1, já tínhamos encontrado esta fórmula para indicar o passado recente: **Ho appena comprato questo giornale**, *Acabei de comprar este jornal.*

Esercizio 1 – Traducete

❶ Anna non vede l'ora di conoscere i monumenti di Firenze! ❷ Hanno deciso di partire, e sono appena tornati! ❸ Robert ha imparato l'italiano proprio bene! ❹ Ripenso a quello che mi ha detto Carla domenica. ❺ Abbiamo visto Paolo due settimane fa.

Esercizio 2 – Completate con le parole che mancano

❶ O Carlo acaba de regressar de Roma e ficou a adorar.
Carlo . . . . tornato . . Roma, e . . . entusiasta.

❷ Mas porque é que vocês gostam tanto de França?
. . . . vi . . . . . tanto la Francia?

❸ Percebo-te! Estás muito apaixonado!
. . . . ! Sei molto . . . . !

❹ Não sei porquê, mas agrada-me tudo neste homem!
. . . . . . perché, ma . . piace tutto di . . . . !

❺ Comecei a pensar nisso há um ano.
Ho cominciato a . . . . un . . . .

---

100 Centesima lezione

E perché no!

1 – Magari ① potessi incontrare anche io una bella italiana!

Nota

① Como vimos na lição 45, nota 4, e ainda há pouco na lição 96, a palavra **magari** pode ter duas acepções ligeiramente dife- ▸

Correcção do exercício 1

❶ A Ana está mortinha por conhecer os monumentos de Florença! ❷ Decidiram ir viajar e acabam de regressar! ❸ O Robert aprendeu muito bem o italiano! ❹ Lembro-me do que a Carla me disse no domingo. ❺ Vimos o Paolo há duas semanas.

Correcção do exercício 2

❶ – è appena – da – ne è – ❷ Come mai – piace – ❸ Ti capisco – innamorato ❹ Non so – mi – quest'uomo ❺ – pensarci – anno fa

Segunda vaga: 50ª lição

Centésima lição 100

E porque não!

1 – Quem me dera *(Oxalá pudesse)* encontrar, também eu, uma bela italiana!

▸ rentes em italiano. Mas não deixe de a empregar sempre que possa, já que são estas expressões que dão alma e personalidade a um vocabulário.

2 – E perché no! A che punto sei con il tuo italiano?

3 – Be', mi sembra che me la cavo ② abbastanza bene!

4 Ho cominciato solamente da quattro mesi ③,

5 e l'altro giorno ho chiacchierato tutto il pomeriggio con Eva,

6 la mia vicina di casa italiana.

7 Ero veramente molto contento!

8 – Complimenti ④! Immagino che hai avuto un bravo ⑤ insegnante.

9 – Ho avuto un insegnante bravissimo ⑤,

10 sempre paziente, sempre disponibile...

11 – Interessante! E come si chiama?

12 – Assimil! Te lo consiglio! □

Notas

② Como pode ver pela tradução, **cavarsela** significa *safar-se*, *desenrascar-se*, o que, tal como em português, é uma expressão que se usa apenas coloquialmente. Literalmente, o verbo **cavare** significa *tirar*, *sacar e cavar* (mas não necessariamente terra).

③ Aqui, a preposição **da** exprime uma ideia de tempo que traduzimos por *desde*. Pode rever outro exemplo na lição 37. ▸

2 – E porque não! Em que ponto é que estás com o teu italiano?
3 – Bom, acho *(parece-me)* que me safo bastante bem!
4 Comecei só há *(desde)* quatro meses,
5 e no outro dia conversei a tarde toda com a Eva,
6 a minha vizinha *(de casa)* italiana.
7 Fiquei *(Estava)* mesmo muito contente!
8 – Parabéns! Imagino que tiveste um professor muito bom.
9 – Tive um *(óptimo)* professor espectacular,
10 sempre paciente, sempre disponível…
11 – [Que] interessante! E como se chama?
12 – Assimil! Recomendo-to *(Aconselho-to)*!

④ **Complimenti** ou **congratulazioni** são dois termos absolutamente equivalentes que se podem usar para felicitar alguém. Já tínhamos encontrado a palavra **congratulazioni** na lição 22, frase 4… Há quanto tempo!...

⑤ Poderíamos ter usado apenas **un buon insegnante**, mas quando se trata de gabar a competência ou mesmo, a excelência de alguém, o italiano prefere a palavra **bravo** (ou **bravissimo**).

Esercizio 1 – Traducete

❶ Te la cavi bene nel tuo nuovo lavoro! ❷ Non ho notizie di mia sorella da tre settimane. ❸ Magari potessi venire con voi l'estate prossima! ❹ È la mia vicina! È simpaticissima! ❺ Complimenti! La tua nuova casa è molto bella!

Esercizio 2 – Completate con le parole che mancano

❶ Vens *(Virias)* ao cinema comigo? – Porque não?
. . . . cinema con me? – . . . . ?

❷ O Carlo é sempre [assim,] tão paciente e *(tão)* disponível?
Carlo è . . . . . . così . . . . e così . . . . ?

❸ É um excelente espectáculo! A não perder *(Aconselho-vo-lo)*!
È uno . . . . eccellente! . . . . !

❹ [Ele] conversa ao telefone com a Elena há uma hora!
. . . . al telefono con Elena . . . . !

❺ A Roberta está mesmo muito contente com o seu método de italiano.
Roberta è veramente . . . . del suo metodo . . italiano.

Correcção do exercício 1

❶ Safas-te bem no teu novo emprego! ❷ Não tenho notícias da minha irmã há três semanas. ❸ Oxalá eu pudesse ir com vocês no próximo Verão! ❹ É a minha vizinha! É simpatiquíssima! ❺ Parabéns! A tua casa nova é muito bonita!

Correcção do exercício 2

❶ Verresti al – Perché no ❷ – sempre – paziente – disponibile ❸ – spettacolo – Ve lo consiglio ❹ Chiacchera – da un'ora ❺ – molto contenta – di –

E pronto! Chegou ao fim do seu Assimil de italiano. Só nos resta felicitá-lo/la e desejar-lhe muitas e animadas conversas na sua nova língua! No entanto, lembre-se que ainda tem de terminar a "segunda volta" – fazendo a retroversão dos textos das lições 51 a 100, do português para o italiano – o que é muito importante para reforçar e consolidar tudo o que aprendeu. Arriverdeci!

Segunda vaga: 51ª lição

Apêndice gramatical

Índice

1 Os sons do italiano

O alfabeto italiano é constituído por 21 letras, 5 vogais e 16 consoantes: **A** *[a]* **B** *[bi]* **C** *[tchi]* **D** *[di]* **E** *[é]* **F** *[efê]* **G** *[dgi]* **H** *[akka]* **I** *[i]* **L** *[ellê]* **M** *[emmê]* **N** *[ennê]* **O** *[o]* **P** *[pi]* **Q** *[ku]* **R** *[errê]* **S** *[essê]* **T** *[ti]* **U** *[u]* **V** *[vi]* **Z** *[dséta]*.

A estas letras, devemos acrescentar mais cinco que são usadas nas diversas palavras de origem estrangeira que, actualmente, fazem parte do léxico italiano: **J** *[i lunga]* **K** *[kappa]* **W** *[dôppia vu]* **X** *[iks]* **Y** *[ípsilon]*.

2 Os artigos

2.1 Os artigos definidos

Masculino	**Singular**	**Plural**
antes de uma consoante	**il ristorante**	**i ristoranti**
antes de **s** + consoante	**lo spettacolo**	**gli spettacoli**
antes de um **z**	**lo zio**	**gli zii**
antes de uma vogal	**l'oggetto**	**gli oggetti**

Feminino	**Singular**	**Plural**
antes de uma consoante	**la pizza**	**le pizze**
antes de uma vogal	**l'autostrada**	**le autostrade**

2.2 Os artigos indefinidos

Masculino	**Singular**
antes de uma consoante	**un ristorante**
antes de uma vogal	**un oggetto**
antes de **s** + consoante	**uno spettacolo**
antes de **z**	**uno zio**

Feminino	**Singular**
Antes de uma consoante	**una pizza**
Antes de uma vogal	**un'autostrada**

3 Preposições e artigos

As preposições **di**, **a**, **da**, **su**, **in** fazem a contracção com os artigos definidos que antecedem:

	il	lo	l'	la	i	gli	le
di	**del**	**dello**	**dell'**	**della**	**dei**	**degli**	**delle**
a	**al**	**allo**	**all'**	**alla**	**ai**	**agli**	**alle**
da	**dal**	**dallo**	**dall'**	**dalla**	**dai**	**dagli**	**dalle**
in	**nel**	**nello**	**nell'**	**nella**	**nei**	**negli**	**nelle**
su	**sul**	**sullo**	**sull'**	**sulla**	**sui**	**sugli**	**sulle**

4 Os substantivos

Na língua italiana, tal como na portuguesa, há apenas dois géneros, o feminino e o masculino.
Os substantivos terminados em **-o** são geralmente masculinos: **il treno**, *o comboio.*
Os substantivos terminados em **-a** são geralmente femininos: **la strada**, *a estrada.*
Os substantivos terminados em **-e** podem ser masculinos ou femininos: **il padre**, *o pai*, **la madre**, *a mãe.*

5 O plural dos substantivos

Os substantivos terminados em **-o** formam o plural em **-i: il treno, i treni**.
Os substantivos terminados em **-a** formam o plural em **-e: la strada, le strade**.
Os substantivos terminados em **-e** , masculinos ou femininos, formam o plural em **-i**: **il padre**, **i padri**, **la madre**, **le madri**.
Existem no entanto bastantes excepções, tanto no singular como no plural.

6 Os adjectivos e pronomes

6.1 Os adjectivos qualificativos

Os adjectivos qualificativos concordam em género e número com os substantivos que qualificam.

Tal como os substantivos, os adjectivos terminam frequentemente por **-o** ou por **-a** , no singular: **il ragazzo italiano**, *o rapaz italiano*, **la ragazza italiana**, *a rapariga italiana*. Formam pois o plural em **-i** e **-e: i ragazzi italiani**, *os rapazes italianos*, **le ragazze italiane**, *as raparigas italianas*.

Há outros adjectivos que terminam por **-e** , no singular, e por **-i** , no plural, e que podem qualificar tanto substantivos masculinos como femininos: **il ragazzo francese**, *o rapaz francês*, **i ragazzi francesi**, *os rapazes franceses*, **la ragazza francese**, *a rapariga francesa*, **le ragazze francesi**, *as raparigas francesas*.

6.2 Os graus dos adjectivos: comparativo e superlativo

O grau comparativo estabelece a comparação entre dois substantivos. As formas mais usadas são: **più… di**, *mais...do que*, **meno… di**, *menos... do que*: **la giacca è più cara della gonna**, *o casaco é mais caro do que a saia*, **il pantalone è meno caro della giacca**, *as calças são menos caras do que o casaco*.

O superlativo indica um grau elevado de uma determinada qualidade; para o superlativo relativo, o italiano usa as fórmulas **il più di, il meno di**; o superlativo absoluto sintético, é formado com os sufixos **-issimo (a, i, e)**, e o absoluto analítico é formado, tal como em português, com a ajuda dos advérbios **molto**, **assai**, etc.

Sono i giocattoli più cari di tutti, *São os brinquedos mais caros de todos*; **Questi giocattoli sono carissimi (molto cari)**, *Estes brinquedos são caríssimos (muito caros)*.

6.3 Os adjectivos possessivos

	Singular		Plural	
	masculino	feminino	masculino	feminino
singular	**il mio**	**la mia**	**i miei**	**le mie**
	il tuo	**la tua**	**i tuoi**	**le tue**
	il suo	**la sua**	**i suoi**	**le sue**
cerimonioso	**il Suo**	**la Sua**	**i Suoi**	**le Sue**

plural	**il nostro**	**la nostra**	**i nostri**	**le nostre**
	il vostro	**la vostra**	**i vostri**	**le vostre**
	il loro	**la loro**	**i loro**	**le loro**

Os adjectivos possessivos são sempre antecedidos de um artigo, excepto no caso dos nomes de familiares, mas apenas no singular: **è mio fratello**, *é meu irmão*, **sono i miei fratelli**, *são meus irmãos.*

6.4 Os pronomes pessoais

• Os pronomes pessoais do sujeito

io	*eu*	**noi**	*nós*
tu	*tu*	**voi**	*vós*
lui, **lei**	*ele*, *ela*	**loro**	*eles*, *elas*
Lei (cerimonioso)	*o senhor*, *a senhora*	**Loro** (cerimonioso)	*os senhores*, *as senhoras*

A utilização dos pronomes pessoais é facultativa e frequentemente prescinde-se deles: **sono italiana**, *sou italiana.*

• Os pronomes pessoais do complemento directo

formas fracas	formas fortes
mi	**me**
ti	**te**
lo, **la**	**lui**, **lei**
La (cerimonioso)	**Lei**
ci	**noi**
vi	**voi**
li, **le**	**loro**
	Loro

• Os pronomes pessoais do complemento indirecto

formas fracas	formas fortes
mi	**(a) me**
ti	**(a) te**
gli, **le**	**(a) lui**, **lei**
Le (cerimonioso)	**(a) Lei**

ci	(a) noi
vi	(a) voi
gli	(a) loro

As formas fortes destes pronomes usam-se sempre que se quer sublinhar o complemento: **Perché mi guardi? – Non guardo te, guardo lei!**, *Porque é que me olhas? – Eu não olho para ti, eu olho para ela!* Ou por exemplo, **Parlo a te!**, *Estou a falar contigo!* Em vez de, respectivamente, **ti guardo / la guardo** e **ti parlo**, formas fracas.

6.5 As formas compostas

	lo	la	li	le	ne
mi	me lo	me la	me li	me le	me ne
ti	te lo	te la	te li	te le	te ne
gli, le	glielo	gliela	glieli	gliele	gliene
ci	ce lo	ce la	ce li	ce le	ce ne
vi	ve lo	ve la	ve li	ve le	ve ne
gli	glielo	gliela	glieli	gliele	gliene

6.6 Os adjectivos e os pronomes demonstrativos

O adjectivo e o pronome **questo (questa, questi, queste)**, *este (esta, estes, estas)*, indica uma relação de proximidade, espacial ou temporal, com a pessoa que o usa: **Vorrei provare questa giacca**, *Queria provar este casaco.* **Quello (quella, quelli, quelle)** indica uma relação de afastamento: **No, non questa giacca, quella**, *Não, este casaco não, aquele.* Pode-se reforçar o sentido de **questo** acrescentando **qui** ou **qua**, *aqui* e o de **quello** acrescentando **lì** ou **là**, *acolá.*

6.7 Os adjectivos e os pronomes interrogativos

Os pronomes interrogativos são **chi?, che? quale? quanto?**
Chi?, *Quem?*, é usado para pessoas: **Chi è quella ragazza?**, *Quem é aquela rapariga?*
Che?, *Que?/ O que é que?* É usado para coisas: **Che ore sono? Che cosa fai?**, *Que horas são? O que é que fazes?*

Quale (quali), *qual/quais* e **quanto (quanta, quanti)**, *quanto/s, quanta/s*, são usados como em português:
Quanto spendi ogni mese?, *Quanto gastas todos os meses?*

Todos estes pronomes se usam igualmente nas frases interrogativas indirectas:
Chi viene com me? Dimmi chi viene con me, *Quem vem comigo? Diz-me quem vem comigo.*
Quanto costa? La mamma vuole sapere quanto costa, *Quanto custa? A mamã quer saber quanto custa.*

6.8 Os pronomes relativos

Os pronomes relativos são: **che, chi, cui** e **il quale / i quali, la quale / le quali**. As formas **che**, **chi** e **cui** são invariáveis.

O pronome relativo **che**, *que*, tal como em português, é usado indiferentemente como sujeito ou complemento directo:
La persona che parla è Carla!, *A pessoa que fala é a Carla!* (sujeito)
La persona che vedi là è Paola!, *A pessoa que ali vês é a Paola!* (complemento)

Gramaticalmente, substitui **il quale**, **la quale**, **i quali**, **le quali**, *o/a qual, os/as quais*, formas raramente usadas.

O pronome relativo, **chi**, *quem*, é usado, referindo-se a pessoas singulares, masculinas ou femininas:
Chi è ricco non capisce i poveri, *Quem é rico não compreende os pobres.*
E ainda juntamente com as preposições **a** e **di**:
Dobbiamo scrivere a chi ci ama, *Devemos escrever a quem nos ama.*
Queste parole sono di chi ha molta esperienza, *Estas palavras são de quem tem muita experiência.*

O pronome relativo **cui** é usado em substituição de **il quale**, **la quale**, **i quali**, **le quali**, sempre precedido de uma preposição:
L'uomo di cui parlo, *O homem de quem falo. (do qual)*
La casa in cui vivo, *A casa em que vivo. (na qual)*
Corresponde ainda a *cujo/s, cuja/s*:
Carlo, la cui figlia è nostra amica, *Carlo, cuja filha é nossa amiga.*

6.9 Os adjectivos e os pronomes indefinidos

Os pronomes e os adjectivos indefinidos mais correntes são aqueles que indicam pessoas como **alcuno**, **qualcuno** e **nessuno**, que correspondem, em português, a *algum*, *alguém* e *ninguém / nenhum*.

Alcuni uomini sono stanchi ma non c'è nessuna ragione (adjectivos), *Alguns homens estão cansados mas não há nenhuma razão.*
Qualcuno gli ha detto che non ho parlato con nessuno (pronomes), *Alguém lhe disse que não falei com ninguém.*
Nessuno, *ninguém*, é invariável como pronome: **Non c'è nessuno**, *Não está lá ninguém.* Como adjectivo, possui um feminino: **Nessuna ragazza è venuta**, *Não veio nenhuma rapariga.*

Outros, como **molto**, **poco**, **troppo**, **parecchio**, **tutto** e **tanto** indicam coisas, quando empregues no singular mas, quando usados no plural, podem também referir pessoas:
C'è molta gente: tutti guardano, pochi comprano, però, *Está muita gente: todos olham, mas poucos compram.*

Os pronomes invariáveis **niente** e **nulla** referem-se apenas a coisas: **Non mi ha chiesto niente e non gli ho promesso nulla**, *Não me pediu nada e não lhe prometi nada.*

Finalmente, **qualche** e **ogni** são adjectivos invariáveis mas, embora empregues no singular, exprimem sempre uma ideia de grupo ou conjunto de pessoas ou coisas, o que pode induzir em erro. Repare que o substantivo que antecedem está sempre no singular! **C'era qualche amico**, *Estavam lá alguns amigos.* **Ci vado ogni settimana**, *Vou lá todas as semanas.*

7 Os verbos auxiliares: *essere*, ser/estar e *avere*, ter/haver

7.1 O modo indicativo

• **Presente do indicativo**
essere:
io sono, tu sei, lui/lei è, noi siamo, voi siete, loro sono
eu sou, tu és, ele/ela é, nós somos, vós sois, eles/elas são

avere:
io ho, tu hai, lui/lei ha, noi abbiamo, voi avete, loro hanno
eu tenho, tu tens, ele/ela tem, nós temos, vós tendes, eles/elas têm

• **Pretérito imperfeito**
essere:
io ero, tu eri, lui/lei era, noi eravamo, voi eravate, loro erano
eu era, tu eras, ele/ela era, nós éramos, vós éreis, eles/elas eram
avere:
io avevo, tu avevi, lui/lei aveva, noi avevamo, voi avevate, loro avevano
eu tinha, tu tinhas, nós tínhamos, vós tínheis, eles/elas tinham

• **Pretérito perfeito composto**
essere:
io sono stato, tu sei stato, lui/lei è stato/a, noi siamo stati, voi siete stati, loro sono stati
eu tenho sido/estado, tu tens sido/estado, ele/ela tem sido/estado, nós temos sido/estado, vós tendes sido/estado, eles/elas têm sido/estado
avere:
io ho avuto, tu hai avuto, lui/lei ha avuto, noi abbiamo avuto, voi avete avuto, loro hanno avuto
eu tenho tido, tens tido, ele/ela tem tido, nós temos tido, vós tendes tido, eles/elas têm tido

• **Pretérito perfeito simples**
essere:
io fui, tu fosti, lui/lei fu, noi fummo, voi foste, loro furono
eu fui, tu foste, ele/ela foi, nós fomos, vós fostes, eles/elas foram
avere:
io ebbi, tu avesti, lui/lei ebbe, noi avemmo, voi aveste, loro ebbero
eu tive, tu tiveste, ele/ela teve, nós tivemos, vós tivestes, eles/elas tiveram

• **Pretérito mais-que-perfeito composto**
Em italiano não existe o mais-que-perfeito simples.
essere:
io ero stato, tu eri stato, lui/lei era stato/a, noi eravamo stati, voi eravate stati, loro erano stati
eu tinha sido/estado, tu tinhas sido/estado, ele/ela tinha sido/estado,

nós tínhamos sido/estado, vós tínheis sido/estado, eles tinham sido/estado
avere:
io avevo avuto, tu avevi avuto, lui/lei aveva avuto, noi avevamo avuto, voi avevate avuto, loro avevano avuto
eu tinha tido, tu tinhas tido, ele/ela tinha tido, nós tínhamos tido, vós tínheis tido, eles/elas tinham tido

• **Futuro imperfeito**
essere:
io sarò, tu sarai, lui/lei sarà, noi saremo, voi sarete, loro saranno
eu serei, tu serás, ele/ela será, nós seremos, vós sereis, eles/elas serão
avere:
io avrò, tu avrai, lui/lei avrà, noi avremo, voi avrete, loro avranno
eu terei, tu terás, ele/ela terá, nós teremos, vós tereis, eles/elas terão

• **Futuro perfeito**
essere:
io sarò stato, tu sarai stato, lui/lei sarà stato, noi saremo stato, voi sarete stato, loro saranno stato
eu terei sido/estado, tu terás sido/estado, ele/ela terá sido/estado, nós teremos sido/ estado, vós tereis sido/estado, eles/elas terão sido/estado
avere:
io avrò avuto, tu avrai avuto, lui/lei avrà avuto, noi avremo avuto, voi avrete avuto, loro avranno avuto
eu terei tido, tu terás tido, ele/ela terá tido, nós teremos tido, vós tereis tido, eles/elas terão tido

7.2 O modo condicional

• **Presente**
essere:
io sarei, tu saresti, lui/lei sarebbe, noi saremmo, voi sareste, loro sarebbero
eu seria/estaria, tu serias/estarias, ele/ela seria/estaria, nós seríamos/estaríamos, vós seríeis/estaríeis, eles/elas seriam/estariam

avere:
io avrei, tu avresti, lui/lei avrebbe, noi avremmo, voi avreste, loro avrebbero
eu teria, tu terias, ele/ela teria, nós teríamos, vós teríeis, eles/elas teriam

• **Composto**
essere:
io sarei stato, etc.
eu teria sido/estado, etc.
avere:
io avrei avuto, etc.
eu teria tido, etc.

7.3 O modo imperativo

essere:
(tu) sii, (Lei) sia, (noi) siamo, (voi) siate
sê, seja, sede, sejam
avere:
(tu) abbi, (Lei) abbia, (noi) abbiamo, (voi) abbiate
tem, tenha, tende, tenham

7.4 O modo conjuntivo

• **Presente**
essere:
che io sia, che tu sia, che lui/lei sia, che noi siamo, che voi siate, che loro siano
que eu seja/esteja, que tu sejas/estejas, que ele/ela seja/esteja, que nós sejamos/estejamos, que vós sejais/estejais, que eles/elas sejam/estejam
avere:
che io abbia, che tu abbia, che lui/lei abbia, che noi abbiamo, che voi abbiate, che loro abbiano
que eu tenha, que tu tenhas, que ele/ela tenha, que nós tenhamos, que vós tenhais, que eles/elas tenham

• **Imperfeito**
essere:
che io fossi, che tu fossi, che lui/lei fosse, che noi fossimo, che voi foste, che loro fossero

que eu fosse/estivesse, que tu fosses/estivesses, que ele/ela fosse/ estivesse, que nós fossemos/estivéssemos, que vós fosseis/estivésseis, que eles/elas fossem/estivessem
avere:
che io avessi, che tu avessi, che lui/lei avesse, che noi avessimo, che voi aveste, che loro avessero
que eu tivesse, que tu tivesses, que ele/ela tivesse, que nós tivéssemos, que vós tivésseis, que eles/elas tivessem

• **Composto**
essere:
che io sia stato, etc.
que eu tenha sido/estado, etc.
avere:
che io abbia avuto, etc.
que eu tenha tido, etc.

• **Mais-que-perfeito composto**
essere:
che io fossi stato, etc.
que eu tivesse sido/estado, etc.
avere:
che io avessi avuto, etc.
que eu tivesse tido, etc.

7.5 O gerúndio

essendo, *sido/estado*
avendo, *tido*

8 As conjugações regulares

parl-are, *falar*, **cred-ere**, *crer*, **part-ire**, *partir*

8.1 O modo indicativo

• **Presente**

	-are	-ere	-ire
(io)	parl-o	cred-o	part-o
(tu)	parl-i	cred-i	part-i

(lui/lei)	parl-a	cred-e	part-e
(noi)	parl-iamo	cred-iamo	part-iamo
(voi)	parl-ate	cred-ete	part-ite
(loro)	parl-ano	cred-ono	part-ono

• **Imperfeito**

	-are	-ere	-ire
(io)	parl-avo	cred-evo	part-ivo
(tu)	parl-avi	cred-evi	part-ivi
(lui/lei)	parl-ava	cred-eva	part-iva
(noi)	parl-avamo	cred-evamo	part-ivamo
(voi)	parl-avate	cred-evate	part-ivate
(loro)	parl-avano	cred-evano	part-ivano

• **Pretérito perfeito composto**

	-are	-ere	-ire
(io)	ho parl-ato	ho cred-uto	sono part-ito/a
(tu)	hai parl-ato	hai cred-uto	sei part-ito/a
(lui/lei)	ha parl-ato	ha cred-uto	è part-ito/a
(noi)	abbiamo parl-ato	abbiamo cred-uto	siamo part-iti/e
(voi)	avete parl-ato	avete cred-uto	siete part-iti/e
(loro)	hanno parl-ato	hanno cred-uto	sono part-iti/e

• **Pretérito perfeito simples**

	-are	-ere	-ire
(io)	parl-ai	cred-ei/-etti	part-ii
(tu)	parl-asti	cred-esti	part-isti
(lui/lei)	parl-ò	cred-é/-ette	part-ì
(noi)	parl-ammo	cred-emmo	part-immo
(voi)	parl-aste	cred-este	part-iste
(loro)	parl-arono	cred-erono/ -ettero	part-irono

• **Pretérito mais-que-perfeito composto**

io havevo parl-ato, io havevo cred-uto, io ero part-ito/a , etc.

• **Futuro imperfeito**

	-are	-ere	-ire
(io)	parl-erò	cred-erò	part-irò
(tu)	parl-erai	cred-erai	part-irai
(lui/lei)	parl-erà	cred-erà	part-irà
(noi)	parl-eremo	cred-eremo	part-iremo
(voi)	parl-erete	cred-erete	part-irete
(loro)	parl-eranno	cred-eranno	part-iranno

• **Futuro perfeito**

io avrò parl-ato, io avrò cred-uto, io sarò part-ito/a , etc.

8.2 O modo condicional

• **Presente**

	-are	-ere	-ire
(io)	parl-erei	cred-erei	part-irei
(tu)	parl-eresti	cred-eresti	part-iresti
(lui/lei)	parl-erebbe	cred-erebbe	part-irebbe
(noi)	parl-eremmo	cred-eremmo	part-iremmo
(voi)	parl-ereste	cred-ereste	part-ireste
(loro)	parl-erebbero	cred-erebbero	part-irebbero

• **Composto**

io avrei parl-ato, io avrei cred-uto, io sarei part-ito/a , etc.

8.3 O modo conjuntivo

• **Presente**

	-are	-ere	-ire
(io)	parl-i	cred-a	part-a
(tu)	parl-i	cred-a	part-a
(lui/lei)	parl-i	cred-a	part-a
(noi)	parl-iamo	cred-iamo	part-iamo
(voi)	parl-iate	cred-iate	part-iate
(loro)	parl-ino	cred-ano	part-ano

• **Imperfeito**

	-are	-ere	-ire
(io)	parl-assi	cred-essi	part-issi
(tu)	parl-assi	cred-essi	part-issi
(lui/lei)	parl-asse	cred-esse	part-isse
(noi)	parl-assimo	cred-essimo	part-issimo
(voi)	parl-aste	cred-este	part-iste
(loro)	parl-assero	cred-essero	part-issero

• **Composto**
io abbia parl-ato, io abbia cred-uto, io sia part-ito/a, etc.

• **Mais-que-perfeito composto**
io avessi parl-ato, io avessi cred-uto, io fossi part-ito/a, etc.

8.4 O modo imperativo

parl-a	cred-i	part-i
parl-i	cred-a	part-a
parl-iamo	cred-iamo	part-iamo
parl-ate	cred-ete	part-ite
parl-ino	cred-ano	part-ano

8.5 O gerúndio

parl-ando	cresc-endo	part-endo

8.6 O particípio

• **Presente**

parl-ante	cresc-ente	part-ente

• **Passado**

parl-ato	cred-uto	part-ito

9 Os verbos irregulares

Muitos dos verbos da terceira conjugação inserem o conjunto **-isc** entre a raiz e a terminação das três pessoas do singular e da terceira pessoa do plural do presente do indicativo e do presente do conjuntivo. Teremos então, para o verbo **capire**, *compreender*:

• **Presente do indicativo**
cap-isco
cap-isci
cap-isce
cap-iamo
cap-ite
cap-iscono

• **Presente do conjuntivo**
cap-isca
cap-isca
cap-isca
cap-iamo
cap-iate
cap-iscano

Eis a lista dos verbos mais comuns que apresentam esta irregularidade:
agire, *agir*
apparire, *aparecer*
colpire, *bater*
finire, *acabar*
guarire, *curar*
preferire, *preferir*
pulire, *limpar*
riunire, *reunir*
spedire, *enviar*
trasferire, *transferir*

A seguir apresentamos, a lista dos verbos irregulares de uso mais frequente. Indicamos apenas as formas irregulares e, entre parênteses, o verbo auxiliar que deve usar para os tempos compostos.

• **Accendere**, *acender* **(avere)**
Pretérito perfeito simples: **accesi**, **accendesti**, **accese**, **accendemmo**, **accendeste**, **accesero**
Particípio passado: **acceso**

• **Accogliere**, *acolher* – (ver **cogliere**)

• **Accorgersi**, *aperceber-se* (**avere**)
Pretérito perfeito simples: **mi accorsi**, **ti accorgesti**, **si accorse**, **ci accorgemmo**, **vi accorgeste**, **si accorsero**
Particípio passado: **accorto**

• **Aggiungere**, *acrescentar* – (ver **giungere**)

• **Andare**, *ir* (**essere**)
Presente do indicativo: **vado, vai, va, andiamo, andate, vanno**
Futuro: **andrò**, **andrai**, etc.
Condicional: **andrei**, **andresti**, etc.
Presente do conjuntivo: **vada, vada, vada, andiamo, andiate, vadano**
Imperativo: **va', vada, andiamo, andate, vadano**

• **Apparire**, *aparecer* (**essere**)
Pretérito perfeito simples: **apparvi, apparisti, apparve, apparimmo, appariste, apparvero**
Particípio passado: **apparso**

• **Aprire**, *abrir* (**avere**)
Particípio passado: **aperto**

• **Bere**, *beber* (**avere**)
Presente do indicativo: **bevo, bevi, beve, beviamo, bevete, bevono**
Imperfeito: **bevevo**, **bevevi**, etc.
Futuro: **berrò**, **berrai**, etc.
Pretérito perfeito simples: **bevvi, bevesti, bevve, bevemmo, beveste, bevvero**
Condicional: **berrei**, **berresti**, etc.
Presente do conjuntivo: **beva, beva, beva, beviamo, beviate, bevano**
Particípio passado: **bevuto**
Gerúndio: **bevendo**

• **Cadere**, *cair* (**essere**)
Futuro: **cadrò**, **cadrai**, etc.
Pretérito perfeito simples: **caddi, cadesti, cadde, cademmo, cadeste, caddero**
Condicional: **cadrei**, **cadresti**, etc.

• **Chiedere**, *pedir* (**avere**)
Pretérito perfeito simples: **chiesi, chiedesti, chiese, chiedemmo, chiedeste, chiesero**
Particípio passado: **chiesto**

• **Chiudere**, *fechar* (**essere**)
Pretérito perfeito simples: **chiusi, chiudesti, chiuse, chiudemmo, chiudeste, chiusero**
Particípio passado: **chiuso**

• **Cogliere**, *colher* (**essere**)
Presente do indicativo: **colgo, cogli, coglie, cogliamo, cogliete, colgono**
Pretérito perfeito simples: **colsi, cogliesti, colse, cogliemmo, coglieste, colsero**
Presente do conjuntivo: **colga, colga, colga, cogliamo, cogliate, colgano**
Particípio passado: **colto**

• **Comporre**, *compor* – (ver **porre**)

• **Conoscere**, *conhecer* (**avere**)
Pretérito perfeito simples: **conobbi, conoscesti, conobbe, conoscemmo, conosceste, conobbero**
Particípio passado: **conosciuto**

• **Coprire**, *cobrir* – (ver **aprire**)

• **Correre**, *correr* (**essere/avere**)
Pretérito perfeito simples: **corsi, corresti, corse, corremmo, correste, corsero**
Particípio passado: **corso**

• **Crescere**, *crescer* (**essere**)
Pretérito perfeito simples: **crebbi, crescesti, crebbe, crescemmo, cresceste, crebbero**
Particípio passado: **cresciuto**

• **Dare**, *dar* (**avere**)
Presente do indicativo: **do, dai, dà, diamo, date, danno**
Imperfeito: **davo**, **davi**, etc.
Futuro: **darò**, **darai**, etc.
Pretérito perfeito simples: **diedi, desti, diede, demmo, deste, diedero**

Condicional: **darei**, **daresti**, etc.
Presente do conjuntivo: **dia, dia, dia, diamo, diate, diano**
Imperfeito do conjuntivo: **dessi, dessi, desse, dessimo, deste, dessero**
Imperativo: **da', dia, diamo, date, diano**
Gerúndio: **dando**

• **Decidere**, *decidir* (**avere**)
Presente do indicativo: **decido, decidi, decide, decidiamo, decidete, decidono**
Imperfeito: **decidevo, decidevi, decideva, decidevamo, decidevate, decidevano**
Futuro: **deciderò, deciderai, deciderà, decideremo, deciderete, decideranno**
Pretérito perfeito simples: **decisi, decidesti, decise, decidemmo, decideste, decisero**
Condicional: **deciderei, decideresti, deciderebbe, decideremmo, decidereste, deciderebbero**
Presente do conjuntivo: **decida, decida, decida, decidiamo, decidiate, decidano**
Imperfeito do conjuntivo: **decidessi, decidessi, decidesse, decidessimo, decideste, decidessero**
Imperativo: **decidi**, **decidete**
Particípio passado: **deciso**
Gerúndio: **decidendo**

• **Dire**, *dizer* (**avere**)
Presente do indicativo: **dico, dici, dice, diciamo, dite, dicono**
Imperfeito: **dicevo**, **dicevi**, etc.
Futuro: **dirò**, **dirai**, etc.
Pretérito perfeito simples: **dissi, dicesti, disse, dicemmo, diceste, dissero**
Condicional: **direi**, **diresti**, etc.
Presente do conjuntivo: **dica, dica, dica, diciamo, diciate, dicano**
Imperfeito do conjuntivo: **dicessi, dicessi, dicesse, dicessimo, diceste, dicessero**
Imperativo: **di', dica, diciamo, dite, dicano**
Particípio passado: **detto**
Gerúndio: **dicendo**

• **Disporre**, *dispor* – (ver **porre**)

• **Dividere**, *dividir* (**avere**)
Pretérito perfeito simples: **divisi, dividesti, divise, dividemmo, divideste, divisero**
Particípio passado: **diviso**

• **Dovere**, *dever* (**avere**)
Presente do indicativo: **devo, devi, deve, dobbiamo, dovete, devono**
Futuro: **dovrò**, **dovrai**, etc.
Pretérito perfeito simples: **dovetti, dovesti, dovette, dovemmo, doveste, dovettero**
Condicional: **dovrei**, **dovresti**, etc.
Presente do conjuntivo: **debba, debba, debba, dobbiamo, dobbiate, debbano**

• **Fare**, *fazer* (**avere**)
Presente do indicativo: **faccio, fai, fa, facciamo, fate, fanno**
Imperfeito: **facevo**, **facevi**, etc.
Futuro: **farò**, **farai**, etc.
Pretérito perfeito simples: **feci, facesti, fece, facemmo, faceste, fecero**
Condicional: **farei**, **faresti**, etc.
Presente do conjuntivo: **faccia, faccia, faccia, facciamo, facciate, facciano**
Imperfeito do conjuntivo: **facessi, facessi, facesse, facessimo, faceste, facessero**
Imperativo: **fa', faccia, facciamo, fate, facciano**
Particípio passado: **fatto**
Gerúndio: **facendo**

• **Giungere**, *chegar* (**essere**)
Pretérito perfeito simples: **giunsi, giungesti, giunse, giungemmo, giungeste, giunsero**
Particípio passado: **giunto**

• **Leggere**, *ler* (**avere**)
Pretérito perfeito simples: **lessi, leggesti, lesse, leggemmo, leggeste, lessero**
Particípio passado: **letto**

• **Mettere**, *meter* (**avere**)
Presente do indicativo: **metto, metti, mette, mettiamo, mettete, mettono**

Pretérito perfeito simples: **misi, mettesti, mise, mettemmo, metteste, misero**
Particípio passado: **messo**

• **Morire**, *morrer* (**essere**)
Presente do indicativo: **muoio, muori, muore, moriamo, morite, muoiono**
Futuro: **morrò, morrai, morrà, morremo, morrete, morranno**
Condicional: **morirei, moriresti, morirebbe, moriremmo, morireste, morirebbero**
(morrei, morresti, morrebbe, morremmo, morreste, morrebbero)
Presente do conjuntivo: **muoia, muoia, muoia, moriamo, moriate, muoiano**
Imperativo: **muori, muoia, moriamo, morite, muoiano**
Particípio passado: **morto**

• **Muovere**, *mudar* (**avere**)
Pretérito perfeito simples: **mossi, muovesti, mosse, muovemmo, muoveste, mossero**
Particípio passado: **mosso**

• **Parere**, *parecer* (**essere**)
Presente do indicativo: **paio, pari, pare, paiamo, parete, paiono**
Futuro: **parrò, parrai, parrà, parremo, parrete, parranno**
Pretérito perfeito simples: **parvi, paresti, parve, paremmo, pareste, parvero**
Condicional: **parrei, parresti, parrebbe, parremmo, parreste, parranno**
Presente do conjuntivo: **paia, paia, paia, paiamo, paiate, paiano**
Particípio passado: **parso**

• **Piacere**, *agradar* (**essere**)
Presente do indicativo: **piaccio, piaci, piace, piacciamo, piacete, piacciono**
Pretérito perfeito simples: **piacqui, piacesti, piacque, piacemmo, piaceste, piacquero**
Particípio passado: **piaciuto**

• **Porre**, *pôr* (**avere**)
Presente do indicativo: **pongo, poni, pone, poniamo, ponete, pongono**

Imperfeito: **ponevo**, **ponevi**, etc.
Futuro: **porrò**, **porrai**, etc.
Presente do conjuntivo: **ponga, ponga, ponga, poniamo, poniate, pongano**
Imperfeito do conjuntivo: **ponessi, ponessi, ponesse, ponessimo, poneste, ponessero**
Particípio passado: **posto**
Gerúndio: **ponendo**

• **Potere**, *poder* (**avere**)
Presente do indicativo: **posso, puoi, può, possiamo, potete, possono**
Futuro: **potrò**, **potrai**, etc.
Pretérito perfeito simples: **potei** ou **potetti**, **potesti**, **poté** ou **potette**, **potemmo**, **poteste**, **poterono** ou **potettero**
Condicional: **potrei**, **potresti**, etc.
Presente do conjuntivo: **possa, possa, possa, possiamo, possiate, possano**

• **Prendere**, *pegar* (**avere**)
Pretérito perfeito simples: **presi, prendesti, prese, prendemmo, prendeste, presero**
Particípio passado: **preso**

• **Proporre**, *propor* – (ver **porre**)

• **Raggiungere**, *alcançar* – (ver **giungere**)

• **Ridere**, *rir* (**avere**)
Pretérito perfeito simples: **risi, rideste, rise, ridemmo, rideste, risero**
Particípio passado: **riso**

• **Rimanere**, *ficar* (**essere**)
Presente do indicativo: **rimango, rimani, rimane, rimaniamo, rimanete, rimangono**
Futuro: **rimarrò**, **rimarrai**, etc.
Pretérito perfeito simples: **rimasi, rimanesti, rimase, rimanemmo, rimaneste, rimasero**
Condicional: **rimarrei**, **rimarresti**, etc.
Presente do conjuntivo: **rimanga, rimanga, rimanga, rimaniamo, rimaniate, rimangano**
Particípio passado: **rimasto**

• **Rispondere**, *responder* (**avere**)
Pretérito perfeito simples: **risposi, rispondesti, rispose, rispondemmo, rispondeste, risposero**
Particípio passado: **risposto**

• **Rivolgersi**, *dirigir-se* – (ver **volgere**)

• **Rompere**, *romper* (**avere**)
Pretérito perfeito simples: **ruppi, rompesti, ruppe, rompemmo, rompeste, ruppero**
Particípio passado: **rotto**

• **Salire**, *subir* (**essere/avere**)
Presente do indicativo: **salgo, sali, sale, saliamo, salite, salgono**
Presente do conjuntivo: **salga, salga, salga, saliano, saliate, salgano**

• **Sapere**, *saber* (**avere**)
Presente do indicativo: **so, sai, sa, sappiamo, sapete, sanno**
Futuro: **saprò**, **saprai**, etc.
Pretérito perfeito simples: **seppi, sapesti, seppe, sapemmo, sapeste, seppero**
Condicional: **saprei**, **sapresti**, etc.
Presente do conjuntivo: **sappia, sappia, sappia, sappiamo, sappiate, sappiano**
Imperativo: **sappi, sappia, sappiamo, sappiate, sappiano**

• **Scegliere**, *escolher* (**avere**)
Presente do indicativo: **scelgo, scegli, sceglie, scegliamo, scegliete, scelgono**
Pretérito perfeito simples: **scelsi, scegliesti, scelse, scegliemmo, sceglieste, scelsero**
Presente do conjuntivo: **scelga, scelga, scelga, scegliamo, scegliate, scelgano**
Particípio passado: **scelto**

• **Scendere**, *descer* (**essere/avere**)
Pretérito perfeito simples: **scesi, scendesti, scese, scendemmo, scendeste, scesero**
Particípio passado: **sceso**

• **Scrivere**, *escrever* (**avere**)
Pretérito perfeito simples: **scrissi, scrivesti, scrisse, scrivemmo, scriveste, scrissero**
Particípio passado: **scritto**

• **Sedere** ou **sederci**, *sentar-se* (**essere**)
Presente do indicativo: **mi siedo, ti siedi, si siede, ci sediamo, vi sedete, si siedono**
Futuro: **mi siederò**, **ti siederai**, etc.
Pretérito perfeito simples: **mi sedei** ou **sedetti**, **ti sedesti**, **si sedé** ou **sedette**, **ci sedemmo**, **vi sedeste**, **si sederono** ou **sedettero**
Presente do conjuntivo: **mi sieda, ti sieda, si sieda, ci siedamo, vi siedate, si siedano**

• **Spegnere**, *apagar* (**avere**)
Presente do indicativo: **spengo, spegni, spegne, spegniamo, spegnete, spengono**
Pretérito perfeito simples: **spensi, spegnesti, spense, spegnemmo, spegneste, spensero**
Presente do conjuntivo: **spenga, spenga, spenga, spegniamo, spegniate, spengano**
Particípio passado: **spento**

• **Spingere**, *empurrar* (**avere**)
Pretérito perfeito simples: **spinsi, spingesti, spinse, spingemmo, spingeste, spinsero**
Particípio passado: **spinto**

• **Stare**, *estar* (**essere**)
Presente do indicativo: **sto, stai, sta, stiamo, state, stanno**
Imperfeito: **stavo**, **stavi**, etc.
Futuro: **starò**, **starai**, etc.
Pretérito perfeito simples: **stetti, stesti, stette, stemmo, steste, stettero**
Condicional: **starei**, **staresti**, etc.
Presente do conjuntivo: **stia, stia, stia, stiamo, stiate, stiano**
Particípio passado: **stato**

• **Succedere**, *suceder*, *acontecer* (**avere**)
Pretérito perfeito simples: **successi, succedesti, successe, succedemmo, succedeste, successero**
Particípio passado: **successo**

• **Suppore**, *supor* – (ver **porre**)

• **Tenere**, *fazer questão, ter apego*
Presente do indicativo: **tengo, tieni, tiene, teniamo, tenete, tengono**
Futuro: **terrò**, **terrai**, etc.
Pretérito perfeito simples: **tenni, tenesti, tenne, tenemmo, teneste, tennero**
Condicional: **terrei**, **terresti**, etc.
Presente do conjuntivo: **tenga, tenga, tenga, teniamo, teniate, tengano**

• **Uccidere**, *matar* (**avere**)
Pretérito perfeito simples: **uccisi, uccidesti, uccise, uccidemmo, uccideste, uccisero**
Particípio passado: **ucciso**

• **Uscire**, *sair* (**essere**)
Presente do indicativo: **esco, esci, esce, usciamo, uscite, escono**
Presente do conjuntivo: **esca, esca, esca, usciamo, usciate, escano**

• **Valere**, *valer* (**essere/avere**)
Presente do indicativo: **valgo, vale, vali, valiamo, valete, valgono**
Futuro: **varrò, varrai, varrà, varremmo, varrete, varranno**
Pretérito perfeito simples: **valsi, valesti, valse, valemmo, valeste, valsero**
Condicional: **varrei, varresti, varrebbe, varremmo, varreste, varrebbero**
Presente do conjuntivo: **valga, valga, valga, valiamo, valiate, valgano**
Imperativo: **vali, valga, valiamo, valete, valgano**
Particípio passado: **valso**

• **Vedere**, *ver* (**avere**)
Futuro: **vedrò**, **vedrai**, etc.
Pretérito perfeito simples: **vidi, vedesti, vide, vedemmo, vedeste, videro**
Condicional: **vedrei**, **vedresti**, etc.
Particípio passado: **visto**

• **Venire**, *vir* (**essere**)
Presente do indicativo: **vengo, vieni, viene, veniamo, venite, vengono**

Futuro: **verrò**, **verrai**, etc.
Pretérito perfeito simples: **venni, venisti, venne, venimmo, veniste, vennero**
Condicional: **verrei**, **verresti**, etc.
Presente do conjuntivo: **venga, venga, venga, veniamo, veniate, vengano**
Particípio passado: **venuto**

• **Vincere**, *vencer* (**avere**)
Pretérito perfeito simples: **vinsi, vincesti, vinse, vincemmo, vinceste, vinsero**
Particípio passado: **vinto**

• **Volere**, *querer* (**avere**)
Presente do indicativo: **voglio, vuoi, vuole, vogliamo, volete, vogliono**
Futuro: **vorrò, vorrai, vorrà, vorremo, vorrete, vorrano**
Pretérito perfeito simples: **volli, volesti, volle, volemmo, voleste, vollero**
Condicional: **vorrei, vorresti, vorrebbe, vorremmo, vorreste, vorrebbero**
Presente do conjuntivo: **voglia, voglia, voglia, vogliamo, vogliate, vogliano**
Imperativo: **voglia, voglia, vogliamo, vogliate, vogliano**
Particípio passado: **voluto**

• **Volgere** ou **volgersi**, *virar* ou *virar-se* (**avere**)
Pretérito perfeito simples: **volsi, volgesti, volse, volgemmo, volgeste, volsero**
Particípio passado: **volto**

Para terminar, eis uma lista de verbos que são irregulares apenas no pretérito perfeito simples e no particípio passado. Uma vez que aquele tempo, como referimos nas lições, é muito menos frequente, indicamos-lhe apenas o particípio passado irregular destes verbos e, entre parênteses, o verbo auxiliar que deve empregar nos tempos compostos.

aprire, **aperto**, *abrir*, *aberto* (**avere**)
ardere, **arso**, *arder*, *ardido* (**avere**)
assolvere, **assolto**, *absolver*, *absolvido* (**avere**)
crescere, **cresciuto**, *crescer*, *crescido* (**essere**)
difendere, **difeso**, *defender*, *defendido* (**avere**)
dipendere, **dipeso**, *depender*, *dependido* (**avere/essere**)
dipingere, **dipinto**, *pintar*, *pintado* (**avere**)
dissolvere, **dissolto**, *dissolver*, *dissolvido* (**avere**)
discutere, **discusso**, *discutir*, *discutido* (**avere**)
distinguire, **distinto**, *distinguir*, *distinguido* (**avere**)
dividere, **diviso**, *dividir*, *dividido* (**avere**)
esigere, **esatto**, *exigir*, *exigido* (**avere**)
evadere, **evaso**, *evadir*, *evadido* (**essere**)
fingere, **finto** *fingir*, *fingido* (**avere**)
invadere, **invaso**, *invadir*, *invadido* (**avere**)
mordere, **morso**, *morder*, *mordido* (**avere**)
nascere, **nato**, *nascer*, *nascido* (**essere**)
nascondere, **nascosto**, *esconder*, *escondido* (**avere**)
offrire, **offerto**, *oferecer*, *oferecido* (**avere**)
perdere, **perduto**, *perder*, *perdido* (**avere**)
piangere, **pianto**, *chorar*, *chorado* (**avere**)
piovere, **piovuto**, *chover*, *chovido* (**essere**)
proteggere, **protetto**, *proteger*, *protegido* (**avere**)
soffrire, **sofferto**, *sofrer*, *sofrido* (**avere**)
spendere, **speso**, *gastar*, *gasto* (**avere**)
tingere, **tinto**, *tingir*, *tingido* (**avere**)
torcere, **torto**, *torcer*, *torcido* (**avere**)
vincere, **vinto**, *vencer*, *vencido* (**avere**)
vivere, **vissuto**, *viver*, *vivido* (**essere/avere**)

LÉXICOS

lista de abreviaturas		
(m.) masculino	*(pl.)* plural	*(adj.)* adjectivo
(f.) feminino	*(inv.)* invariável	*(adv.)* advérbio
(v.) verbo	*(s.) substantivo*	

Léxico Italiano-Português

A

abbaiare ladrar 76
abbastanza bastante 37
abbastanza (averne ~) estar farto 5
abbigliamento vestuário 52
abbraccio abraço 65
abitare morar 10
abituare habituar 94
accendere ligar 93
accesso acesso 79
accetare aceitar 80
accidenti! que maçada! 48
accomodarsi sentar-se 9
accompagnare acompanhar 15; levar 29
accorciare encurtar 51
accordo (d'~) de acordo 43
accumulare acumular 67
accurato/a aprofundado/a 79
acqua água 55
acquisto aquisição 80; compra 80
ad (antes de vogal) a 8
adesso agora 18, 41; já 41
adorare adorar 71
aereo avião 17
aeroporto aeroporto 19
affetuoso/a afectuoso/a 65
affezionato/a afectuoso/a 87

africano/a	africano/a 86
agenzia di viaggi	agência de viagens 15
aggeggio	aparelho 94
aggiungere	acrescentar 65
agitare	agitar 55
agosto	Agosto 65
aiutare	ajudar 40
aiuto *(m.)*	ajuda 93
al	no 2
albergo	hotel 3
albero *(m.)*	árvore 67
album	álbum, álbuns 67
all'aperto	ao ar livre 13
allacciare	apertar 55; pôr 55
allora	então 6
allungare	descer 51
almeno	ao menos 62
altezza	altura 60
alto/a	alto/a 96
altro/a	outro/a 23
amare	amar 46
amare follemente	adorar 46
ambiente	ambiente 59
amico/a	amigo/a 9
ammissione	admissão 72
amore	amor 45
analcolico *(m.)*	bebida não alcoólica 25
anche	também 4
ancora	ainda 19
andare via	ir-se embora 81; sair 81
andare	ir 5
angelo	anjo 82
angolo *(m.)*	esquina 8
angoscia	angústia 39
animale	animal 67
anniversario di matrimonio	aniversário de casamento 85
anno	ano 11
annoiarsi	aborrecer-se 75
annuncio	anúncio 26
antipasto	acepipe 12
anzi	pelo contrário 59

aperto/a	aberto/a 13
apparecchio fotografico	aparelho fotográfico 60
appassionato/a	apaixonado/a 67
appena	logo que 87
apposta (fare ~)	fazer de propósito 17
archeologico/a	arqueológico/a 69
architetto	arquitecto 22
architettura	arquitectura 71
aria *(f.)*	ar 3
aria condizionata *(f.)*	ar condicionado 3
armadio	armário 40
arrabbiarsi	zangar-se 69
arrivare	chegar 5
arrivo *(m.)*	chegada 62
arte	arte 46
artistico/a	artístico/a 71
ascensore	elevador 23
ascoltare	escutar 41; ouvir 87
aspettare	esperar 5
aspetto	aspecto 78
aspirazione	aspiração 89
assaggiare	provar 12
assegno	sinal 44; cheque 73
assentarsi	ausentar-se 81
assenza	ausência 73
assicurare	assegurar 85; garantir 85
assolutamente	absolutamente 6; imperativamente 6
assortimento	sortido 73
assunto/a	colocado/a 22
assunzione	colocação 26
assurdità	absurdidade 96; disparate 96
attento/a	atento/a 89
attenzione	cuidado 48; atenção 48, 73
attico	último piso 13
atto di nascita *(m.)*	certidão de nascimento 72
attraversare	atravessar 4
attraverso	através (de) 69
augurare	desejar 87
auguri	felicidades 31
auguri (fare gli ~)	desejar felicidades 31
auto *(f.)*	carro 66

autobus	autocarro 5
autostrada	auto-estrada 4
autunno	Outono 89
avere	ter 3
avviso	aviso 65
avvocato	advogado 44
azzurro/a	azul 46

B

bagnare	tomar banho 83
bagno	banho 3
bambino	criança 10
bambino/a	menino/a 31
banca *(f.)*	banco 27
bar	bar 46
barca *(f.)*	barco 62
barca a vela *(f.)*	barco à vela 58
basso/a	baixo/a 79
basta	basta 5; chega 5
bastare	bastar 5; chegar 5
battere	bater 31
beato/a	afortunado/a 61; feliz 61
bellezza	beleza 60
bello/a	lindo/a 4; belo/a 4, 13; bonito/a 13
bene	bem 17
benvenuto/a	bem-vindo 1
bere	beber 25
bianco/a	branco/a 25
bicchiere	copo 25
biglietto	bilhete 20
biondo/a	louro/a 46
bisogna	é preciso 53
bisogno	necessidade 23
bisogno (aver ~)	precisar 50
blu	azul 50
bocca	boca 96
bolletta	conta 64
borsa	carteira 64
borsa di studio	bolsa de estudo 59
bottiglia	garrafa 73
bracciale *(m.)*	pulseira 90

braccio	braço 46
bravo	óptimo 41
bravo/a *(adj.)*	muito bom/boa 100
brillante	brilhante 37
brioche *(f.)*	brioche 2
bruciare	incendiar 68
bruno/a	moreno/a 46
brutto/a	mau/má 79
buca per le lettere	caixa de correio 16
buonasera	boa noite 9
buongiorno	bom dia 2
buono/a	bom/boa 8
buttar via	deitar fora 67
buttare	atirar 6
buttare giù	atirar 93

C

cadere	cair 64
caffè	bica 2; café 2, 34
calcio	futebol 11
calcio (al ~)	a jogar à bola 11
caldo	calor 83
cambiare	mudar 40
cambio (in ~)	em troca 82
camera *(f.)*	quarto 3
campagna *(f.)*	campo 10
campeggio	parque de campismo 61
cancellare	cancelar 94
candidato	candidato 26
cane	cão 76
capello	cabelo 96
capire	perceber 30
capitare	acontecer 85
capo	chefe 23
capo (da ~)	do princípio 30
cappotto	casaco 19
cappuccino	cappuccino 2
capriccio	capricho 83
carattere	carácter 88
carino/a	giro/a 50
carne	carne 32

caro/a	caro/a 50
carriera	carreira 37
carro attrezzi	reboque 66
carta di credito	cartão de crédito 73
carta di identità	bilhete de identidade 18
cartolina *(f.)*	postal 16
casa	casa 13
cassetta delle lettere	caixa do correio 64
cassetto	gaveta 17
catalogo	catálogo 73
cattivo/a	mau/má 80
cavarsela	safar-se 100
celibe	solteiro 27
cellulare	telemóvel 25
cena (venire a ~)	vir jantar *(v.)* 67
cena *(f.)*	jantar 62
centimetro	centímetro 51
centinaio *(m.)*	centena 67
centrale	central 78
cercare	procurar 8
cerotto	emplastro 74
certamente	claro que sim 24
certificato	certificado 72
certo	claro 20
certo *(adv.)*	com certeza 50
champagne	champanhe 22
che	que 2
che cosa	que 2; o que é que 7
chi	quem 39
chiacchierare	conversar 55
chiamare	falar 25; telefonar 25; chamar 88
chiamarsi	chamar-se 11
chiarire	esclarecer 79
chiaro	claro 43
chiedere	pedir 22
chiesa	igreja 69
chiudere	fechar 54
ci	nos 16
ciao	olá 1
ciliegia	cereja 32
cima *(f.)*	pico 61

cinema	cinema 36
cinepresa	máquina de filmar 60
cintura di sicurezza	cinto de segurança 55
cioccolato	chocolate 33
circa	cerca de 54
citofono	intercomunicador 73
città	cidade 5
clandestino/a	clandestino/a 62
classico/a	clássico/a 12
cliente	cliente 44
cocktail *(m.)*	festa 24
codice	código 73
cognome	apelido 18
colazione	pequeno-almoço 2
collaboratore	colaborador 23
collega	colega 24
collegio	colégio 88
colloquio	entrevista 26
colore *(m.)*	cor 52
colpevole	culpado 62
colpo di testa	impulso 26
colpo duro	revés 92
come	como 11
come mai	mas porquê 99
come no	claro 25; como não 25
cominciare	começar 8
commercializzare	comercializar 60
comodo (fare con ~)	estar à vontade 74
comodo/a	prático/a 54
compagno/a	colega 76
compiti	trabalhos de casa 47
compito *(m.)*	tarefa 44
compleanno	festa de anos 31
complesso/a	complexo/a 79; complicado/a 79
completamente	completamente 37
completo	fato 51
completo/a *(adj.)*	completo/a 18
complicare	complicar 71
complimenti	parabéns 100
comprare	comprar 32
compressa *(f.)*	comprimido 74

comunque	além disso 72; de qualquer maneira 83
con	com 3
concerto	concerto 36
concorso	concurso 26
condominio	condomínio 64
conferenza	conferência 67; sessão 67
confessare	confessar 53
congratulazione *(f.)*	parabéns 22
coniuge	casal 39; cônjuges 39
conoscere	conhecer 41
consegna	entrega 73
conseguire	conseguir 27
considerare	considerar 88; pensar 88
consigliare	aconselhar 66, 100; recomendar 100
consiglio	conselho 38
consolare	consolar 45
contare	contar 83
contemporaneamente	simultaneamente 94
contenere	conter 73
contento/a	contente 1
continente	continente 57
conto	conta 85
contraddire	contradizer 38
contrario/a	contrário/a 58; oposto/a 58
contratto	contrato 43
controllo	controlo 55
controllo *(m.)*	operação-stop 55
conversazione	conversa 46
convincere	convencer 79
coraggio *(m.)*	coragem 54
corale *(f.)*	coro 58
cornetto	croissant 2
corrente	fluente 27
correre	correr 53
corridoio	corredor 23
corsia	faixa 54
corso	curso 54
corso *(m.)*	aula 29; curso 29
cortese	calmo 96; cortês 96
cortesia (per ~)	por favor 3
cortesia *(f.)*	favor 50

corto/a	curto/a 51
cosa	coisa 2
così	tão 13; assim 82
costa	costa 60
costo	custo 79; orçamento 79
crampo *(m.)*	cãibra 47
credere	achar 17; acreditar 17; crer 17
credito	crédito 54; saldo 54
crema *(f.)*	creme 74
crema solare *(f.)*	protector (creme) solar 83
cretino/a	cretino/a 97
critica	crítica 80
crociera *(f.)*	cruzeiro 83
cucina	cozinha 43
cugino/a	primo/a 31
cui	qual 38
cuore	coração 87
curriculum vitae	currículo 27

D

da	há 20; desde 22; para 29
dai!	vá lá! 20
danese	dinamarquês 46
danza	dança 86
dare	dar 20
dare del tu	tratar por tu 24
data	data 18
data di nascita	data de nascimento 18
davanti	em frente 23, 43; diante de 43
davvero	mesmo 76; realmente 79
decidere	decidir 39
deludere	desiludir 86
delusione	desilusão 92
dente	dente 31
dentifricio	dentífrico 74; pasta de dentes 74
dentista	dentista 24
denuncia	participação 18; queixa 18
desiderare	desejar 2
desiderio	desejo 89
destra	direita 15
dettaglio	pormenor 58

di	de 1
dichiarazione	declaração 85
difficile	complicado 15; difícil 26
diffidenza	desconfiança 79
digestivo	digestivo 13
dimenticare	esquecer 16; esquecer-se 16
Dio	Deus 19
diploma	diploma 26
dire	dizer 18
dire lettera per lettera	soletrar 18
direttore	director 44
dirigere	dirigir 66
disastro	desastre 71
disciplina	disciplina 71
disinfettante	desinfectante 74
disordinato/a	desordenado/a 92
dispiacere	lamentar 86
dispiaciuto/a	desolado/a 87
disponibile	disponível 100
distinto/a	distinto/a 73
distrarsi	distrair-se 86
distratto/a	distraído/a 90
disturbare	incomodar 95
diventare	tornar 41
diverso/a	diferente 59
divertente	divertido 13
divorzio	divórcio 20
documenti	documentos 18
dolce	doce 92
dolcezza	doçura 69
domanda	requisição 72
domanda *(f.)*	pedido 26
domandare	pedir 30
domani	amanhã 36
domenica *(f.)*	domingo 11
donna	mulher 38
dopo	depois 15
doppio/a	duplo/a 3
dottor(e)	doutor (Dr.) 9
dottorato	doutoramento 71
dove	onde 8

dovere *(v.)*	dever 6; ter de 15
drammatico/a	dramático/a 68
dunque	então 64
durante	durante 69
duro/a	duro/a 92

E

e	e 1
eccellente	excelente 22
eccessivamente	demasiado 79; excessivamente 79
eccezionale	excepcional 6
eccitazione	excitação 59
ecco	aqui está 12; eis 12; cá estamos! 23
economia	economia 27
ed (antes de vogal)	e 5
edificio	edifício 79
effervescente	efervescente 74
emozione	emoção 61
enologia	enologia 58
enorme	enorme 43
entro	antes de 47; daqui a 71; até 85
entusiasmo	entusiasmo 59
entusiasta	entusiasta 43
epoca	época 88
eppure	mas 92
equitazione	equitação 58
esagerare	exagerar 68
esaltare	encher de entusiasmo 59; exaltar 59
esaminatore	examinador 26
esattamente	exactamente 57
esempio	exemplo 89
esercitarsi	exercitar-se 94
esperienza	experiência 26
essenziale	essencial 93
essere	estar 1; ser 3
estero (all' ~)	no estrangeiro 26
estremamente	extremamente 79
estremo/a	extremo/a 82
etrusco/a	etrusco/a 69
evitare	evitar 89
evoluzione	evolução 71

F

fabbrica	fábrica 88
facile	fácil 34
facoltà	faculdade 71
fame	fome 8
famiglia	família 85
fare	fazer 12
farmacista	farmacêutico/a 71
fascino	fascínio 6
fascio	ramo 82
faticoso/a	cansativo/a 30; fatigante 30
favore	favor 2
favore (per ~)	por favor 2
febbre	febre 74
felicità	felicidade 87
fermare	parar 55
fermata	paragem 15; estação 78
festa	festa 36
fianco (a ~)	ao lado 52
film *(inv.)*	filme 36
finalmente	finalmente 1; enfim 65
finanze	finanças 27
fine	fim 25
finestra	janela 43
finestrino *(m.)*	janela (do carro) 69
finire	acabar 13
fino a	até ao 11, 52
fiore *(m.)*	flor 67
fiorentino/a	florentino/a 46
firma	assinatura 45
firmare	assinar 43
fisico/a	físico/a 61
fiume	rio 68
follemente	loucamente 46
fondo	fundo 9
fondo (a ~)	a fundo 89
fontana	fonte 6
foresta	floresta 68
forma	forma 34
formazione	formação 88

formulario	formulário 72
forse	se calhar 25
foto	foto/s 16
fotocopia	fotocópia 72
fotografia	fotografia 16
fra	daqui a 19
fragola	morango 33
francese	francês 24
francobollo	selo 16
fratello	irmão 17
freccia	seta 94
freddo/a	frio/a 83
fretta	pressa 74
frutta	fruta 90
funzionale	funcional 78
funzionare	funcionar 93
furto	furto 18

G

gatto/a	gato/a 31
gelato	gelado 33
gemello/a	gémeo/a 17
genitori	pais 48
gente	pessoas 45
gentile	gentil 39; simpático/a 39
gentilezza	gentileza 82
gesuita	jesuíta 88
già	já 32
giacca *(f.)*	casaco 51
giallo/a	amarelo/a 52
giardino	jardim 9
ginocchio	joelho 95
giocare	jogar 45; brincar 76
giocattolo	brinquedo 52
giornale	jornal 26
giornalista	jornalista 24
giornata	dia 29
giorno	dia 12
girare	andar à roda 69; girar 69
girellare	rodopiar 97
giugno	Junho 92

giusto *(adv.)*	só 51
gnocchi	gnocchi 12
goloso/a	guloso/a 47
gonna	saia 50
gradire	gostar 73
grande	grande 23
grande (più ~)	maior 52
grandioso/a	espantoso/a 60; grandioso/a 60
grave	grave 95
grazie	obrigado/a 2
greco/a	grego/a 24
gridare	gritar 53
grigio/a	cinzento/a 83
gruppo	grupo 22
guardare	contemplar 13; ver 17; olhar 41
guardaroba	guarda-roupa 51
guida *(f.)*	guia 8

H

hobby	hobbies 27

I

i	os 6
icona *(f.)*	ícone 94
idea	ideia 25
identità	identidade 18
idoneità	prova de ingresso 72
ieri	ontem 22
il	o 4
imbarcare	embarcar 20
imbarcarsi	embarcar 62
immagine	imagem 92
immediatemente	imediatamente 44
immenso/a	imenso/a 6
imparare	aprender 30
impaziente	impaciente 64
impazzire	enlouquecer 76
impegnare	empenhar-se 89
impegno	compromisso 87
impianto *(m.)*	sistema 65
impiego	emprego 26

importare	importar 83
impressionare	impressionar 96
improvvisamente	de repente 46; inesperadamente 66
in	a 1; no 3; do 9; em 27
inanzitutto	mais nada 79
incerto/a	indeciso/a 57
incidente	acidente 66
incontrare	encontrar 37
incontro	encontro 92
incredibile	incrível 5
indescrivibile	indescritível 69
indicare	indicar 18
indicazione	indicação 55
indignato/a	indignado/a 68
indirizzo	endereço 18; morada 18
industriale	industrial 68
infinito/a	infinito/a 87
informatica	informática 16
informazione	informação 73
ingiusto/a	injusto/a 80
inglese	inglês/-esa 24
innamorato/a	apaixonado/a 99
innervosire	enervar 80
innumerevole	inúmero/a 69
inondato/a	inundado/a 65
inquinato/a	inquinado/a 68; poluído/a 68
insegnante	professor 100
insieme	juntos 25
insistenza	insistência 41
insistere	insistir 86
insomma	em resumo 69
insulso/a	nulo/a 38
intatto/a	intacto/a 68
intenso/a	intenso/a 61
interessante	interessante 78
interesse	interesse 44
internazionale	internacional 22
intero/a	inteiro/a 59
interrogare	interrogar 30
inutile	inútil 61
invece	em vez de 15; pelo contrário 23; já 58

inviare	enviar 44
invidiare	invejar 61
invitare	convidar 85
io	eu 5
ippocampo	cavalo-marinho 62
irrefrenabile	incontrolável 92; irreprimível 92
iscrizione	inscrição 72
Italia	Itália 1
italiano/a	italiano/a 12

L

lacrima	lágrima 92
lago	lago 69
largo/a	grande 51; largo/a 51
lasagne	lasanha 33
lasciarsi	deixar-se 62
lato	lado 79
lavorare	trabalhar 48
lavoro	trabalho 10; emprego 22
lavoro *(m.)*	obra 54
legge	direito 71; leis 71
leggere *(v.)*	ler 46
leggerezza	leveza 92
lei	ela 7
Lei	o senhor / a senhora 2
leone	leão 76
lettera	letra 18; carta 44
lettere (buca per le ~)	caixa de correio 16
letto *(m.)*	cama 40
lì	ali 23
libero/a	livre 3
libreria	estante 40
lieto (molto ~)	muito prazer 24
linea	linha 78
lingua	língua 22
litigare	discutir 39
logico/a	lógico/a 38
lombardo/a	lombardo/a 69
lontano/a	longe 57
loro	eles/elas 7
lui	ele 7

lunedì *(m.)*	segunda-feira 75
lungo (a ~)	demoradamente 80
lungo/a	longo/a 59; comprido/a 96
luogo (di nascita)	naturalidade 27

M

ma	mas 4
macchina	carro 4
macedonia	salada de frutas 90
maestro/a	professor/-ra 30
magari	se calhar 45, 96; oxalá 100
maggiore	maior 86
maglietta	camisola 52
mai	nunca 32
mail *(f.)*	email 16
mal di stomaco *(m.)*	dor de barriga 74
mal di testa *(m.)*	dor de cabeça 74
malattia	doença 47
malcostume	mau hábito 68
maldicenza	maledicência 32
male	mal 74
male (fare ~)	doer 95
malizioso/a	malicioso/a 96
maltrattare	maltratar 68
mamma	mamã 17
mancanza	falta 69
mancare	faltar 20
mancia	gorjeta 97
mandare	enviar 26; mandar 88
mangiare	comer 8
manica	manga 51
mano *(m.)*	mão 31
mare	mar 57; praia 83
marito	marido 10
marmo	mármore 69
master	mestrado 27
matematica	matemática 30
matrimoniale *(f.)*	quarto de casal 3
matrimonio	casamento 85
mattina	manhã 36
maturità	maturidade 71

me (per ~)	para mim 2
media	média 76
medicina	medicina 72
medico	médico/a 71
medievale	medieval 69
mediterraneo	Mediterrâneo 83
meglio	melhor 41
meno	menos 19
meno male	do mal o menos 48; felizmente 67; menos mal 67
mensa	cantina 23
mentire	mentir 48
menù	menu 12
meraviglia	maravilha 6
meraviglioso/a	maravilhoso/a 6
merce	mercadoria 73
merenda *(f.)*	lanche 47
mese	mês 57
messaggio *(m.)*	mensagem 81
metropolitana *(f.)*	metropolitano 15
mettere	pôr 45
mezzogiorno	meio-dia 8
mi	me 11
migliore	melhor 10
militare *(v.)*	militar 68
mingherlino/a	lingrinhas 96
minimo/a	mínimo/a 58
ministero	Ministério 27
minuto	minuto 5
misto/a	misto/a 12
misurare	medir 50; provar 50
mitico/a	mítico/a 60
mobile	móvel 40
modalità	modalidade 73
modello	modelo 60
modo	maneira 66; modo 66
moglie	mulher (esposa) 10
molto	muito 1
momento	altura 85; momento 85
mondo	mundo 93
moneta	moeda 6

montagna	montanha 58
monumento	monumento 6
morsa allo stomaco *(f.)*	nó no estômago 92
mostro	monstro 39
moto	moto 96
mozzicone *(m.)*	beata (de cigarro) 68
multa	multa 55
muoversi	mexer-se 86
museo	museu 69
musica	música 27

N

nascere	nascer 88
nascita *(f.)*	nascimento 18
nascondersi	esconder-se 21
natura	natureza 60
naturale	natural 67
nausea	náusea 92
nave *(f.)*	navio 62
nazionale	nacional 52
nazionalità	nacionalidade 18
ne	a 13; dele 19
neanche	também não 37
necessariamente	necessariamente 41
negozio *(m.)*	loja 53
nel frattempo	entretanto 71
nero/a	preto/a 50
nervoso/a	nervoso/a 90
nessuno/a	ninguém 52
niente	nada 3
niente (per ~)	nada 3; de todo 57
nipote	sobrinho/a 87
no	não 4
noi	nós 7
noioso/a	irritante 20; aborrecido/a 20, 38
noleggiare	alugar 69
nome	nome 9
non (+ *v.*)	não (+ *v.*) 3
nonna	avó 53
nonni	avós 33
nonno	avô 88

notizia	notícia 37
notte	noite 3
nozione	noção 27
nubile	solteira 27
nulla	nada 37
numero	número 20
numero chiuso	numerus clausus 72
numeroso/a	extenso/a 26; numeroso/a 26
nuoto *(m.)*	natação 58
nuovo (di ~)	outra vez 30; de novo 81
nuovo/a	novo/a 19

O

o	ou 4
obbiettivo *(m.)*	objectiva 60
occhio	olho 46
occorre	é preciso 72
occupare	ocupar 87
odiare	odiar 39
offerta	oferta 73
offrire	oferecer 22
oggetto	objecto 90
oggi	hoje 22
ogni	todos 86
ognuno	cada um 62
olio	óleo 73
olio di oliva	azeite 73
onomastico	onomástico 31
ora	hora 9
ora *(adv.)*	agora 33
oramai	hoje em dia 68; já 75; desde 87
orario	horário 4
orario (in ~)	à hora 4
ore	horas 19
orecchino	brinco 69
organizzare	organizar 85
organizzazione	organização 58
originale	original 72
orlo *(m.)*	orla 64
orologio	relógio 62
orribile	horrível 39

osare	atrever-se 96; ousar 96
ospitalità	hospitalidade 66
ossobuco	ossobuco 12
ottenere	obter 59
ottimo/a	óptimo/a 25

P

pacchetto	maço 64; pacote 64
padre	pai 88
paesaggio *(m.)*	paisagem 4
paese	país 57
pagamento	pagamento 73
pagare	pagar 73
palazzo	palácio 6; prédio 65
pallido/a	pálido/a 90
pallone	balão 52
pantalone	calças 50
papà	papá 40
parcheggiare	estacionar 97
parcheggio	estacionamento 78
parco	parque 67
parecchi	vários/as 26
parecchio	bastante 79
parere *(m.)*	opinião 38; parecer 38
parlare	falar 22
parrucchiere	cabeleireiro 29
partire	sair 48
passaporto	passaporte 17
passare	passar 36
patatine fritte	batatas fritas 33
patente	carta de condução 18
patito/a	viciado/a 16
patrimonio	património 68
paura (fare ~)	meter medo 59
paura *(f.)*	medo 92
paziente	paciente 100
pazienza	paciência 53
pazzo/a	louco/a 86
pelle	pele 55
pensare	pensar 6, 19; achar 19
per	por 2; da 4; para 9

perché	porque 13
perdere	perder 17
perfetto/a	perfeito/a 45
perfezionamento	aperfeiçoamento 86
perla	pérola 90
permesso *(m.)*	licença 95
però	mas 15
perplesso/a	perplexo/a 79
persino	até 32
personale	pessoal 34
pesantemente	pesadamente 92
pesca	pesca 62
pesce	peixe 8
pessimo/a	péssimo/a 38
piacere	prazer 1
piacere (fare ~)	dar prazer 15
piacere *(v.)*	gostar de 99
piacevole	agradável 66
piano *(adv.)*	devagar 64
piano *(s.)*	andar 23; piso 23
pianta	planta 68
piatto	prato 12
piazza	praça 15
piccolo/a	pequeno/a 51
piccolo/a (più ~)	mais pequeno/a 51
picnic	piquenique 68
piede	pé 5
pieno/a	cheio/a 53
pietra	pedra 83
piovere	chover 83
più	mais 5
più (di ~)	a mais 17
piuttosto	em vez de 61
pizza	piza 8
pizzeria	pizaria 8
poco	pouco 51
poco (un ~)	um pouco 12
poi	depois 15; de seguida 27; a seguir 29
politico/a	político/a 68
polizia	polícia 55
pomeriggio *(m.)*	tarde 24

pomodoro	tomate 33
porta	porta 92
portiere	porteiro 73
porto	porto 62
positivo/a	positivo/a 79
posizione	localização 79; posição 79
possibile	possível 44
posta *(f.)*	correio 64
posto	lugar 22; sítio 68
potere *(v.)*	poder 8
povero/a	pobre 29
pranzo	almoço 85
precauzione	precaução 94
preciso/a	rígido/a 57; preciso/a 57, 73; concreto/a 73
preferibilmente	de preferência 73
preferire	preferir 11
prego	faça favor 9
premere	carregar 94
prendere	tomar 13; buscar 36; comprar 36; agarrar 64
prendere in giro	gozar 76
prenotare	reservar 9; marcar 57
preoccuparsi	preocupar-se 89
preparare	preparar 33
presentare	apresentar 1
presso	junto 27
prestare	emprestar 96
prestissimo (a ~)	até breve 65
prestito	empréstimo 75
presto (al più ~)	o mais depressa possível 79
presto (fare ~)	despachar-se 39
presto *(adv.)*	depressa 19
prevedere	prever 57
prima	antes 45
prima di tutto	primeiro que tudo 29
primo	primeiro (prato) 12
primo *(s.)*	entrada (menu) 12
primo/a *(adj.)*	primeiro/a 15
principale	principal 44
problema	problema 68

prodotto	produto 73
progetto	projecto 43
programma	programa 57
programma di scrittura	programa de texto 93
programmare	programar 58
progresso	progresso 94
promemoria *(m.)*	mnemónica 41
promessa	promessa 48
promettere	prometer 47
promozionale	promocional 73
pronome	pronome 34
pronto	estou (ao telefone) 81
pronto/a	pronto/a 19
proporre	propor 33; sugerir 33
proposito	propósito 20
proposito (a ~)	a propósito 74
proprio/a	mesmo 22; próprio/a 22
prossimo/a	próximo/a 11
prova	prova 26
provare	provar 32
prudente	prudente 79
psicologia	psicologia 71
pubblicità	anúncio 86
publicità	publicidade 64
punto	ponto 34
pure	mais 65
purtroppo	infelizmente 87

Q

qualche	algum/a, alguns, algumas 56
qualcosa	alguma coisa 13
qualcuno	alguém 46
quale	qual 15
quali	quais 40
quando	quando 11
quanto	quanto 37
quartiere	bairro 78
quarto d'ora	quarto de hora 20
quasi	quase 54
quel	aquele 38
quello	aquele 28

questo/a	este/a 1
qui	aqui 1
quindi	portanto 85

R

rabbia	cólera 55
raccomandata (lettera ~)	carta registada 44
raccontare	contar 26
raffreddato/a	constipado/a 74; resfriado/a 74
raffreddare	arrefecer 59; desanimar-se 59
ragazzi	malta 22
ragazzo	rapaz 22
raggiungere	alcançar 66
raggiungibile	contactável 23
ragione	razão 5
rapidamente	rapidamente 78
rapido/a	rápido/a 16
raro/a	raro/a 88
realizzare	realizar 59
recapito	morada 73
recitazione	representação 89
reclamo *(m.)*	reclamação 44
regalare	oferecer 90
regione	região 4
religione	religião 59
rendersi conto	aperceber-se 26; perceber 26
reparto *(m.)*	secção 52
residenza	morada 72; residência 72
restare	ficar 11; continuar 13; restar 18; faltar 85
resto	resto 68
ricambiare	retribuir 66
ricevere	receber 64
richiamare	ligar (telefonar) 81
richiedere	requerer 26, 79
richiudersi	fechar-se 92
ricordarsi	lembrar-se 31; recordar-se 46
riempire	preencher 18; encher 25
rientrare	chegar 66; reentrar 95; voltar 95
riflessione	reflexão 79
riflettere	pensar 43; reflectir 43

rifugio	abrigo 61; refúgio 61
rigo *(m.)*	linha 16
rimanere	sobrar 50
rincasare	voltar para casa 39
ringraziare	agradecer 73
rinnovo *(m.)*	renovação 65
ripartizione	repartição 78
ripensare	lembrar 99; recordar 99
riposare	repousar 75
riscaldamento	aquecimento 65
risotto	risotto 12
rispettare	respeitar 62
rispetto (a)	quanto à 79
rispondere	responder 75
ristorante	restaurante 8
ristretto/a	curto (café) 2
risvegliare	despertar 79; suscitar 79
ritardo	atraso 5
ritardo (in ~)	atrasado/a 19
ritmo	ritmo 62
ritornare	regressar 6
riunione	reunião 23
riuscire	conseguir 67; ter successo 89
rivista	revista 82
Roma	Roma 1
romano/a	romano/a 12
rompere	partir 53
rosa	rosa 69
rosso/a	vermelho/a 50
rumoroso/a	barulhento/a 3
russo/a	russo/a 24

S

sabato	sábado 36
sabbatico/a	sabático/a 59
sacco a pelo	saco-cama 61
sacco di	monte de 68; série de 77
sacco di tempo	imenso tempo 20
sala	sala 23
salire	subir 52
saltellare	correr 92; saltitar 92

salto	salto 29
salutare	mandar cumprimentos 61; saudar 61
saluto	saudação 65
salvaguardia	salvaguarda 44
salvare	salvar 94
salve	olá 1
saper (mi sa)	quer-me parecer 85
sapere	saber 15
sbadato/a	distraído/a 80
sbagliare/iarsi	enganar-se 47
sbrigarsi	despachar-se 31
sbucciare	descascar 90
scala	escada 23
scala mobile	escada rolante 52
scampare	escapar 48; safar-se 48
scarico *(m.)*	descarga 68
scarpa *(f.)*	sapato 19
scegliere	escolher 71
scendere	sair 15; descer 15, 21
scendere giù	descer (abaixo) 95
scheda *(f.)*	ficha 18; cartão 54
scherzare	brincar 62
sciocchezze	disparates 33
scivolare	deslizar 94
sconto	desconto 50
sconvolgere	arrasar 90
scoprire	descobrir 57
scorso/a	passado/a 38
scrivania	escrivaninha 40
scrivere	escrever 16
scuola	escola 29
scusa	desculpa 32
scusa (chiedere ~)	pedir desculpa 32
scusare	desculpar 64
se	se 15
seccarsi	importar-se 82
secondo	segundo 12
secondo me	na minha opinião 50
secondo/a	prato principal 12
sede	sede (de uma empresa) 78
sedersi	sentar-se 97

sedile	assento 55
segretaria	secretaria 23
segreto	segredo 93
seguire	seguir 54
semaforo	semáforo 15
sembrare	parecer 15
semplicemente	simplesmente 57
sempre	sempre 16
sensazione	sensação 92
sensuale	sensual 96
sentire	ouvir 25
senza	sem 47
sera	noite 36
serata *(f.)*	serão 13
serio/a	grave 96; sério/a 96
settimana	semana 17
severamente	severamente 41
severo/a	severo/a 88
sfilare	desfilar 69
sguardo	olhar 96
sì	sim 5
sicuramente	certamente 30; seguramente 53
sigaretta *(f.)*	cigarro 95
signora	senhora 1, 43
signore	senhor 2
signorina	menina 50
simpatico/a	simpático/a 26
singolo/a	simples (quarto) 3
sinistra	esquerda 15
sito	sítio 69
situazione	situação 68
smarrimento	extravio 18
smettere	parar 52
smettere (di)	deixar (de) 31; parar 31
società	sociedade 24
soffocare	manietar 57; sufocar 57
soffrire	sofrer 76
sofisticato/a	sofisticado/a 93
soggiorno *(m.)*	estadia 59
sognare	sonhar 57
sogno	sonho 59

solamente	só 60
solare	solar 83
soldo	tostão 31
sole	sol 65
solito	costume 57
solito (come al ~)	como de costume 57
solo *(adv.)*	só 18
solo/a	único/a 16
sopportare	suportar 39
soprattutto	principalmente 17; sobretudo 17, 78
sorella	irmã 11
sorpresa	surpresa 40
sotterraneo/a	subterrâneo/a 78
spaccare	partir 83
spaghetti	esparguete 12
Spagna	Espanha 15
spagnolo/a	espanhol/-la 27
sparire	desaparecer 68
spazio	espaço 78
specchio	espelho 41
speciale	especial 36
specie	espécie 68
spegnere	apagar 93; desligar 93
speranza	esperança 73; expectativa 73
spesa	compras (de alimentos) 29
spesa (fare la ~)	ir ao supermercado 32
spese (fare delle ~)	ir às compras 29
spese *(pl.)*	compras 29
spesso	muitas vezes 4; muito 10
spettabile	Exmos. Srs. 73; respeitável 73
spettacolo	espectáculo 13
spiaggia	praia 68
spiegare	explicar 30
spigola *(f.)*	robalo 62
splendido/a	esplêndido/a 85; fantástico/a 85
spontaneo/a	cívico/a 68; espontâneo/a 68
sporco/a	sujo/a 68
sport	desporto 11
sportello	guiché 72
sposare	casar 37
spostamento	deslocação 58; viagem 58

spostare	mudar (de sítio) 40
spudoratamente	desavergonhadamente 48; despudoradamente 48
squadra	equipa 31; clube 52
stage	estágio 27
stanco/a	cansado/a 4
stanza	sala 23
stare per (+ *v.*)	estar prestes 59
stasera	esta noite 22
stato di famiglia	estado civil 27
stazione	estação 48
stella	estrela 13
stella marina	estrela-do-mar 62
stesso (lo ~)	na mesma 97
stipendio	ordenado 22
stomaco	barriga 47; estômago 47
storia	história 46
storico/a	histórico/a 69
strada	rua 6
straniero/a	estrangeiro/a 22
strano/a	estranho/a 47
straordinario/a	extraordinário/a 60
stretto/a	apertado/a 51; estreito/a 51
studente	estudante 46
studiare	estudar 88
stupendo/a	estupendo/a 22; fantástico/a 22
stupidità	estupidez 68
Sua	sua 18
subito	já 31; imediatamente 32
succedere	suceder 80; acontecer 80, 89; passar-se 90
successivo/a	seguinte 83; sucessivo/a 83
succo di frutta	sumo de fruta 25
sud	sul 88
suocera	sogra 82
supporre	supor 32
sventatezza	incúria 68

T

tabaccaio *(m.)*	tabacaria 16
taglia *(f.)*	número 50; tamanho 50

tango	tango 86
tanto	tanto 79
tardi *(adv.)*	tarde 48
tasca	bolso 17
tassa	taxa 85
tassa *(f.)*	imposto 64, 85
tastiera *(f.)*	teclado 93
tasto *(m.)*	tecla 94
tavolo *(m.)*	mesa 9
taxi	táxi 20
teatro	teatro 36
tedesco/a	alemão/-mã 24
telefonare	telefonar 39
telefonata	chamada (telefónica) 29
telefonico/a	telefónico/a 54
telefono (colpo di ~) *(m.)*	telefonema 29
temere	temer 79
tempo	tempo 20
tenere	gostar de 90
tenere (a)	fazer questão 48
tennis	ténis 45
tentativo *(m.)*	tentativa 93
terminal	terminal 20
termine	último dia 85
terrazza *(f.)*	terraço 13
terribile	terrível 29, 83; horrível 83
terzo/a	terceiro/a 52
tesoro	querida 30; tesouro 30
testa	cabeça 26
ti	te 1
tifo (fare il ~)	torcer 31
tirocinio	estágio 27
toccare	mexer 53
tornare	regressar 33
torta	torta 33
torto (avere ~)	não ter razão 38
toscano/a	toscano/a 69
totalmente	totalmente 79
tra	daqui a 19
traffico	trânsito 4
tranquillamente	tranquilamente 46

tranquillità	tranquilidade 10
trasmettere	transmitir 44
trattenere	reter 45
traversata	travessia 60
treno	comboio 4
triste	amargo/a 92; triste 92
troppo	demasiado 47; a mais 80
trovare	achar 10; encontrar 15; ficar 43
tu	tu 7
tuffarsi	mergulhar 59
tutti	todos 13
tutti e due	os dois 18
tutti i costi (a ~)	à fina força 43
tutto	tudo 3
tutto/a	cada coisa 12; tudo 12

U

uccello	pássaro 76
ufficio	escritório 23; gabinete 23
ugualmente	igualmente 73
ultimo/a	último/a 23
umbro/a	úmbrico/a 69
umore	humor 75
un	um 2
una	uma 2
università	universidade 27
universo	universo 80
uomo	homem 55
urgente	urgente 87
uscire	sair 99
uscita	saída 54
utilizzare	utilizar 83

V

va bene	está bem 31
vacanza	férias 57
valido/a	válido/a 72
valzer *(m.)*	valsa 86
vaniglia	baunilha 33
vecchio/a	velho/a 59
vedere	ver 16

vedere (non ~ l'ora)	estar mortinho por 99
vedersi	encontrar-se 25; ver-se 25
vendere	vender 75
venerdì *(m.)*	sexta-feira 75
venire	vir 13
vento	vento 83
ventre	ventre 86
ver	vedere 67
veramente	verdadeiramente 38; mesmo 100
verde	verde 19
verificare	verificar 85
vero *(adj.)*	verdade *(s.)* 6
vero?	não acha? 24; não é assim? 24; não é? 24; verdadeiro? 24
versare	despejar 55
verso (temp.)	para 25
vestiti	roupa 55
vetrina	montra 41
vi	se 9; vos/se 11
via	rua 8
viaggiare	viajar 10
viaggio *(m.)*	viagem 4
vicino/a *(s.)*	vizinho/a 46
vino	vinho 25
violento/a	violento/a 38
vita	vida 89
vivace	movimentado 78
vivere	viver 10
voi	vós 7; vocês 16
volere	querer 12
volo	voo 20
volta	vez 20
vongola	amêijoa 12
vostro/a	vosso/a 31

Z

zaino *(m.)*	mochila 17
zanzara *(f.)*	mosquito 74
zeppo	a abarrotar 53
zeppo (pieno ~)	cheio a abarrotar 53
zia	tia 33
zio	tio 48

Léxico Português-Italiano

A

a	in 1; ad (antes de vogal) 8; ne 13
a abarrotar	zeppo 53
aberto/a	aperto/a 13
aborrecer-se	annoiarsi 75
aborrecido/a	noioso/a 20, 38
abraço	abbraccio 65
abrigo	rifugio 61
absolutamente	assolutamente 6
absurdidade	assurdità 96
acabar	finire 13
aceitar	accetare 80
acepipe	antipasto 12
acesso	accesso 79
achar	trovare 10; credere 17; pensare 19
acidente	incidente 66
acompanhar	accompagnare 15
aconselhar	consigliare 66, 100
acontecer	succedere 80, 89; capitare 85
acordo (de ~)	d'accordo 43
acreditar	credere 17
acrescentar	aggiungere 65
acumular	accumulare 67
admissão	ammissione 72
adorar	amare follemente 46; adorare 71
advogado	avvocato 44
aeroporto	aeroporto 19
afectuoso/a	affetuoso/a 65; affezionato/a 87
afortunado/a	beato/a 61
africano/a	africano/a 86
agarrar	prendere 64
agência de viagens	agenzia di viaggi 15
agitar	agitare 55
agora	adesso 18, 41; ora *(adv.)* 33
Agosto	agosto 65
agradável	piacevole 66
agradecer	ringraziare 73
água	acqua 55

ainda	ancora 19
ajuda	aiuto *(m.)* 93
ajudar	aiutare 40
álbum, álbuns	album 67
alcançar	raggiungere 66
além disso	comunque 72
alemão/-mã	tedesco/a 24
alguém	qualcuno 46
algum/a, alguns, algumas	qualche 56
alguma coisa	qualcosa 13
ali	lì 23
almoço	pranzo 85
alto/a	alto/a 96
altura	altezza 60; momento 85
alugar	noleggiare 69
amanhã	domani 36
amar	amare 46
amarelo/a	giallo/a 52
amargo/a	triste 92
ambiente	ambiente 59
amêijoa	vongola 12
amigo/a	amico/a 9
amor	amore 45
andar	piano *(s.)* 23
andar à roda	girare 69
angústia	angoscia 39
animal	animale 67
aniversário de casamento	anniversario di matrimonio 85
anjo	angelo 82
ano	anno 11
anos (festa de ~)	compleanno 31
antes	prima 45
antes de	entro 47
anúncio	annuncio 26; pubblicità 86
apagar	spegnere 93
apaixonado/a	appassionato/a 67; innamorato/a 99
aparelho	aggeggio 94
aparelho fotográfico	apparecchio fotografico 60
apelido	cognome 18
aperceber-se	rendersi conto 26
aperfeiçoamento	perfezionamento 86

apertado/a	stretto/a 51
apertar	allacciare 55
aprender	imparare 30
apresentar	presentare 1
aprofundado/a	accurato/a 79
aquecimento	riscaldamento 65
aquele	quello 28; quel 38
aqui	qui 1
aqui está	ecco 12
aquisição	acquisto 80
ar	aria *(f.)* 3
ar (ao ~ livre)	all'aperto 13
ar condicionado	aria condizionata *(f.)* 3
armário	armadio 40
arqueológico/a	archeologico/a 69
arquitecto	architetto 22
arquitectura	architettura 71
arrasar	sconvolgere 90
arrefecer	raffreddare 59
arte	arte 46
artístico/a	artistico/a 71
árvore	albero *(m.)* 67
aspecto	aspetto 78
aspiração	aspirazione 89
assegurar	assicurare 85
assento	sedile 55
assim	così 82
assinar	firmare 43
assinatura	firma 45
até	persino 32; entro 85
até ao	fino a 11, 52
atenção	attenzione 48, 73
atento/a	attento/a 89
atirar	buttare 6; buttare giù 93
atrasado/a	in ritardo 19
atraso	ritardo 5
através (de)	attraverso 69
atravessar	attraversare 4
atrever-se	osare 96
aula	corso *(m.)* 29
ausência	assenza 73

ausentar-se	assentarsi 81
autocarro	autobus 5
auto-estrada	autostrada 4
avião	aereo 17
aviso	avviso 65
avó	nonna 53
avô	nonno 88
avós	nonni 33
azeite	olio di oliva 73
azul	azzurro/a 46; blu 50

B

bairro	quartiere 78
baixo/a	basso/a 79
balão	pallone 52
banco	banca *(f.)* 27
banho	bagno 3
banho (tomar ~)	bagnare 83
bar	bar 46
barco	barca *(f.)* 62
barco à vela	barca a vela *(f.)* 58
barriga	stomaco 47
barulhento/a	rumoroso/a 3
basta	basta 5
bastante	abbastanza 37; parecchio 79
bastar	bastare 5
batatas fritas	patatine fritte 33
bater	battere 31
baunilha	vaniglia 33
beata (de cigarro)	mozzicone *(m.)* 68
beber	bere 25
bebida não alcoólica	analcolico *(m.)* 25
beleza	bellezza 60
belo/a	bello/a 4, 13
bem	bene 17
bem-vindo	benvenuto/a 1
bica	caffè 2
bilhete	biglietto 20
bilhete de identidade	carta di identità 18
boca	bocca 96
bolsa de estudo	borsa di studio 59

bolso	tasca 17
bom/boa	buono/a 8
bom/boa (muito ~)	bravo/a *(adj.)* 100
bonito/a	bello/a 13
braço	braccio 46
branco/a	bianco/a 25
breve (até ~)	a prestissimo 65
brilhante	brillante 37
brincar	scherzare 62; giocare 76
brinco	orecchino 69
brinquedo	giocattolo 52
brioche	brioche *(f.)* 2
buscar	prendere 36

C

cá estamos!	ecco 23
cabeça	testa 26
cabeleireiro	parrucchiere 29
cabelo	capello 96
cada coisa	tutto/a 12
cada um	ognuno 62
café	caffè 2, 34
cãibra	crampo *(m.)* 47
cair	cadere 64
caixa de correio	buca per le lettere 16
caixa do correio	cassetta delle lettere 64
calças	pantalone 50
calmo	cortese 96
calor	caldo 83
cama	letto *(m.)* 40
camisola	maglietta 52
campo	campagna *(f.)* 10
cancelar	cancellare 94
candidato	candidato 26
cansado/a	stanco/a 4
cansativo/a	faticoso/a 30
cantina	mensa 23
cão	cane 76
cappuccino	cappuccino 2
capricho	capriccio 83
carácter	carattere 88

carne	carne 32
caro/a	caro/a 50
carregar	premere 94
carreira	carriera 37
carro	macchina 4; auto *(f.)* 66
carta	lettera 44
carta de condução	patente 18
cartão	scheda *(f.)* 54
cartão de crédito	carta di credito 73
carteira	borsa 64
casa	casa 13
casaco	cappotto 19; giacca *(f.)* 51
casal	coniuge 39
casamento	matrimonio 85
casar	sposare 37
catálogo	catalogo 73
cavalo-marinho	ippocampo 62
centena	centinaio *(m.)* 67
centímetro	centimetro 51
central	centrale 78
cerca de	circa 54
cereja	ciliegia 32
certamente	sicuramente 30
certidão de nascimento	atto di nascita *(m.)* 72
certificado	certificato 72
chamada (telefónica)	telefonata 29
chamar	chiamare 88
chamar-se	chiamarsi 11
champanhe	champagne 22
chefe	capo 23
chega	basta 5
chegada	arrivo *(m.)* 62
chegar	arrivare 5; bastare 5; rientrare 66
cheio a abarrotar	pieno zeppo 53
cheio/a	pieno/a 53
cheque	assegno 73
chocolate	cioccolato 33
chover	piovere 83
cidade	città 5
cigarro	sigaretta *(f.)* 95
cinema	cinema 36

cinto de segurança	cintura di sicurezza 55
cinzento/a	grigio/a 83
cívico/a	spontaneo/a 68
clandestino/a	clandestino/a 62
claro	certo 20; come no 25; chiaro 43
claro que sim	certamente 24
clássico/a	classico/a 12
cliente	cliente 44
clube	squadra 52
código	codice 73
coisa	cosa 2
colaborador	collaboratore 23
colega	collega 24; compagno/a 76
colégio	collegio 88
cólera	rabbia 55
colocação	assunzione 26
colocado/a	assunto/a 22
com	con 3
com certeza	certo *(adv.)* 50
comboio	treno 4
começar	cominciare 8
comer	mangiare 8
comercializar	commercializzare 60
como	come 11
como de costume	come al solito 57
como não	come no 25
completamente	completamente 37
completo/a	completo/a *(adj.)* 18
complexo/a	complesso/a 79
complicado	difficile 15
complicado/a	complesso/a 79
complicar	complicare 71
compra	acquisto 80
comprar	comprare 32; prendere 36
compras	spese *(pl.)* 29
compras (de alimentos)	spesa 29
compras (ir às ~)	fare delle spese 29
comprido/a	lungo/a 96
comprimido	compressa *(f.)* 74
compromisso	impegno 87
concerto	concerto 36

concreto/a	preciso/a 73
concurso	concorso 26
condomínio	condominio 64
conferência	conferenza 67
confessar	confessare 53
conhecer	conoscere 41
cônjuges	coniuge 39
conseguir	conseguire 27; riuscire 67
conselho	consiglio 38
considerar	considerare 88
consolar	consolare 45
constipado/a	raffreddato/a 74
conta	bolletta 64; conto 85
contactável	raggiungibile 23
contar	raccontare 26; contare 83
contemplar	guardare 13
contente	contento/a 1
conter	contenere 73
continente	continente 57
continuar	restare 13
contradizer	contraddire 38
contrário (pelo ~)	invece 23; anzi 59
contrário/a	contrario/a 58
contrato	contratto 43
controlo	controllo 55
convencer	convincere 79
conversa	conversazione 46
conversar	chiacchierare 55
convidar	invitare 85
copo	bicchiere 25
cor	colore *(m.)* 52
coração	cuore 87
coragem	coraggio *(m.)* 54
coro	corale *(f.)* 58
corredor	corridoio 23
correio	posta *(f.)* 64
correio (caixa de ~)	buca per le lettere 16
correr	correre 53; saltellare 92
cortês	cortese 96
costa	costa 60
costume	solito 57

cozinha	cucina 43
crédito	credito 54
creme	crema *(f.)* 74
crer	credere 17
cretino/a	cretino/a 97
criança	bambino 10
crítica	critica 80
croissant	cornetto 2
cruzeiro	crociera *(f.)* 83
cuidado	attenzione 48
culpado	colpevole 62
currículo	curriculum vitae 27
curso	corso *(m.)* 29; corso 54
curto (café)	ristretto/a 2
curto/a	corto/a 51
custo	costo 79

D

da	per 4
dança	danza 86
daqui a	fra 19; tra 19; entro 71
dar	dare 20
data	data 18
data de nascimento	data di nascita 18
de	di 1
decidir	decidere 39
declaração	dichiarazione 85
deitar fora	buttar via 67
deixar (de)	smettere (di) 31
deixar-se	lasciarsi 62
dele	ne 19
demasiado	troppo 47; eccessivamente 79
demoradamente	a lungo 80
dente	dente 31
dentífrico	dentifricio 74
dentista	dentista 24
depois	dopo 15; poi 15
depressa	presto *(adv.)* 19
depressa possível (o mais ~)	al più presto 79
desanimar-se	raffreddare 59
desaparecer	sparire 68

desastre	disastro 71
desavergonhadamente	spudoratamente 48
descarga	scarico *(m.)* 68
descascar	sbucciare 90
descer	scendere 15, 21; allungare 51
descer (abaixo)	scendere giù 95
descobrir	scoprire 57
desconfiança	diffidenza 79
desconto	sconto 50
desculpa	scusa 32
desculpa (pedir ~)	chiedere scusa 32
desculpar	scusare 64
desde	da 22; oramai 87
desejar	desiderare 2; augurare 87
desejo	desiderio 89
desfilar	sfilare 69
desiludir	deludere 86
desilusão	delusione 92
desinfectante	disinfettante 74
desligar	spegnere 93
deslizar	scivolare 94
deslocação	spostamento 58
desolado/a	dispiaciuto/a 87
desordenado/a	disordinato/a 92
despachar-se	sbrigarsi 31; fare presto 39
despejar	versare 55
despertar	risvegliare 79
desporto	sport 11
despudoradamente	spudoratamente 48
Deus	Dio 19
devagar	piano *(adv.)* 64
dever	dovere *(v.)* 6
dia	giorno 12; giornata 29
dia (bom ~)	buongiorno 2
dia (último ~)	termine 85
diante de	davanti 43
diferente	diverso/a 59
difícil	difficile 26
digestivo	digestivo 13
dinamarquês	danese 46
diploma	diploma 26

director	direttore 44
direita	destra 15
direito	legge 71
dirigir	dirigere 66
disciplina	disciplina 71
discutir	litigare 39
disparate	assurdità 96
disparates	sciocchezze 33
disponível	disponibile 100
distinto/a	distinto/a 73
distraído/a	sbadato/a 80; distratto/a 90
distrair-se	distrarsi 86
divertido	divertente 13
divórcio	divorzio 20
dizer	dire 18
do	in 9
do mal o menos	meno male 48
doce	dolce 92
documentos	documenti 18
doçura	dolcezza 69
doença	malattia 47
doer	fare male 95
domingo	domenica *(f.)* 11
dor de barriga	mal di stomaco *(m.)* 74
dor de cabeça	mal di testa *(m.)* 74
doutor (Dr.)	dottor(e) 9
doutoramento	dottorato 71
dramático/a	drammatico/a 68
duplo/a	doppio/a 3
durante	durante 69
duro/a	duro/a 92

E

e	e 1; ed (antes de vogal) 5
economia	economia 27
edifício	edificio 79
efervescente	effervescente 74
eis	ecco 12
ela	lei 7
ele	lui 7
eles/elas	loro 7

elevador	ascensore 23
em	in 27
email	mail *(f.)* 16
embarcar	imbarcare 20; imbarcarsi 62
emoção	emozione 61
empenhar-se	impegnare 89
emplastro	cerotto 74
emprego	lavoro 22; impiego 26
emprestar	prestare 96
empréstimo	prestito 75
encher	riempire 25
encher de entusiasmo	esaltare 59
encontrar	trovare 15; incontrare 37
encontrar-se	vedersi 25
encontro	incontro 92
encurtar	accorciare 51
endereço	indirizzo 18
enervar	innervosire 80
enfim	finalmente 65
enganar-se	sbagliare/iarsi 47
enlouquecer	impazzire 76
enologia	enologia 58
enorme	enorme 43
então	allora 6; dunque 64
entrada (menu)	primo *(s.)* 12
entrega	consegna 73
entretanto	nel frattempo 71
entrevista	colloquio 26
entusiasmo	entusiasmo 59
entusiasta	entusiasta 43
enviar	mandare 26; inviare 44
época	epoca 88
equipa	squadra 31
equitação	equitazione 58
escada	scala 23
escada rolante	scala mobile 52
escapar	scampare 48
esclarecer	chiarire 79
escola	scuola 29
escolher	scegliere 71
esconder-se	nascondersi 21

escrever	scrivere 16
escritório	ufficio 23
escrivaninha	scrivania 40
escutar	ascoltare 41
espaço	spazio 78
Espanha	Spagna 15
espanhol/-la	spagnolo/a 27
espantoso/a	grandioso/a 60
esparguete	spaghetti 12
especial	speciale 36
espécie	specie 68
espectáculo	spettacolo 13
espelho	specchio 41
esperança	speranza 73
esperar	aspettare 5
esplêndido/a	splendido/a 85
espontâneo/a	spontaneo/a 68
esquecer	dimenticare 16
esquecer-se	dimenticare 16
esquerda	sinistra 15
esquina	angolo *(m.)* 8
essencial	essenziale 93
está bem	va bene 31
estação	stazione 48; fermata 78
estacionamento	parcheggio 78
estacionar	parcheggiare 97
estadia	soggiorno *(m.)* 59
estado civil	stato di famiglia 27
estágio	stage 27; tirocinio 27
estante	libreria 40
estar	essere 1
este/a	questo/a 1
estômago	stomaco 47
estou (ao telefone)	pronto 81
estrangeiro (no ~)	all'estero 26
estrangeiro/a	straniero/a 22
estranho/a	strano/a 47
estreito/a	stretto/a 51
estrela	stella 13
estrela-do-mar	stella marina 62
estudante	studente 46

estudar	studiare 88
estupendo/a	stupendo/a 22
estupidez	stupidità 68
etrusco/a	etrusco/a 69
eu	io 5
evitar	evitare 89
evolução	evoluzione 71
exactamente	esattamente 57
exagerar	esagerare 68
exaltar	esaltare 59
examinador	esaminatore 26
excelente	eccellente 22
excepcional	eccezionale 6
excessivamente	eccessivamente 79
excitação	eccitazione 59
exemplo	esempio 89
exercitar-se	esercitarsi 94
Exmos. Srs.	spettabile 73
expectativa	speranza 73
experiência	esperienza 26
explicar	spiegare 30
extenso/a	numeroso/a 26
extraordinário/a	straordinario/a 60
extravio	smarrimento 18
extremamente	estremamente 79
extremo/a	estremo/a 82

F

fábrica	fabbrica 88
faça favor	prego 9
fácil	facile 34
faculdade	facoltà 71
faixa	corsia 54
falar	parlare 22; chiamare 25
falta	mancanza 69
faltar	mancare 20; restare 85
família	famiglia 85
fantástico/a	stupendo/a 22; splendido/a 85
farmacêutico/a	farmacista 71
farto (estar ~)	averne abbastanza 5
fascínio	fascino 6

fatigante	faticoso/a 30
fato	completo 51
favor	favore 2; cortesia *(f.)* 50
favor (por ~)	per favore 2; per cortesia 3
fazer	fare 12
fazer questão	tenere (a) 48
febre	febbre 74
fechar	chiudere 54
fechar-se	richiudersi 92
felicidade	felicità 87
felicidades	auguri 31
felicidades (desejar ~)	fare gli auguri 31
feliz	beato/a 61
felizmente	meno male 67
férias	vacanza 57
festa	cocktail *(m.)* 24; festa 36
ficar	restare 11; trovare 43
ficha	scheda *(f.)* 18
filme	film *(inv.)* 36
fim	fine 25
finalmente	finalmente 1
finanças	finanze 27
físico/a	fisico/a 61
flor	fiore *(m.)* 67
florentino/a	fiorentino/a 46
floresta	foresta 68
fluente	corrente 27
fome	fame 8
fonte	fontana 6
força (à fina ~)	a tutti i costi 43
forma	forma 34
formação	formazione 88
formulário	formulario 72
foto/s	foto 16
fotocópia	fotocopia 72
fotografia	fotografia 16
francês	francese 24
frente (em ~)	davanti 23, 43
frio/a	freddo/a 83
fruta	frutta 90
funcional	funzionale 78

funcionar	funzionare 93
fundo	fondo 9
fundo (a ~)	a fondo 89
furto	furto 18
futebol	calcio 11

G

gabinete	ufficio 23
garantir	assicurare 85
garrafa	bottiglia 73
gato/a	gatto/a 31
gaveta	cassetto 17
gelado	gelato 33
gémeo/a	gemello/a 17
gentil	gentile 39
gentileza	gentilezza 82
girar	girare 69
giro/a	carino/a 50
gnocchi	gnocchi 12
gorjeta	mancia 97
gostar	gradire 73
gostar de	tenere 90; piacere *(v.)* 99
gozar	prendere in giro 76
grande	grande 23; largo/a 51
grandioso/a	grandioso/a 60
grave	grave 95; serio/a 96
grego/a	greco/a 24
gritar	gridare 53
grupo	gruppo 22
guarda-roupa	guardaroba 51
guia	guida *(f.)* 8
guiché	sportello 72
guloso/a	goloso/a 47

H

há	da 20
habituar	abituare 94
história	storia 46
histórico/a	storico/a 69
hobbies	hobby 27
hoje	oggi 22

hoje em dia	oramai 68
homem	uomo 55
hora	ora 9
hora (à ~)	in orario 4
horário	orario 4
horas	ore 19
horrível	orribile 39; terribile 83
hospitalidade	ospitalità 66
hotel	albergo 3
humor	umore 75

I

ícone	icona *(f.)* 94
ideia	idea 25
identidade	identità 18
igreja	chiesa 69
igualmente	ugualmente 73
imagem	immagine 92
imediatamente	subito 32; immediatemente 44
imenso tempo	sacco di tempo 20
imenso/a	immenso/a 6
impaciente	impaziente 64
imperativamente	assolutamente 6
importar	importare 83
importar-se	seccarsi 82
imposto	tassa *(f.)* 64, 85
impressionar	impressionare 96
impulso	colpo di testa 26
incendiar	bruciare 68
incomodar	disturbare 95
incontrolável	irrefrenabile 92
incrível	incredibile 5
incúria	sventatezza 68
indeciso/a	incerto/a 57
indescritível	indescrivibile 69
indicação	indicazione 55
indicar	indicare 18
indignado/a	indignato/a 68
industrial	industriale 68
inesperadamente	improvvisamente 66
infelizmente	purtroppo 87

infinito/a	infinito/a 87
informação	informazione 73
informática	informatica 16
inglês/-esa	inglese 24
injusto/a	ingiusto/a 80
inquinado/a	inquinato/a 68
inscrição	iscrizione 72
insistência	insistenza 41
insistir	insistere 86
intacto/a	intatto/a 68
inteiro/a	intero/a 59
intenso/a	intenso/a 61
intercomunicador	citofono 73
interessante	interessante 78
interesse	interesse 44
internacional	internazionale 22
interrogar	interrogare 30
inúmero/a	innumerevole 69
inundado/a	inondato/a 65
inútil	inutile 61
invejar	invidiare 61
ir	andare 5
irmã	sorella 11
irmão	fratello 17
irreprimível	irrefrenabile 92
irritante	noioso/a 20
ir-se embora	andare via 81
Itália	Italia 1
italiano/a	italiano/a 12

J

já	subito 31; già 32; adesso 41; invece 58; oramai 75
janela	finestra 43
janela (do carro)	finestrino *(m.)* 69
jantar	cena *(f.)* 62
jardim	giardino 9
jesuíta	gesuita 88
joelho	ginocchio 95
jogar	giocare 45
jogar à bola (a ~)	al calcio 11

jornal	giornale 26
jornalista	giornalista 24
Junho	giugno 92
junto	presso 27
juntos	insieme 25

L

lado	lato 79
lado (ao ~)	a fianco 52
ladrar	abbaiare 76
lago	lago 69
lágrima	lacrima 92
lamentar	dispiacere 86
lanche	merenda *(f.)* 47
largo/a	largo/a 51
lasanha	lasagne 33
leão	leone 76
leis	legge 71
lembrar	ripensare 99
lembrar-se	ricordarsi 31
ler	leggere *(v.)* 46
letra	lettera 18
levar	accompagnare 29
leveza	leggerezza 92
licença	permesso *(m.)* 95
ligar	accendere 93
ligar (telefonar)	richiamare 81
lindo/a	bello/a 4
lingrinhas	mingherlino/a 96
língua	lingua 22
linha	rigo *(m.)* 16; linea 78
livre	libero/a 3
localização	posizione 79
lógico/a	logico/a 38
logo que	appena 87
loja	negozio *(m.)* 53
lombardo/a	lombardo/a 69
longe	lontano/a 57
longo/a	lungo/a 59
loucamente	follemente 46
louco/a	pazzo/a 86

louro/a	biondo/a 46
lugar	posto 22

M

maçada (que ~!)	accidenti! 48
maço	pacchetto 64
maior	più grande 52; maggiore 86
mais	più 5; pure 65
mais (a ~)	di più 17; troppo 80
mais nada	inanzitutto 79
mal	male 74
maledicência	maldicenza 32
malicioso/a	malizioso/a 96
malta	ragazzi 22
maltratar	maltrattare 68
mamã	mamma 17
mandar	mandare 88
mandar cumprimentos	salutare 61
maneira	modo 66
maneira (de qualquer ~)	comunque 83
manga	manica 51
manhã	mattina 36
manietar	soffocare 57
mão	mano *(m.)* 31
máquina de filmar	cinepresa 60
mar	mare 57
maravilha	meraviglia 6
maravilhoso/a	meraviglioso/a 6
marcar	prenotare 57
marido	marito 10
mármore	marmo 69
mas	ma 4; però 15; eppure 92
mas porquê	come mai 99
matemática	matematica 30
maturidade	maturità 71
mau hábito	malcostume 68
mau/má	brutto/a 79; cattivo/a 80
me	mi 11
média	media 76
medicina	medicina 72
médico/a	medico 71

medieval	medievale 69
medir	misurare 50
Mediterrâneo	mediterraneo 83
medo	paura *(f.)* 92
medo (meter ~)	fare paura 59
meio-dia	mezzogiorno 8
melhor	migliore 10; meglio 41
menina	signorina 50
menino/a	bambino/a 31
menos	meno 19
menos (ao ~)	almeno 62
menos mal	meno male 67
mensagem	messaggio *(m.)* 81
mentir	mentire 48
menu	menù 12
mercadoria	merce 73
mergulhar	tuffarsi 59
mês	mese 57
mesa	tavolo *(m.)* 9
mesma (na ~)	lo stesso 97
mesmo	proprio/a 22; davvero 76; veramente 100
mestrado	master 27
metropolitano	metropolitana *(f.)* 15
mexer	toccare 53
mexer-se	muoversi 86
militar	militare *(v.)* 68
mim (para ~)	per me 2
mínimo/a	minimo/a 58
Ministério	ministero 27
minuto	minuto 5
misto/a	misto/a 12
mítico/a	mitico/a 60
mnemónica	promemoria *(m.)* 41
mochila	zaino *(m.)* 17
modalidade	modalità 73
modelo	modello 60
modo	modo 66
moeda	moneta 6
momento	momento 85
monstro	mostro 39

montanha	montagna 58
monte de	sacco di 68
montra	vetrina 41
monumento	monumento 6
morada	indirizzo 18; residenza 72; recapito 73
morango	fragola 33
morar	abitare 10
moreno/a	bruno/a 46
mortinho (estar ~ por)	non vedere l'ora 99
mosquito	zanzara *(f.)* 74
moto	moto 96
móvel	mobile 40
movimentado	vivace 78
mudar	cambiare 40
mudar (de sítio)	spostare 40
muito	molto 1; spesso 10
mulher	donna 38
mulher (esposa)	moglie 10
multa	multa 55
mundo	mondo 93
museu	museo 69
música	musica 27

N

nacional	nazionale 52
nacionalidade	nazionalità 18
nada	niente 3; per niente 3; nulla 37
não	no 4
não (+ v.)	non (+ *v.*) 3
não acha?	vero? 24
não é assim?	vero? 24
não é?	vero? 24
nascer	nascere 88
nascimento	nascita *(f.)* 18
natação	nuoto *(m.)* 58
natural	naturale 67
naturalidade	luogo (di nascita) 27
natureza	natura 60
náusea	nausea 92
navio	nave *(f.)* 62
necessariamente	necessariamente 41

necessidade	bisogno 23
nervoso/a	nervoso/a 90
ninguém	nessuno/a 52
no	al 2; in 3
nó no estômago	morsa allo stomaco *(f.)* 92
noção	nozione 27
noite	notte 3; sera 36
noite (boa ~)	buonasera 9
noite (esta ~)	stasera 22
nome	nome 9
nos	ci 16
nós	noi 7
notícia	notizia 37
novo (de ~)	di nuovo 81
novo/a	nuovo/a 19
nulo/a	insulso/a 38
número	numero 20; taglia *(f.)* 50
numeroso/a	numeroso/a 26
numerus clausus	numero chiuso 72
nunca	mai 32

O

o	il 4
o que é que	che cosa 7
objectiva	obbiettivo *(m.)* 60
objecto	oggetto 90
obra	lavoro *(m.)* 54
obrigado/a	grazie 2
obter	ottenere 59
ocupar	occupare 87
odiar	odiare 39
oferecer	offrire 22; regalare 90
oferta	offerta 73
olá	ciao 1; salve 1
óleo	olio 73
olhar	guardare 41; sguardo 96
olho	occhio 46
onde	dove 8
onomástico	onomastico 31
ontem	ieri 22
operação-stop	controllo *(m.)* 55

opinião	parere *(m.)* 38
opinião (na minha ~)	secondo me 50
oposto/a	contrario/a 58
óptimo	bravo 41
óptimo/a	ottimo/a 25
orçamento	costo 79
ordenado	stipendio 22
organização	organizzazione 58
organizar	organizzare 85
original	originale 72
orla	orlo *(m.)* 64
os	i 6
os dois	tutti e due 18
ossobuco	ossobuco 12
ou	o 4
ousar	osare 96
Outono	autunno 89
outro/a	altro/a 23
ouvir	sentire 25; ascoltare 87
oxalá	magari 100

P

paciência	pazienza 53
paciente	paziente 100
pacote	pacchetto 64
pagamento	pagamento 73
pagar	pagare 73
pai	padre 88
pais	genitori 48
país	paese 57
paisagem	paesaggio *(m.)* 4
palácio	palazzo 6
pálido/a	pallido/a 90
papá	papà 40
para	per 9; verso (temp.) 25; da 29
parabéns	congratulazione *(f.)* 22; complimenti 100
paragem	fermata 15
parar	smettere (di) 31; smettere 52; fermare 55
parecer	sembrare 15; parere *(m.)* 38

parque	parco 67
parque de campismo	campeggio 61
participação	denuncia 18
partir	rompere 53; spaccare 83
passado/a	scorso/a 38
passaporte	passaporto 17
passar	passare 36
pássaro	uccello 76
passar-se	succedere 90
pasta de dentes	dentifricio 74
património	patrimonio 68
pé	piede 5
pedido	domanda *(f.)* 26
pedir	chiedere 22; domandare 30
pedra	pietra 83
peixe	pesce 8
pele	pelle 55
pensar	pensare 6, 19; riflettere 43; considerare 88
pequeno/a	piccolo/a 51
pequeno/a (mais ~)	più piccolo/a 51
pequeno-almoço	colazione 2
perceber	rendersi conto 26; capire 30
perder	perdere 17
perfeito/a	perfetto/a 45
pérola	perla 90
perplexo/a	perplesso/a 79
pesadamente	pesantemente 92
pesca	pesca 62
péssimo/a	pessimo/a 38
pessoal	personale 34
pessoas	gente 45
pico	cima *(f.)* 61
piquenique	picnic 68
piso	piano *(s.)* 23
piza	pizza 8
pizaria	pizzeria 8
planta	pianta 68
pobre	povero/a 29
poder	potere *(v.)* 8
polícia	polizia 55

político/a	politico/a 68
poluído/a	inquinato/a 68
ponto	punto 34
por	per 2
pôr	mettere 45; allacciare 55
pormenor	dettaglio 58
porque	perché 13
porta	porta 92
portanto	quindi 85
porteiro	portiere 73
porto	porto 62
posição	posizione 79
positivo/a	positivo/a 79
possível	possibile 44
postal	cartolina *(f.)* 16
pouco	poco 51
pouco (um ~)	un poco 12
praça	piazza 15
praia	spiaggia 68; mare 83
prático/a	comodo/a 54
prato	piatto 12
prato principal	secondo/a 12
prazer	piacere 1
prazer (dar ~)	fare piacere 15
prazer (muito ~)	molto lieto 24
precaução	precauzione 94
precisar	aver bisogno 50
preciso (é ~)	bisogna 53; occorre 72
preciso/a	preciso/a 57, 73
prédio	palazzo 65
preencher	riempire 18
preferência (de ~)	preferibilmente 73
preferir	preferire 11
preocupar-se	preoccuparsi 89
preparar	preparare 33
pressa	fretta 74
prestes (estar ~)	stare per (+ *v.*) 59
preto/a	nero/a 50
prever	prevedere 57
primeiro (prato)	primo 12
primeiro que tudo	prima di tutto 29

primeiro/a	primo/a *(adj.)* 15
primo/a	cugino/a 31
principal	principale 44
principalmente	soprattutto 17
princípio (do ~)	da capo 30
problema	problema 68
procurar	cercare 8
produto	prodotto 73
professor	insegnante 100
professor/-ra	maestro/a 30
programa	programma 57
programa de texto	programma di scrittura 93
programar	programmare 58
progresso	progresso 94
projecto	progetto 43
promessa	promessa 48
prometer	promettere 47
promocional	promozionale 73
pronome	pronome 34
pronto/a	pronto/a 19
propor	proporre 33
propósito	proposito 20
propósito (a ~)	a proposito 74
propósito (fazer de ~)	fare apposta 17
próprio/a	proprio/a 22
protector (creme) solar	crema solare *(f.)* 83
prova	prova 26
prova de ingresso	idoneità 72
provar	assaggiare 12; provare 32; misurare 50
próximo/a	prossimo/a 11
prudente	prudente 79
psicologia	psicologia 71
publicidade	pubblicità 64
pulseira	bracciale *(m.)* 90

Q

quais	quali 40
qual	quale 15; cui 38
quando	quando 11
quanto	quanto 37

quanto à	rispetto (a) 79
quarto	camera *(f.)* 3
quarto de casal	matrimoniale *(f.)* 3
quarto de hora	quarto d'ora 20
quase	quasi 54
que	che 2; che cosa 2
queixa	denuncia 18
quem	chi 39
querer	volere 12
querida	tesoro 30
quer-me parecer	saper (mi sa) 85

R

ramo	fascio 82
rapaz	ragazzo 22
rapidamente	rapidamente 78
rápido/a	rapido/a 16
raro/a	raro/a 88
razão	ragione 5
razão (não ter ~)	avere torto 38
realizar	realizzare 59
realmente	davvero 79
reboque	carro attrezzi 66
receber	ricevere 64
reclamação	reclamo *(m.)* 44
recomendar	consigliare 100
recordar	ripensare 99
recordar-se	ricordarsi 46
reentrar	rientrare 95
reflectir	riflettere 43
reflexão	riflessione 79
refúgio	rifugio 61
região	regione 4
registada (carta ~)	lettera raccomandata 44
regressar	ritornare 6; tornare 33
religião	religione 59
relógio	orologio 62
renovação	rinnovo *(m.)* 65
repartição	ripartizione 78
repente (de ~)	improvvisamente 46
repousar	riposare 75

representação	recitazione 89
requerer	richiedere 26, 79
requisição	domanda 72
reservar	prenotare 9
resfriado/a	raffreddato/a 74
residência	residenza 72
respeitar	rispettare 62
respeitável	spettabile 73
responder	rispondere 75
restar	restare 18
restaurante	ristorante 8
resto	resto 68
resumo (em ~)	insomma 69
reter	trattenere 45
retribuir	ricambiare 66
reunião	riunione 23
revés	colpo duro 92
revista	rivista 82
rígido/a	preciso/a 57
rio	fiume 68
risotto	risotto 12
ritmo	ritmo 62
robalo	spigola *(f.)* 62
rodopiar	girellare 97
Roma	Roma 1
romano/a	romano/a 12
rosa	rosa 69
roupa	vestiti 55
rua	strada 6; via 8
russo/a	russo/a 24

S

sábado	sabato 36
sabático/a	sabbatico/a 59
saber	sapere 15
saco-cama	sacco a pelo 61
safar-se	scampare 48; cavarsela 100
saia	gonna 50
saída	uscita 54
sair	scendere 15; partire 48; andare via 81; uscire 99

sala	sala 23; stanza 23
salada de frutas	macedonia 90
saldo	credito 54
saltitar	saltellare 92
salto	salto 29
salvaguarda	salvaguardia 44
salvar	salvare 94
sapato	scarpa *(f.)* 19
saudação	saluto 65
saudar	salutare 61
se	vi 9; se 15
se calhar	forse 25; magari 45, 96
secção	reparto *(m.)* 52
secretaria	segretaria 23
sede (de uma empresa)	sede 78
segredo	segreto 93
seguida (de ~)	poi 27
seguinte	successivo/a 83
seguir	seguire 54
seguir (a ~)	poi 29
segunda-feira	lunedì *(m.)* 75
segundo	secondo 12
seguramente	sicuramente 53
selo	francobollo 16
sem	senza 47
semáforo	semaforo 15
semana	settimana 17
sempre	sempre 16
senhor	signore 2
senhor (o ~) / a senhora	Lei 2
senhora	signora 1, 43
sensação	sensazione 92
sensual	sensuale 96
sentar-se	accomodarsi 9; sedersi 97
ser	essere 3
serão	serata *(f.)* 13
série de	sacco di 77
sério/a	serio/a 96
sessão	conferenza 67
seta	freccia 94
severamente	severamente 41

severo/a	severo/a 88
sexta-feira	venerdì *(m.)* 75
sim	sì 5
simpático/a	simpatico/a 26; gentile 39
simples (quarto)	singolo/a 3
simplesmente	semplicemente 57
simultaneamente	contemporaneamente 94
sinal	assegno 44
sistema	impianto *(m.)* 65
sítio	posto 68; sito 69
situação	situazione 68
só	solo *(adv.)* 18; giusto *(adv.)* 51; solamente 60
sobrar	rimanere 50
sobretudo	soprattutto 17, 78
sobrinho/a	nipote 87
sociedade	società 24
sofisticado/a	sofisticato/a 93
sofrer	soffrire 76
sogra	suocera 82
sol	sole 65
solar	solare 83
soletrar	dire lettera per lettera 18
solteira	nubile 27
solteiro	celibe 27
sonhar	sognare 57
sonho	sogno 59
sortido	assortimento 73
sua	Sua 18
subir	salire 52
subterrâneo/a	sotterraneo/a 78
successo (ter ~)	riuscire 89
suceder	succedere 80
sucessivo/a	successivo/a 83
sufocar	soffocare 57
sugerir	proporre 33
sujo/a	sporco/a 68
sul	sud 88
sumo de fruta	succo di frutta 25
supermercado (ir ao ~)	fare la spesa 32
supor	supporre 32

suportar	sopportare 39
surpresa	sorpresa 40
suscitar	risvegliare 79

T

tabacaria	tabaccaio *(m.)* 16
tamanho	taglia *(f.)* 50
também	anche 4
também não	neanche 37
tango	tango 86
tanto	tanto 79
tão	così 13
tarde	pomeriggio *(m.)* 24; tardi *(adv.)* 48
tarefa	compito *(m.)* 44
taxa	tassa 85
táxi	taxi 20
te	ti 1
teatro	teatro 36
tecla	tasto *(m.)* 94
teclado	tastiera *(f.)* 93
telefonar	chiamare 25; telefonare 39
telefonema	colpo di telefono *(m.)* 29
telefónico/a	telefonico/a 54
telemóvel	cellulare 25
temer	temere 79
tempo	tempo 20
ténis	tennis 45
tentativa	tentativo *(m.)* 93
ter	avere 3
ter de	dovere *(v.)* 15
terceiro/a	terzo/a 52
terminal	terminal 20
terraço	terrazza *(f.)* 13
terrível	terribile 29, 83
tesouro	tesoro 30
tia	zia 33
tio	zio 48
todo (de ~)	per niente 57
todos	tutti 13; ogni 86
tomar	prendere 13
tomate	pomodoro 33

torcer	fare il tifo 31
tornar	diventare 41
torta	torta 33
toscano/a	toscano/a 69
tostão	soldo 31
totalmente	totalmente 79
trabalhar	lavorare 48
trabalho	lavoro 10
trabalhos de casa	compiti 47
tranquilamente	tranquillamente 46
tranquilidade	tranquillità 10
trânsito	traffico 4
transmitir	trasmettere 44
tratar por tu	dare del tu 24
travessia	traversata 60
triste	triste 92
troca (em ~)	in cambio 82
tu	tu 7
tudo	tutto 3; tutto/a 12

U

último piso	attico 13
último/a	ultimo/a 23
um	un 2
uma	una 2
úmbrico/a	umbro/a 69
único/a	solo/a 16
universidade	università 27
universo	universo 80
urgente	urgente 87
utilizar	utilizzare 83

V

vá lá!	dai! 20
válido/a	valido/a 72
valsa	valzer *(m.)* 86
vários/as	parecchi 26
vedere	ver 67
velho/a	vecchio/a 59
vender	vendere 75
vento	vento 83

ventre	ventre 86
ver	vedere 16; guardare 17
verdade *(s.)*	vero *(adj.)* 6
verdadeiramente	veramente 38
verdadeiro?	vero? 24
verde	verde 19
verificar	verificare 85
vermelho/a	rosso/a 50
ver-se	vedersi 25
vestuário	abbigliamento 52
vez	volta 20
vez (em ~ de)	invece 15; piuttosto 61
vez (outra ~)	di nuovo 30
vezes (muitas ~)	spesso 4
viagem	viaggio *(m.)* 4; spostamento 58
viajar	viaggiare 10
viciado/a	patito/a 16
vida	vita 89
vinho	vino 25
violento/a	violento/a 38
vir	venire 13
vir jantar *(v.)*	venire a cena 67
viver	vivere 10
vizinho/a	vicino/a *(s.)* 46
vocês	voi 16
voltar	rientrare 95
voltar para casa	rincasare 39
vontade (estar à ~)	fare con comodo 74
voo	volo 20
vós	voi 7
vos / se	vi 11
vosso/a	vostro/a 31

Z

zangar-se	arrabbiarsi 69

N° **edição 3**671: Italiano (coleção Sem Esforço)

Impresso na Eslovênia - Julho 2017